KAN TAKAHAMA

Die letzte Reise der Schmetterlinge

CARLSEN

graphic novel

Inhaltsverzeichnis

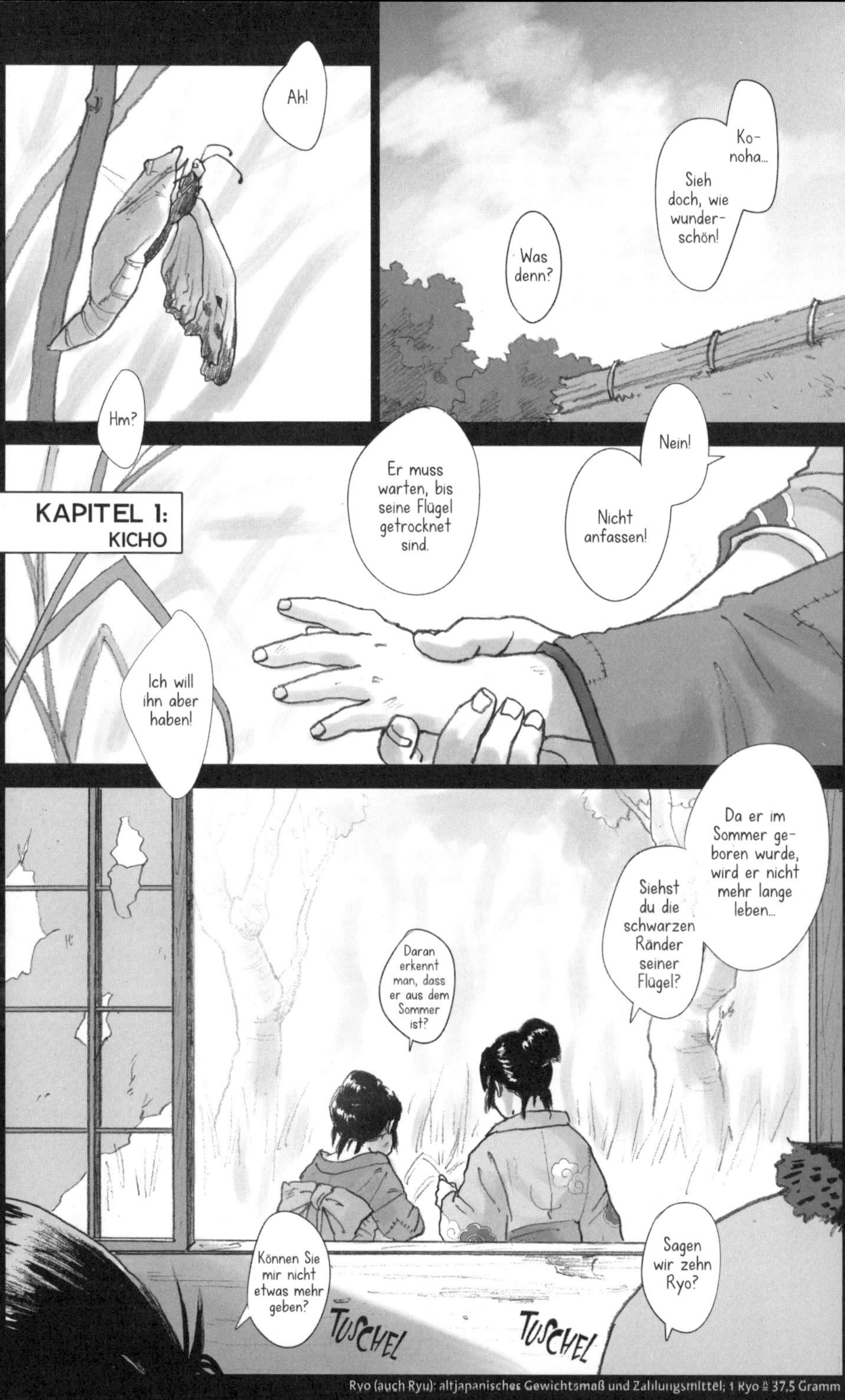

Ryo (auch Ryu): altjapanisches Gewichtsmaß und Zahlungsmittel; 1 Ryo ≙ 37,5 Gramm

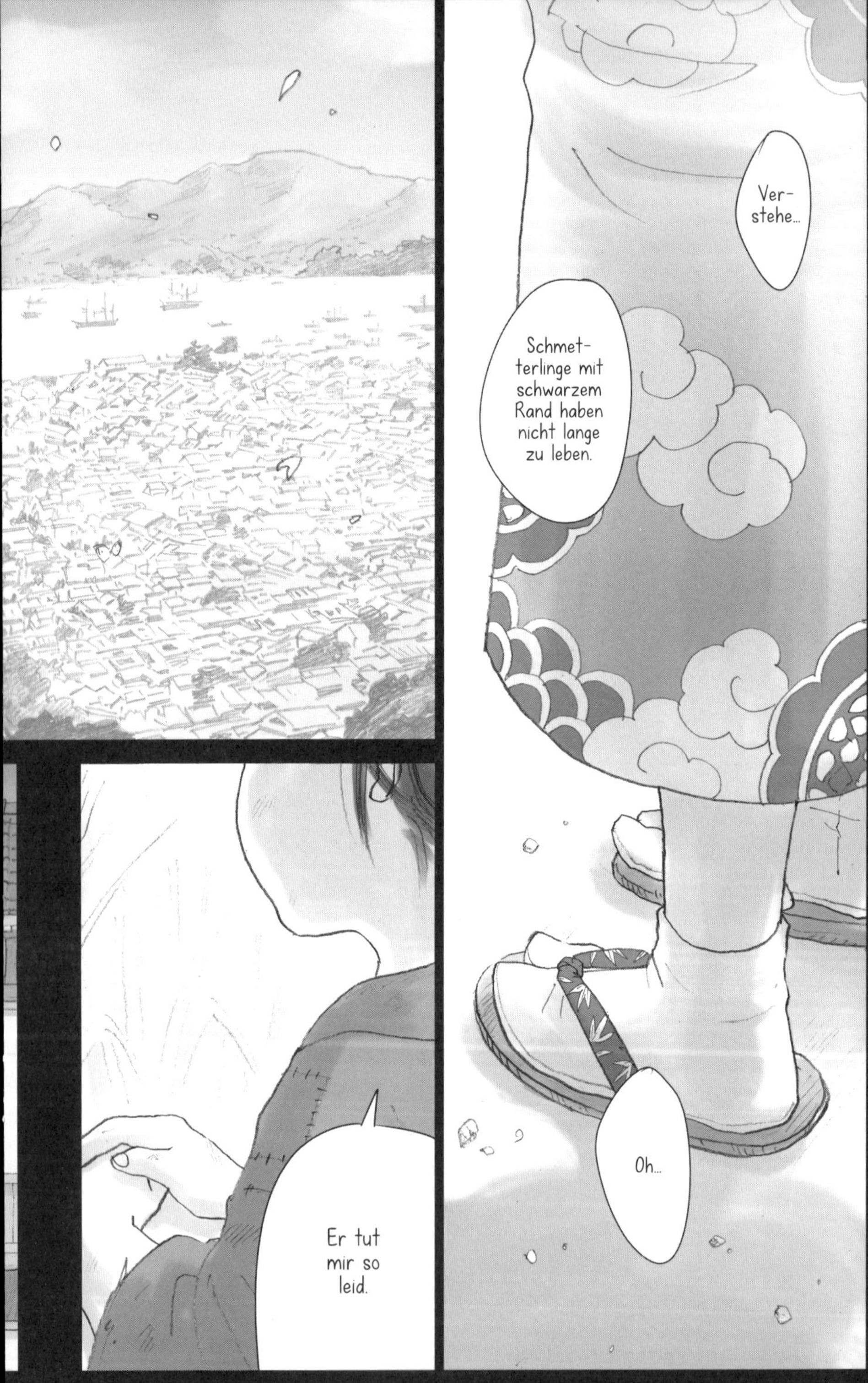
Ver-
stehe...
Schmet-
terlinge mit
schwarzem
Rand haben
nicht lange
zu leben.
Oh...
Er tut
mir so
leid.

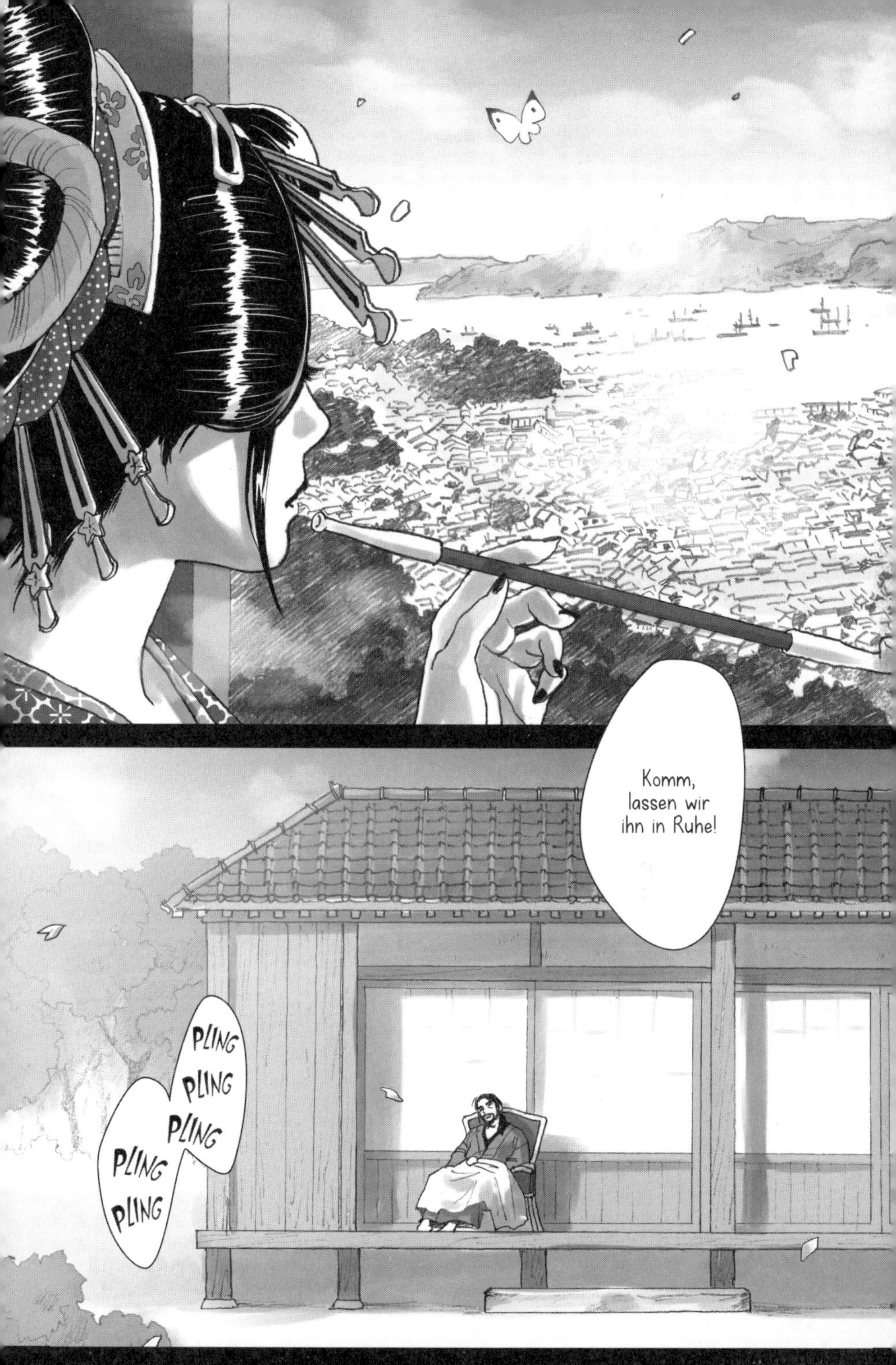
Komm, lassen wir ihn in Ruhe!
PLING PLING PLING PLING PLING

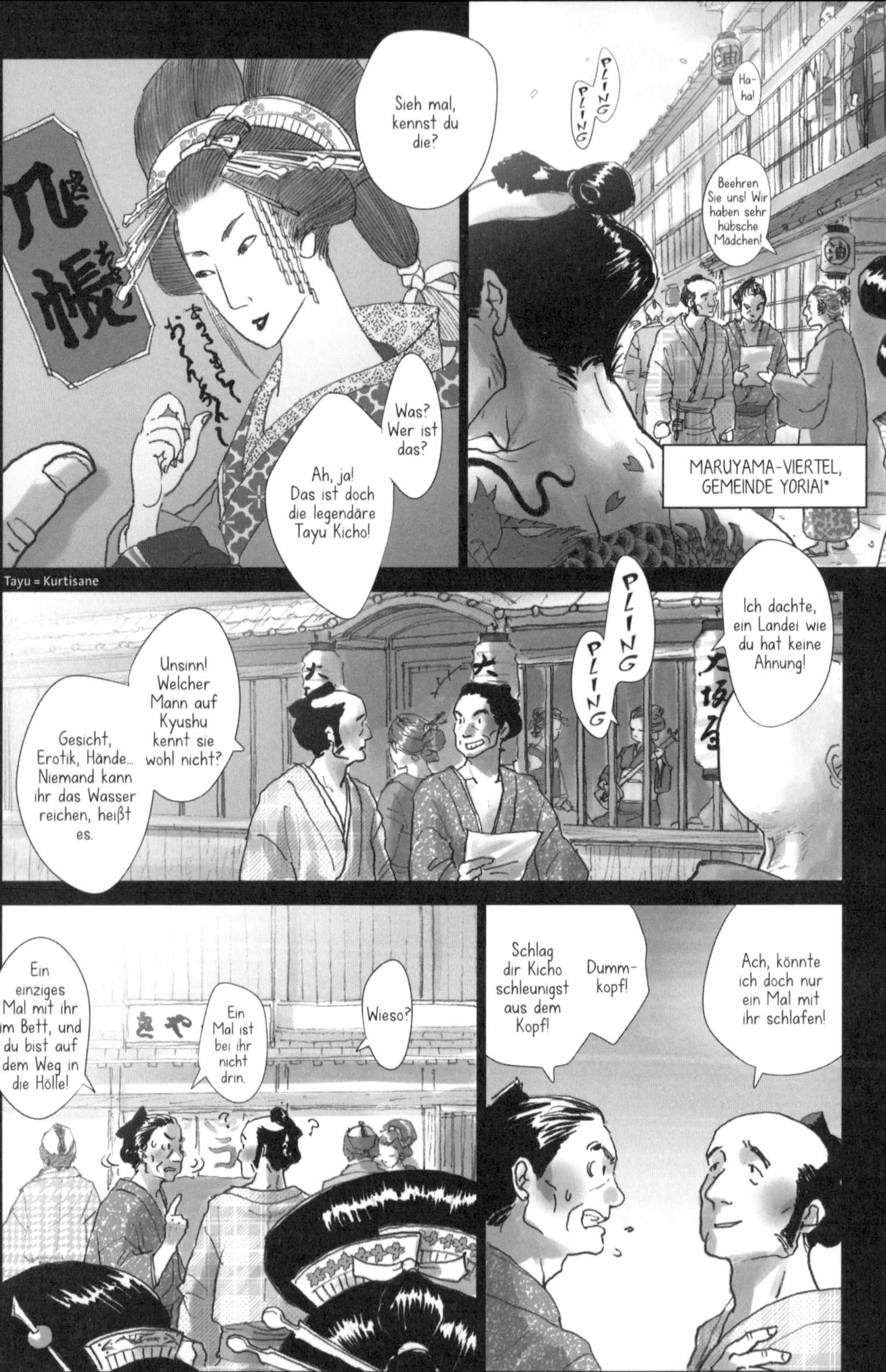

Tayu = Kurtisane

*In der Edo-Periode Hauptrotlichtdistrikt Nagasakis. Die Kurtisanen kümmerten sich vorwiegend um die niederländischen Handelspartner, die auf der künstlich errichteten Insel Dejima lebten.

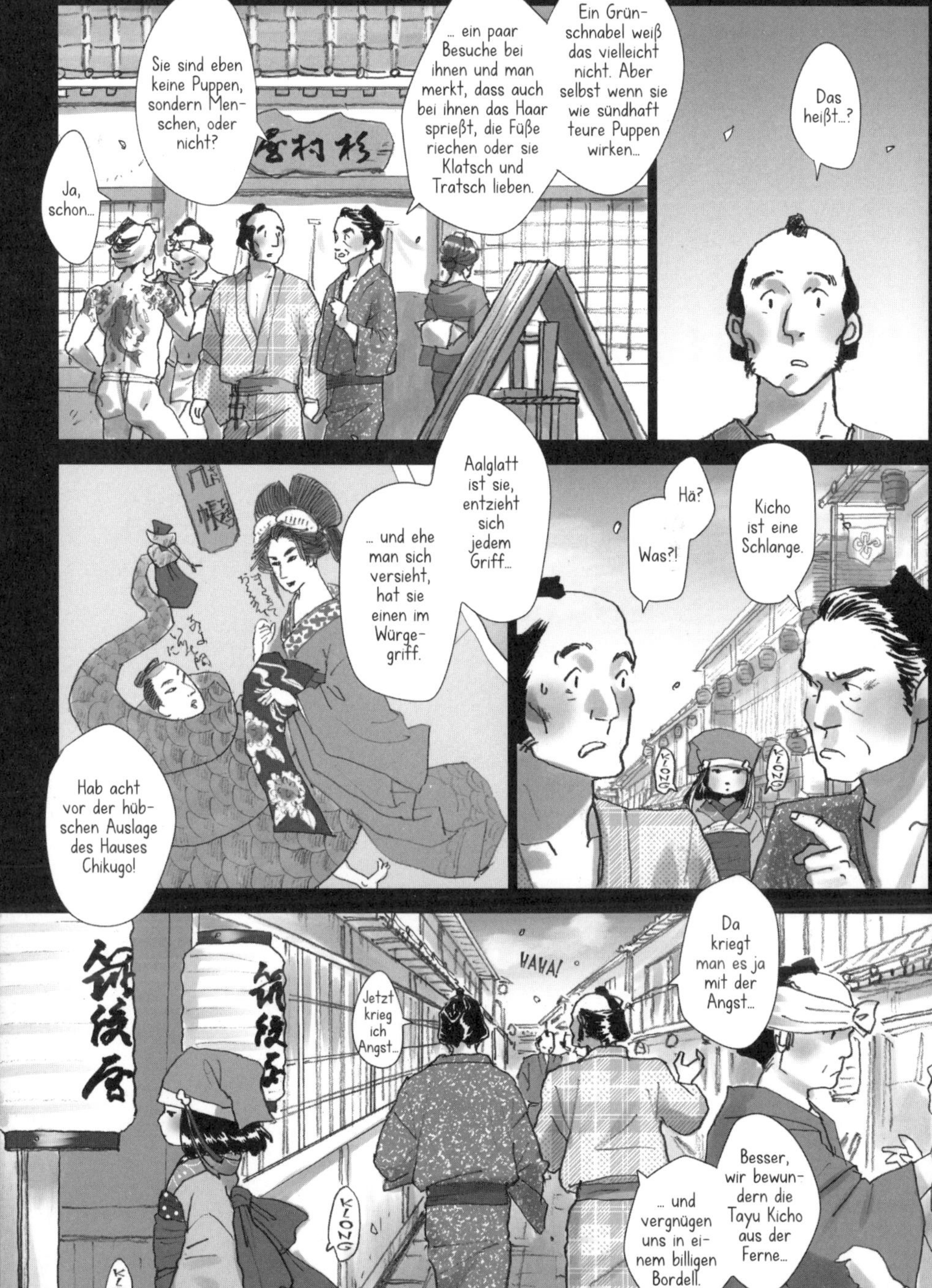

Das heißt...?
Ein Grünschnabel weiß das vielleicht nicht. Aber selbst wenn sie wie sündhaft teure Puppen wirken...
... ein paar Besuche bei ihnen und man merkt, dass auch bei ihnen das Haar sprießt, die Füße riechen oder sie Klatsch und Tratsch lieben.
Sie sind eben keine Puppen, sondern Menschen, oder nicht?
Ja, schon...
Kicho ist eine Schlange.
Hä?
Was?!
Aalglatt ist sie, entzieht sich jedem Griff...
... und ehe man sich versieht, hat sie einen im Würgegriff.
Hab acht vor der hübschen Auslage des Hauses Chikugo!
KLONG
KLONG
Da kriegt man es ja mit der Angst...
HAHA!
Jetzt krieg ich Angst...
Besser, wir bewundern die Tayu Kicho aus der Ferne...
... und vergnügen uns in einem billigen Bordell.
KLONG
KLONG

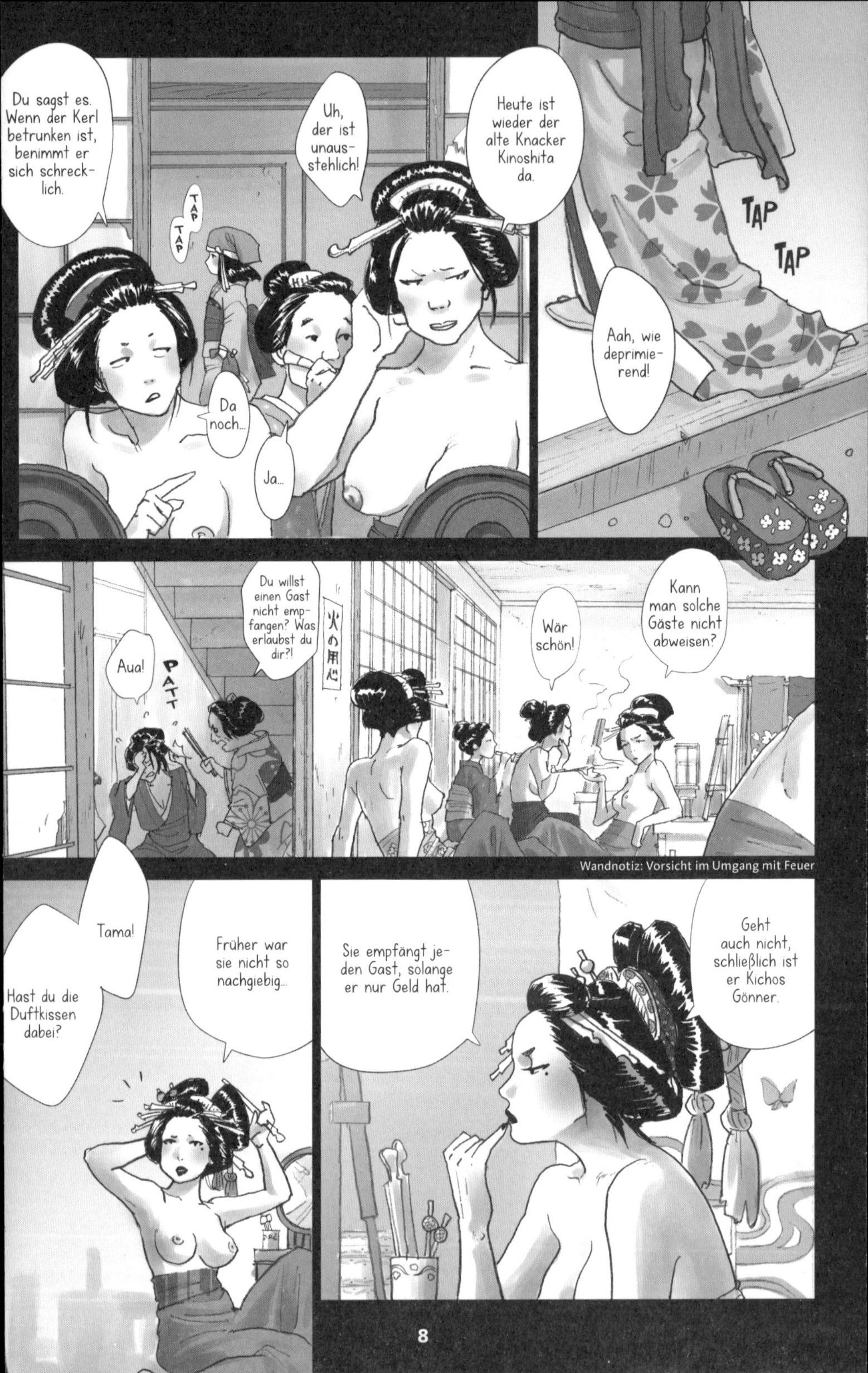

TAP
TAP
Aah, wie deprimierend!
Heute ist wieder der alte Knacker Kinoshita da.
Uh, der ist unausstehlich!
Du sagst es. Wenn der Kerl betrunken ist, benimmt er sich schrecklich.
TAP
TAP
Da noch...
Ja...
Kann man solche Gäste nicht abweisen?
Wär schön!
Du willst einen Gast nicht empfangen? Was erlaubst du dir?!
火の用心
PATT
Aua!
Wandnotiz: Vorsicht im Umgang mit Feuer
Geht auch nicht, schließlich ist er Kichos Gönner.
Sie empfängt jeden Gast, solange er nur Geld hat.
Früher war sie nicht so nachgiebig...
Tama!
Hast du die Duftkissen dabei?

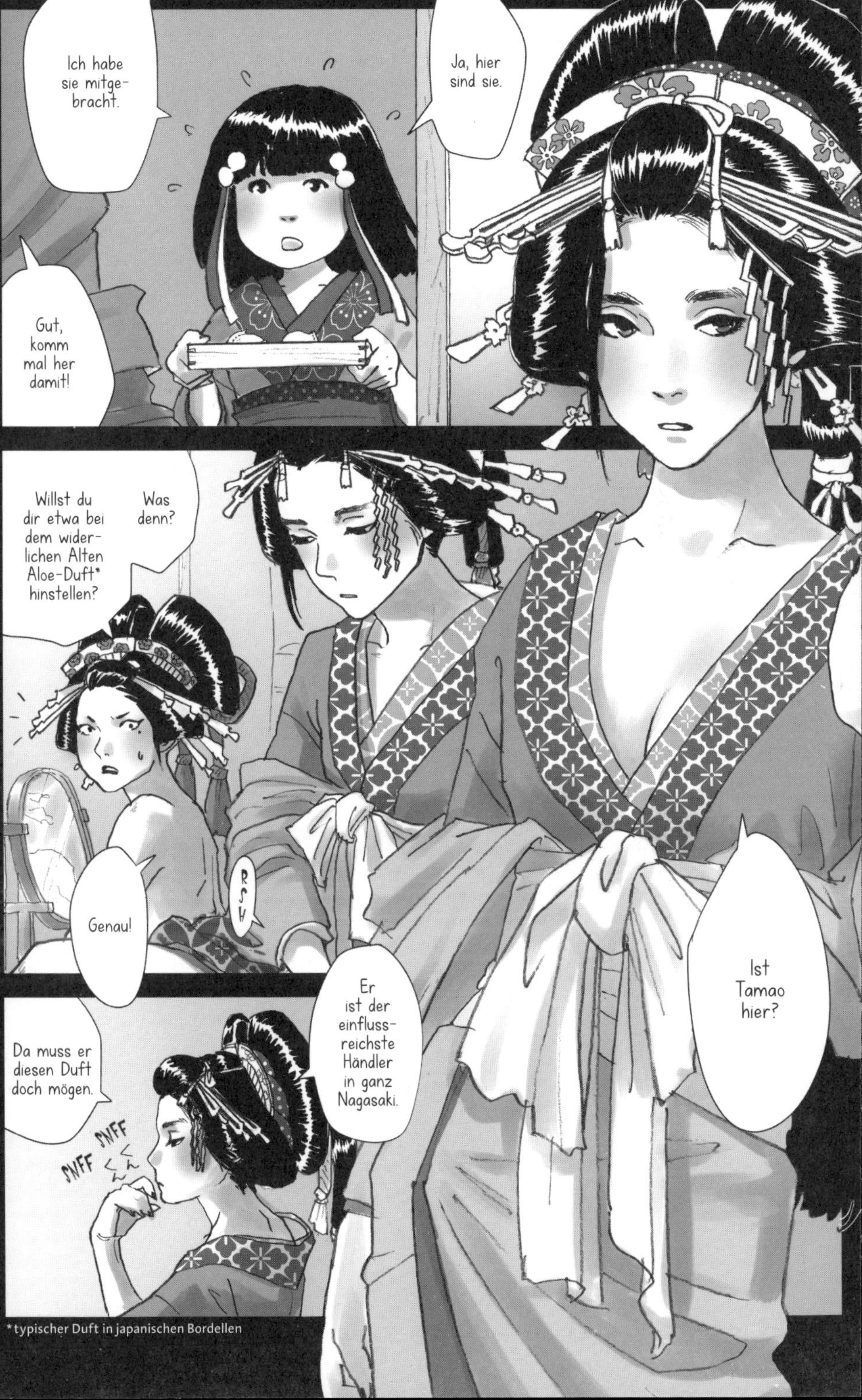

*typischer Duft in japanischen Bordellen

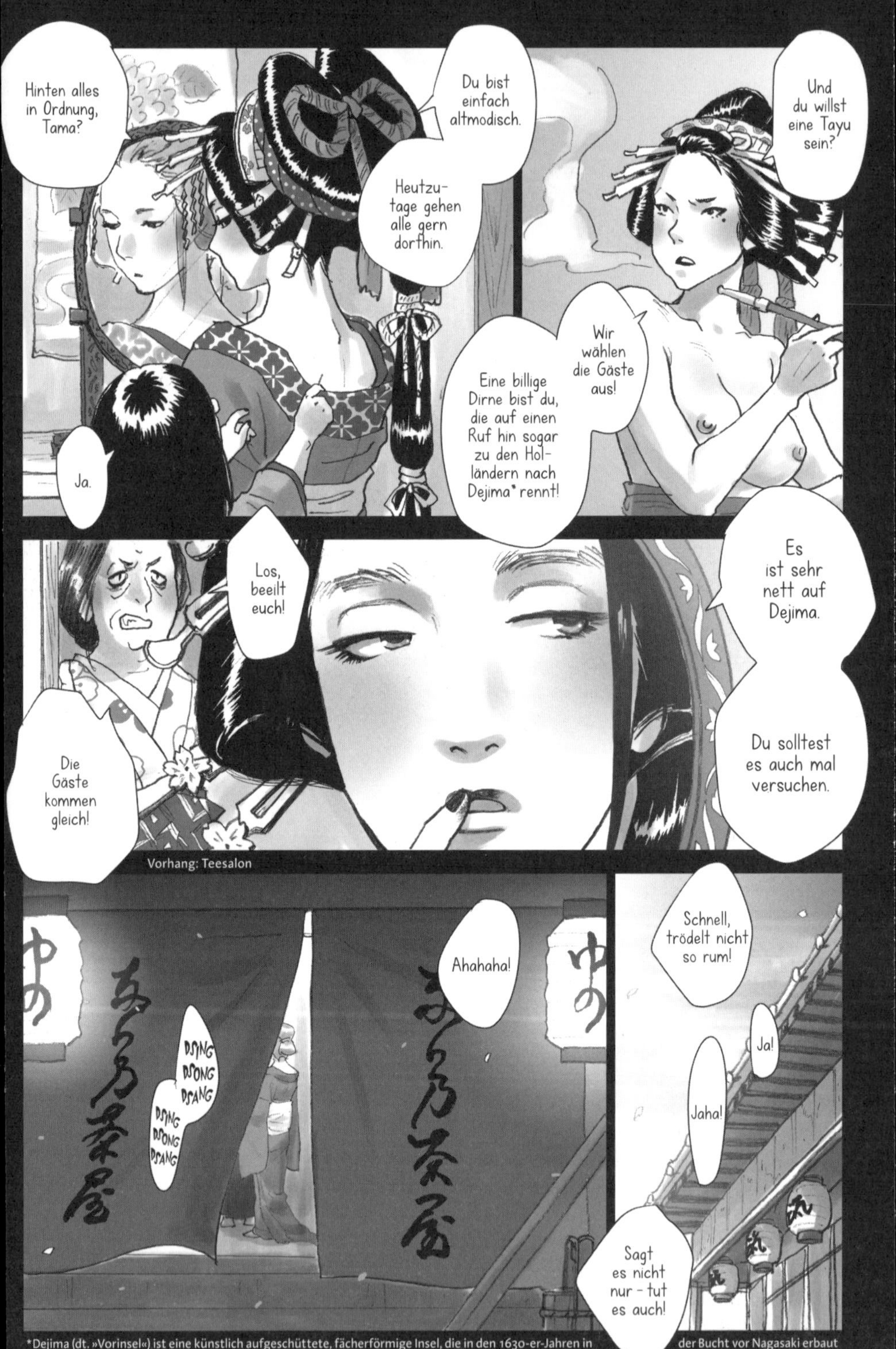

*Dejima (dt. »Vorinsel«) ist eine künstlich aufgeschüttete, fächerförmige Insel, die in den 1630-er-Jahren in der Bucht vor Nagasaki erbaut wurde. Sie diente als Sitz der Handelsstation der Niederländischen Ostindien-Kompanie und war während der Edo-Zeit japanweit der einzige Ort, an dem Handel mit dem Ausland betrieben wurde. Heute ist das Gebiet aufgrund von Neulandgewinnung Teil des Stadtkerns von Nagasaki.

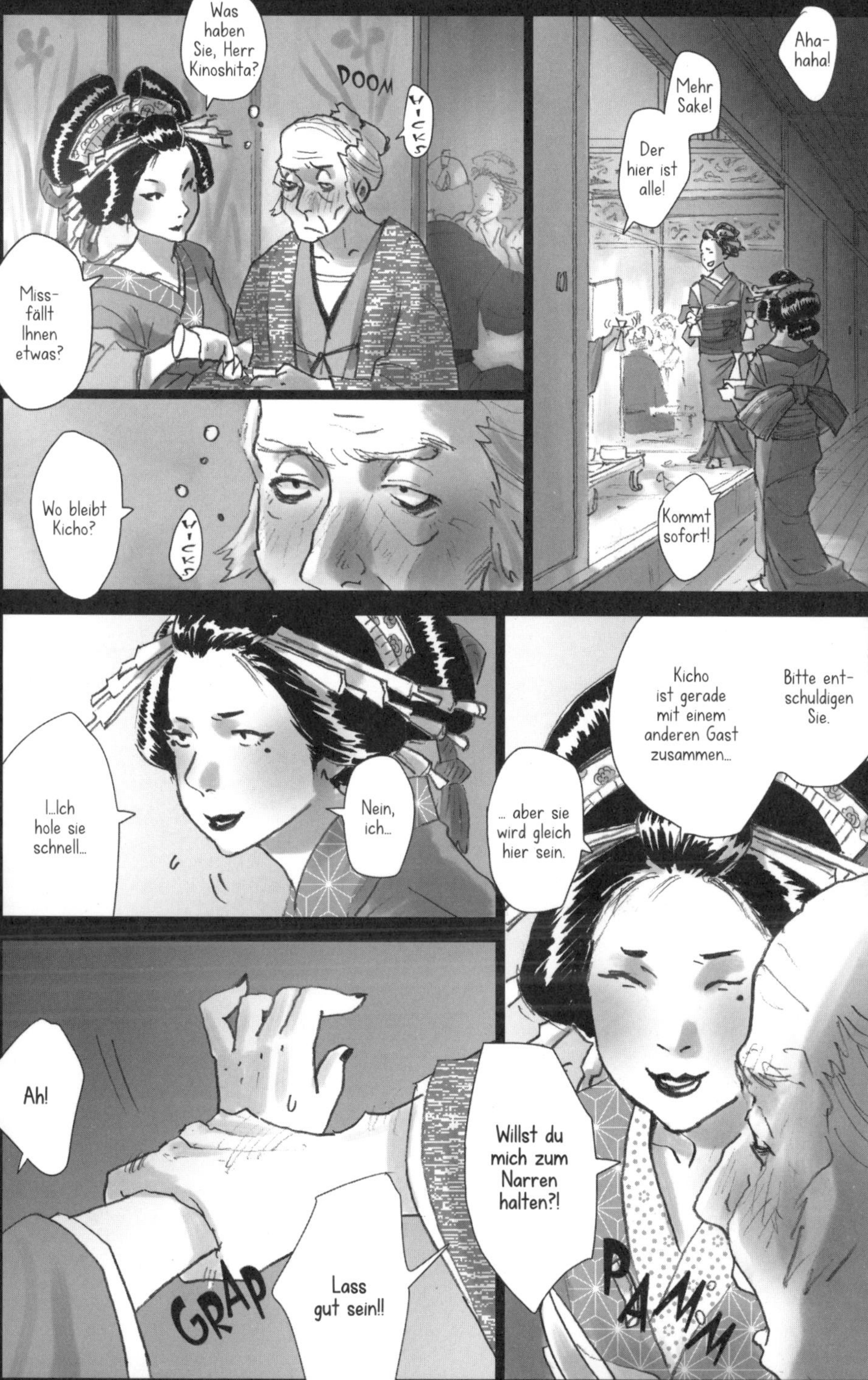
Was haben Sie, Herr Kinoshita?
DOOM
HICKS
Miss-fällt Ihnen etwas?
Aha-haha!
Mehr Sake!
Der hier ist alle!
Wo bleibt Kicho?
HICKS
Kommt sofort!
I...Ich hole sie schnell...
Nein, ich...
Bitte ent-schuldigen Sie.
Kicho ist gerade mit einem anderen Gast zusammen...
... aber sie wird gleich hier sein.
Ah!
GRAP
Lass gut sein!!
Willst du mich zum Narren halten?!
PAMM

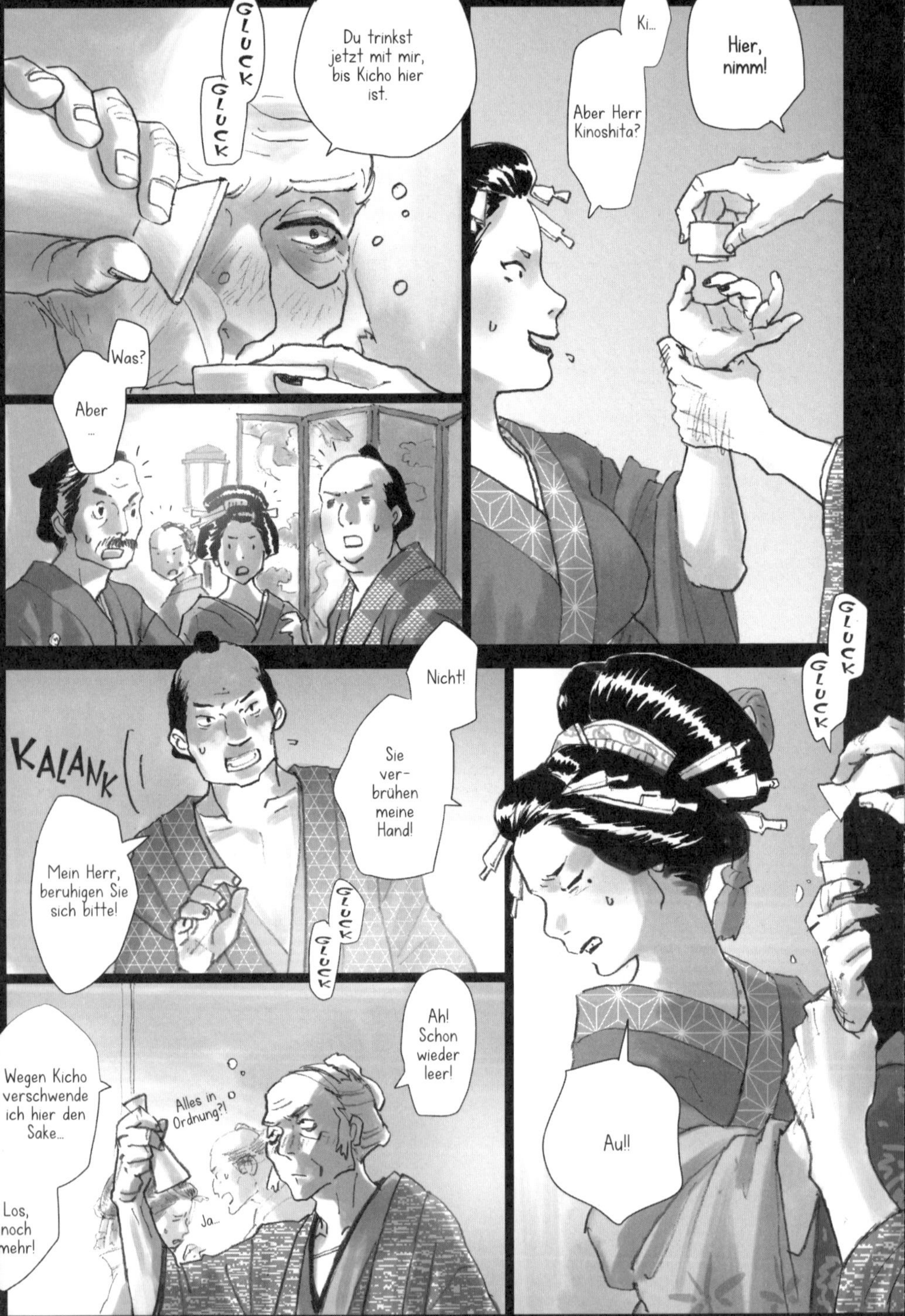

GLUCK GLUCK
Du trinkst jetzt mit mir, bis Kicho hier ist.
Was?
Aber …
Ki…
Aber Herr Kinoshita?
Hier, nimm!
GLUCK GLUCK
KALANK
Nicht!
Sie ver-brühen meine Hand!
Mein Herr, beruhigen Sie sich bitte!
GLUCK GLUCK
Au!!
Ah! Schon wieder leer!
Wegen Kicho verschwende ich hier den Sake…
Los, noch mehr!
Alles in Ordnung?!
Ja…

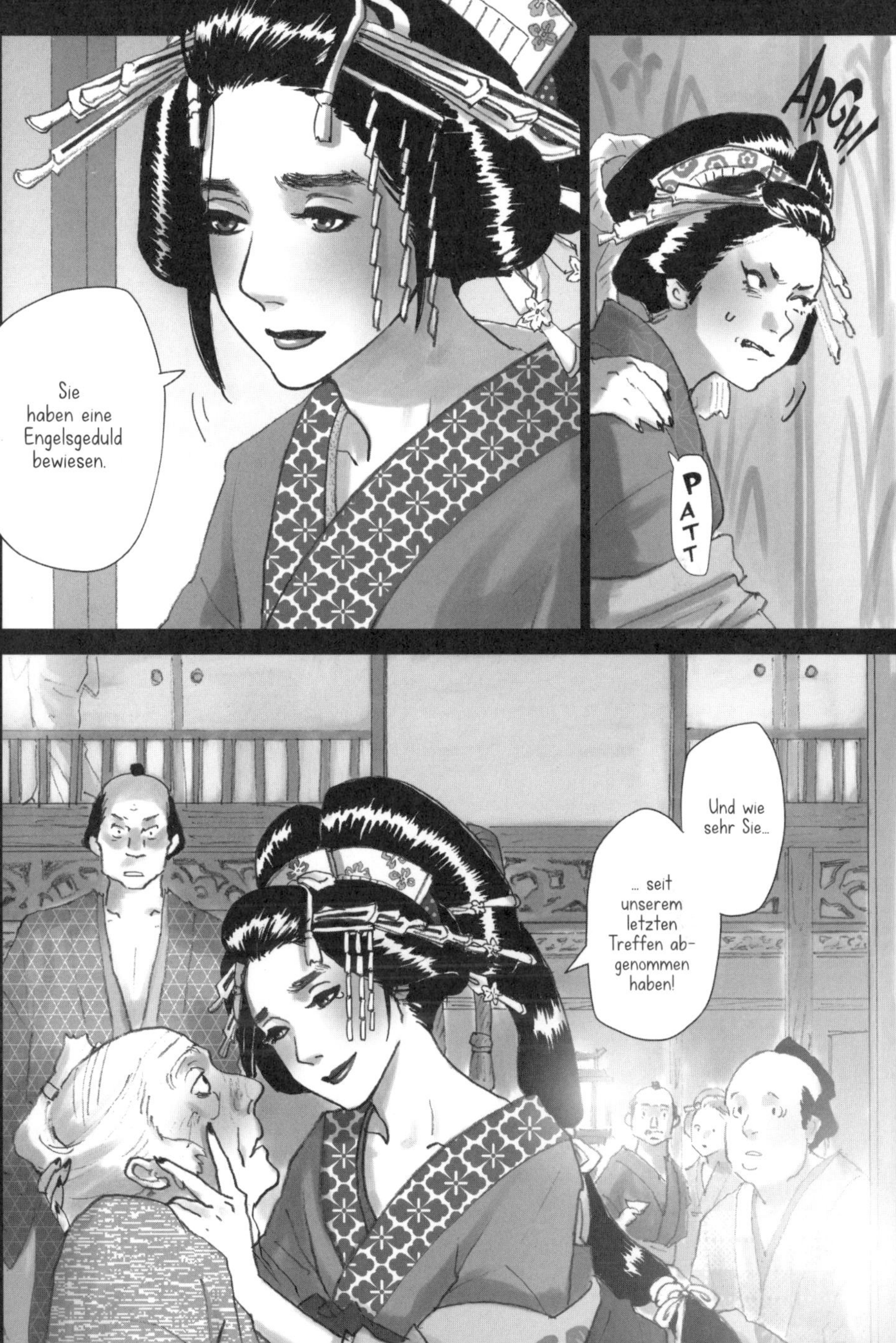
Sie haben eine Engelsgeduld bewiesen.
ARGH!
PATT
Und wie sehr Sie...
... seit unserem letzten Treffen abgenommen haben!

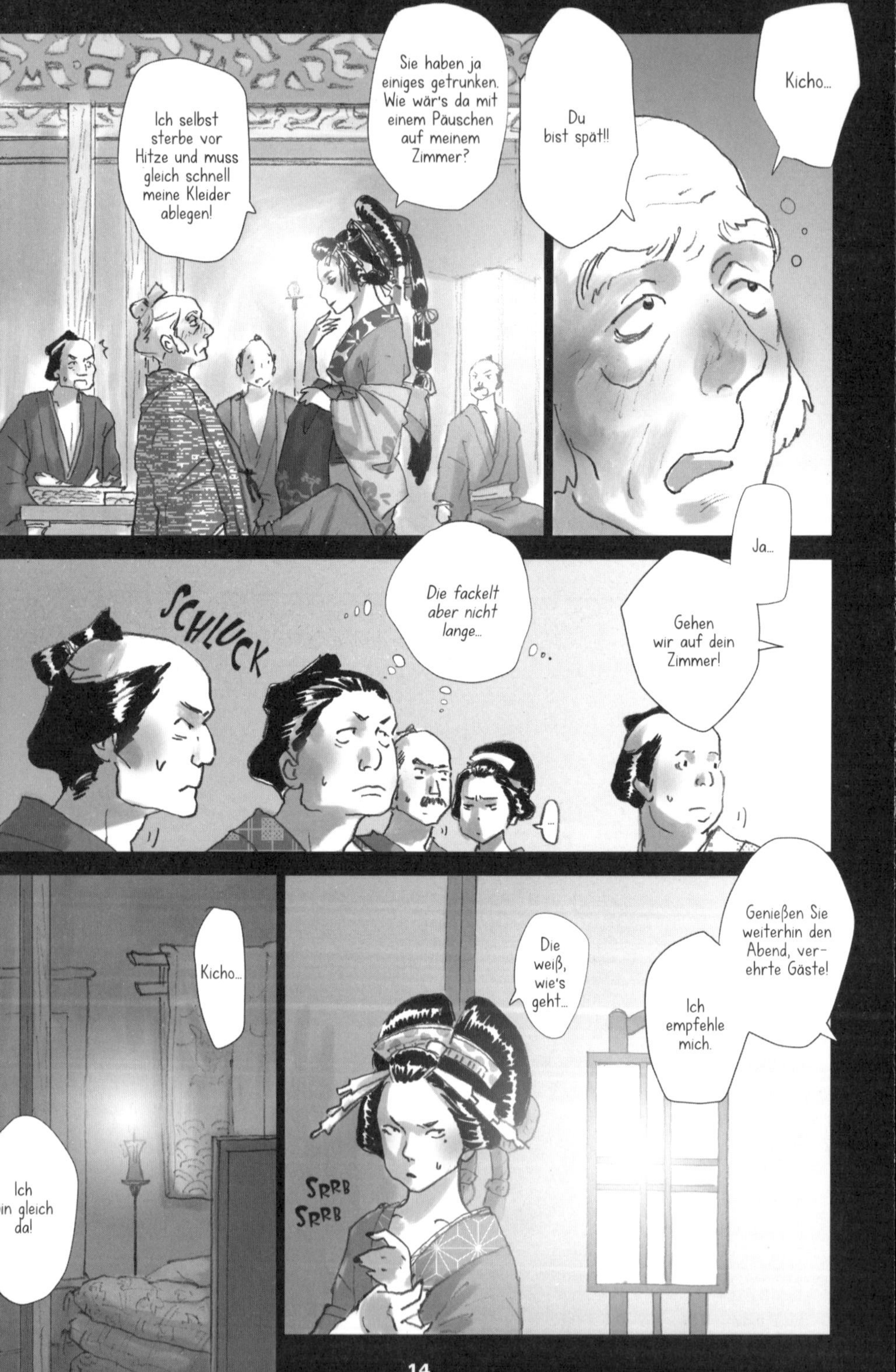
Ich selbst sterbe vor Hitze und muss gleich schnell meine Kleider ablegen!
Sie haben ja einiges getrunken. Wie wär's da mit einem Päuschen auf meinem Zimmer?
Du bist spät!!
Kicho...
Ja...
Gehen wir auf dein Zimmer!
Die fackelt aber nicht lange...
SCHLUCK
...
Genießen Sie weiterhin den Abend, verehrte Gäste!
Ich empfehle mich.
Die weiß, wie's geht...
SRRB SRRB
Kicho...
Ich bin gleich da!

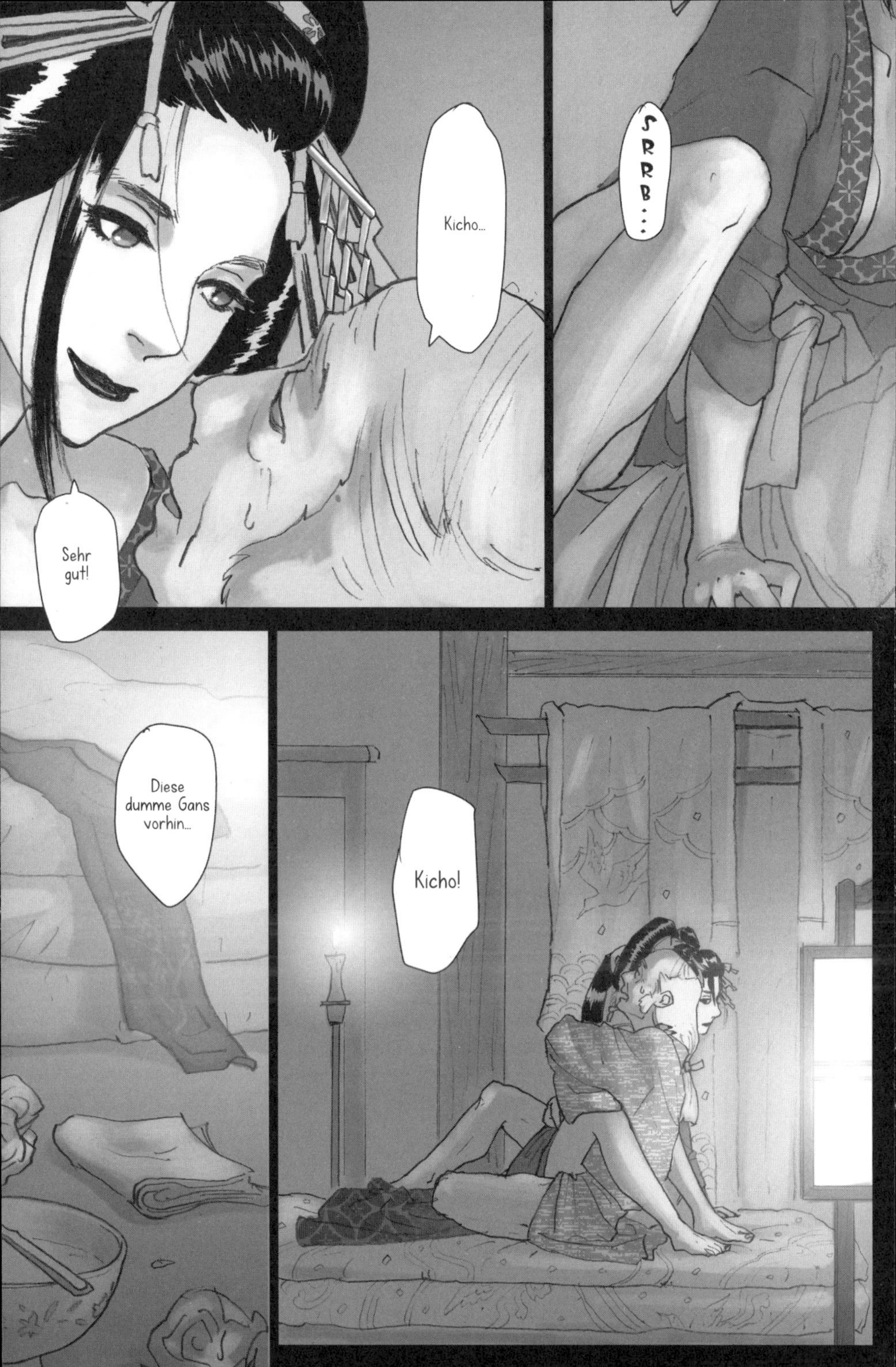

Kicho...
Sehr gut!
SRRB...
Diese dumme Gans vorhin...
Kicho!

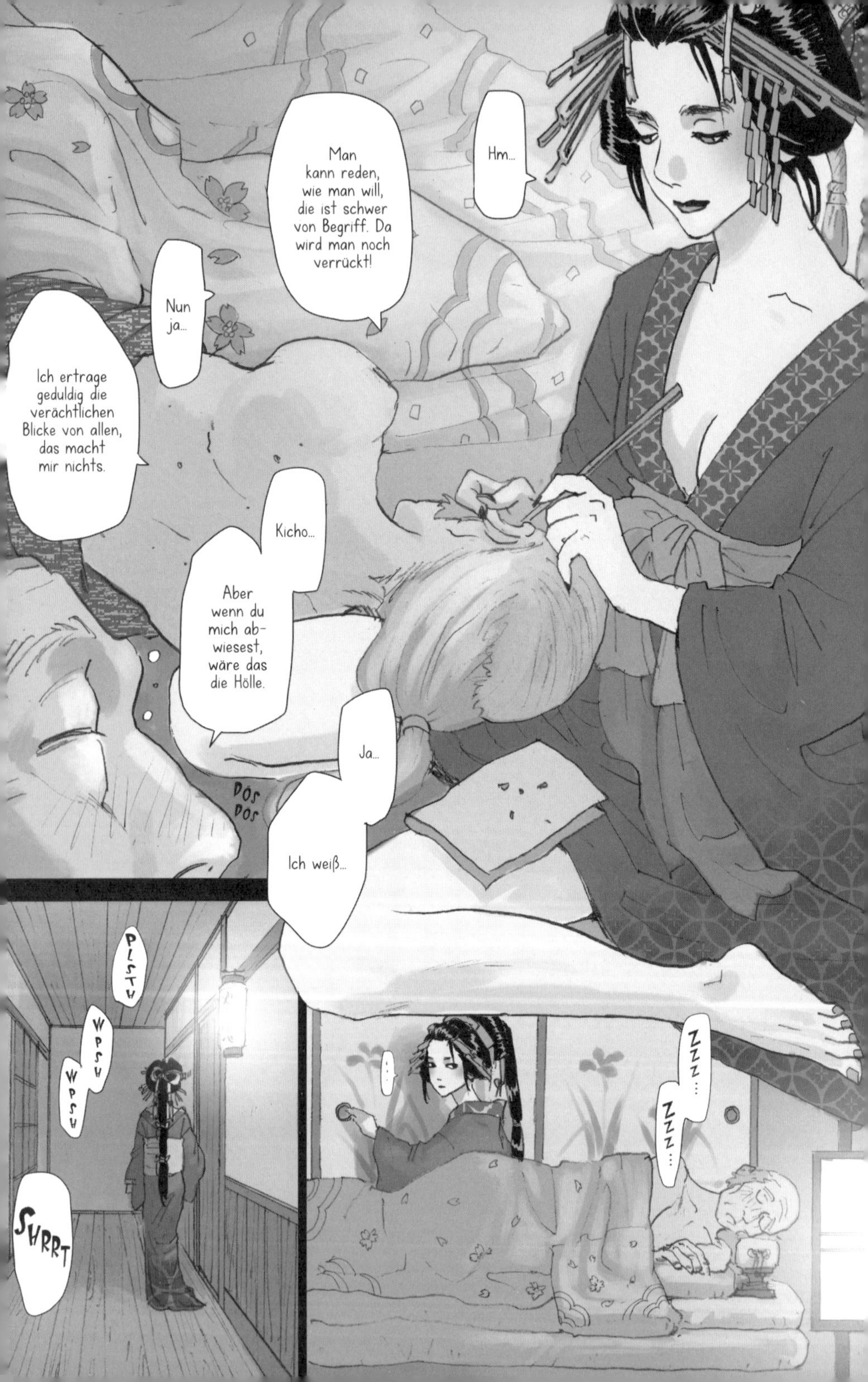
Hm...
Man kann reden, wie man will, die ist schwer von Begriff. Da wird man noch verrückt!
Nun ja...
Ich ertrage geduldig die verächtlichen Blicke von allen, das macht mir nichts.
Kicho...
Aber wenn du mich abwiesest, wäre das die Hölle.
Ja...
DOS DOS
Ich weiß...
ZZZ...
ZZZ...
...
PLSTH
WPSH
WPSH
SHRRT

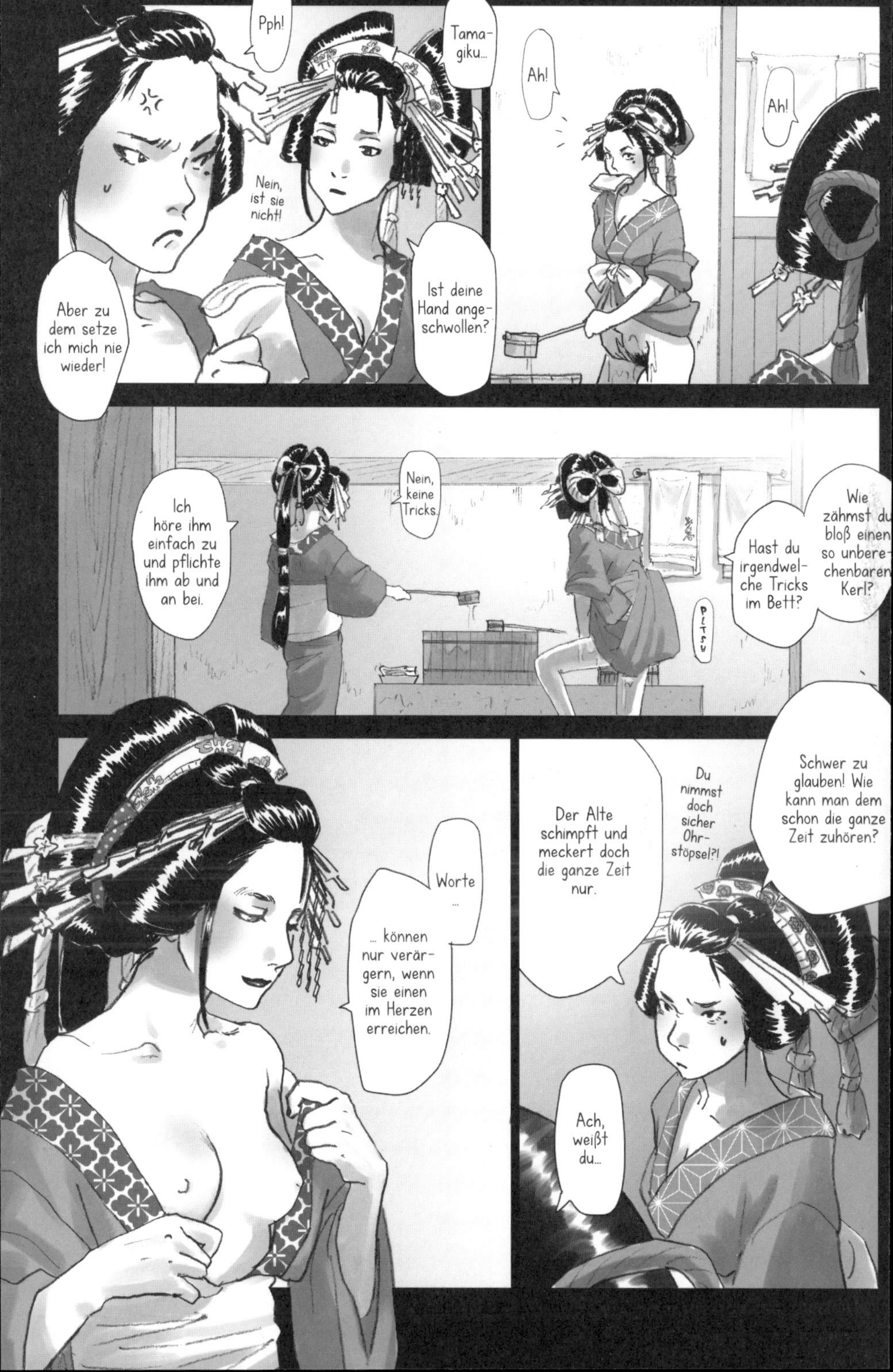
Ah!
Ah!
Tamagiku...
Pph!
Ist deine Hand angeschwollen?
Nein, ist sie nicht!
Aber zu dem setze ich mich nie wieder!
Wie zähmst du bloß einen so unberechenbaren Kerl?
Hast du irgendwelche Tricks im Bett?
Nein, keine Tricks.
Ich höre ihm einfach zu und pflichte ihm ab und an bei.
Schwer zu glauben! Wie kann man dem schon die ganze Zeit zuhören?
Du nimmst doch sicher Ohrstöpsel?!
Der Alte schimpft und meckert doch die ganze Zeit nur.
Ach, weißt du...
Worte ...
... können nur verärgern, wenn sie einen im Herzen erreichen.

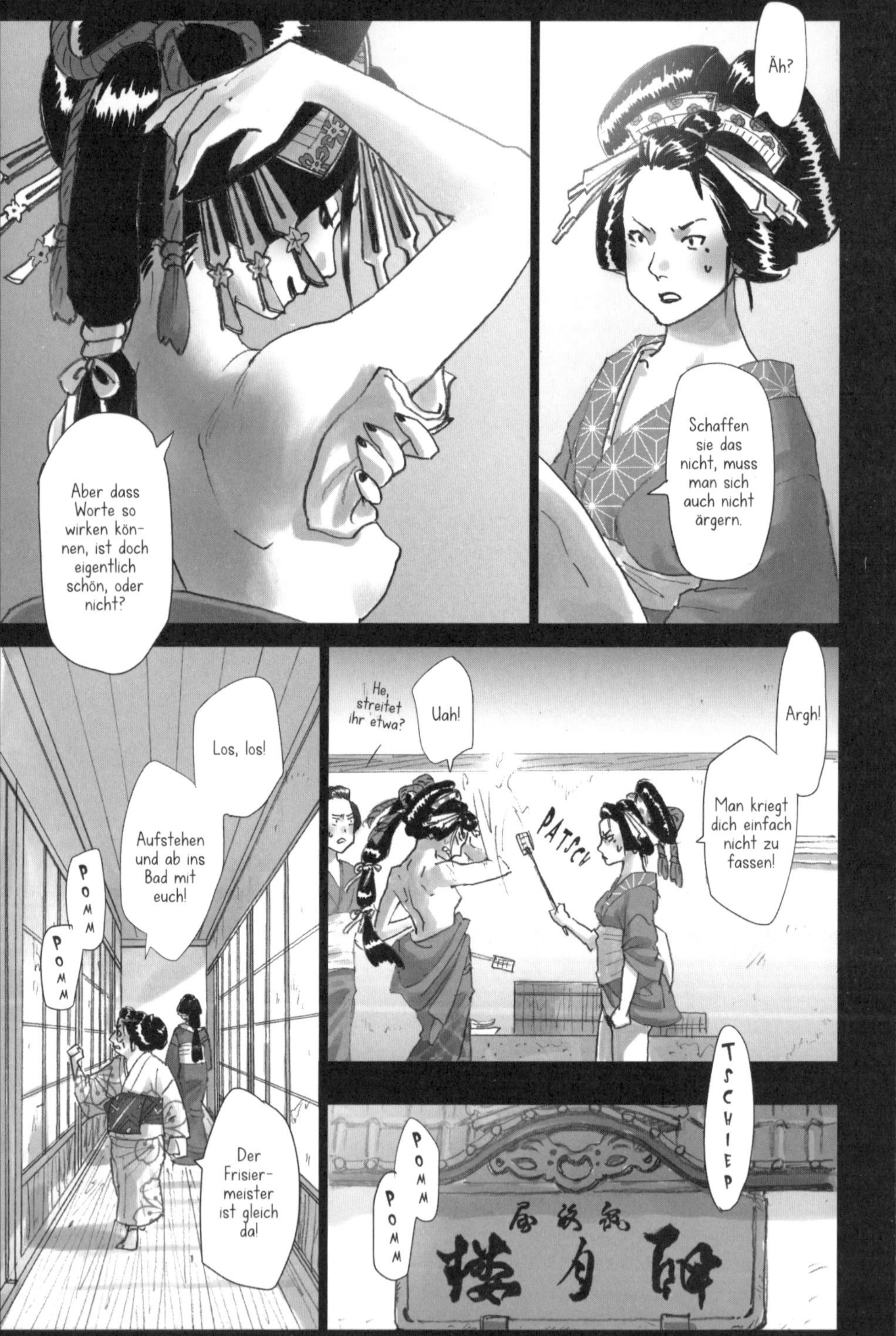

Haus Chikugo, Flügel Kagetsu

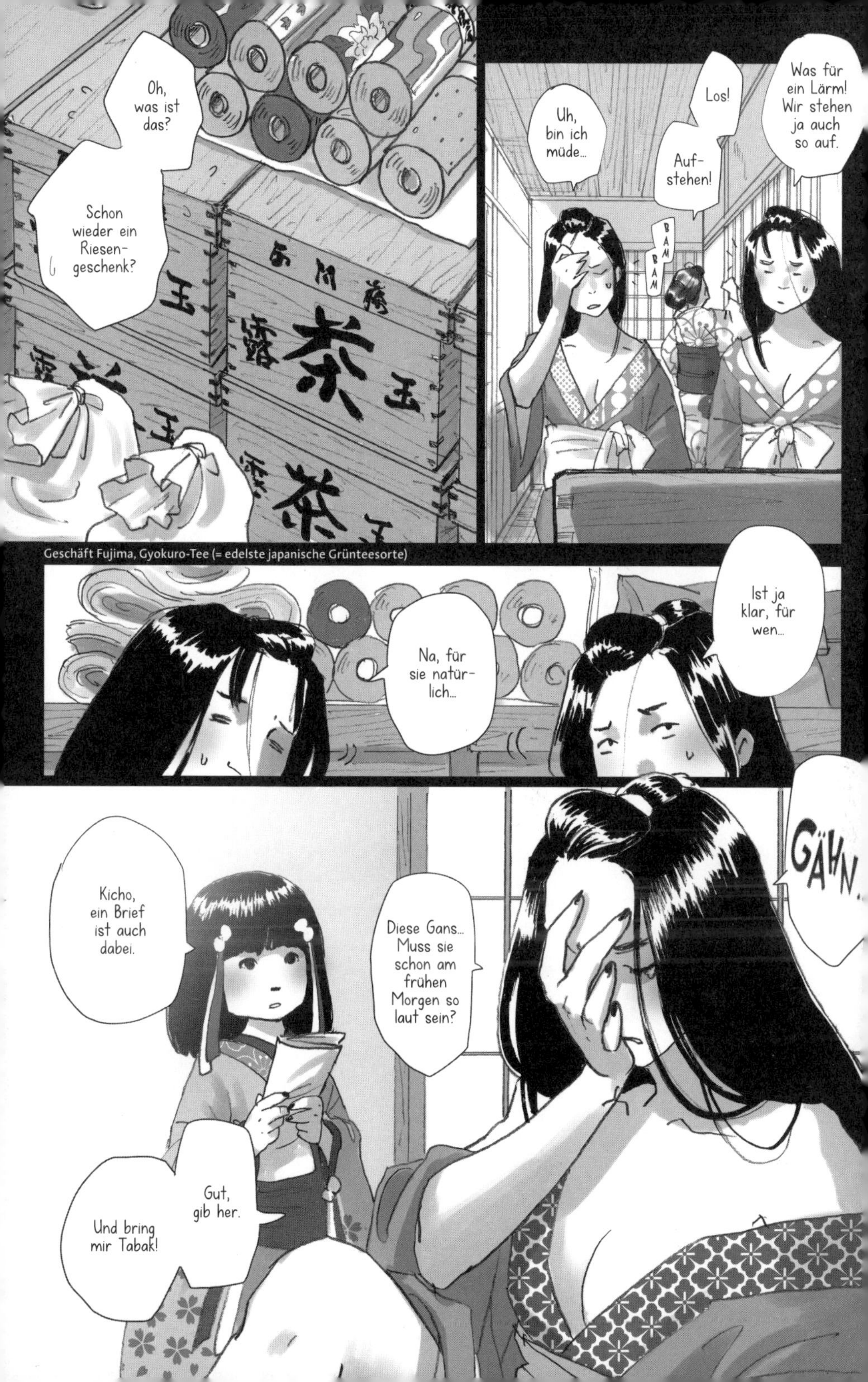

Geschäft Fujima, Gyokuro-Tee (= edelste japanische Grünteesorte)

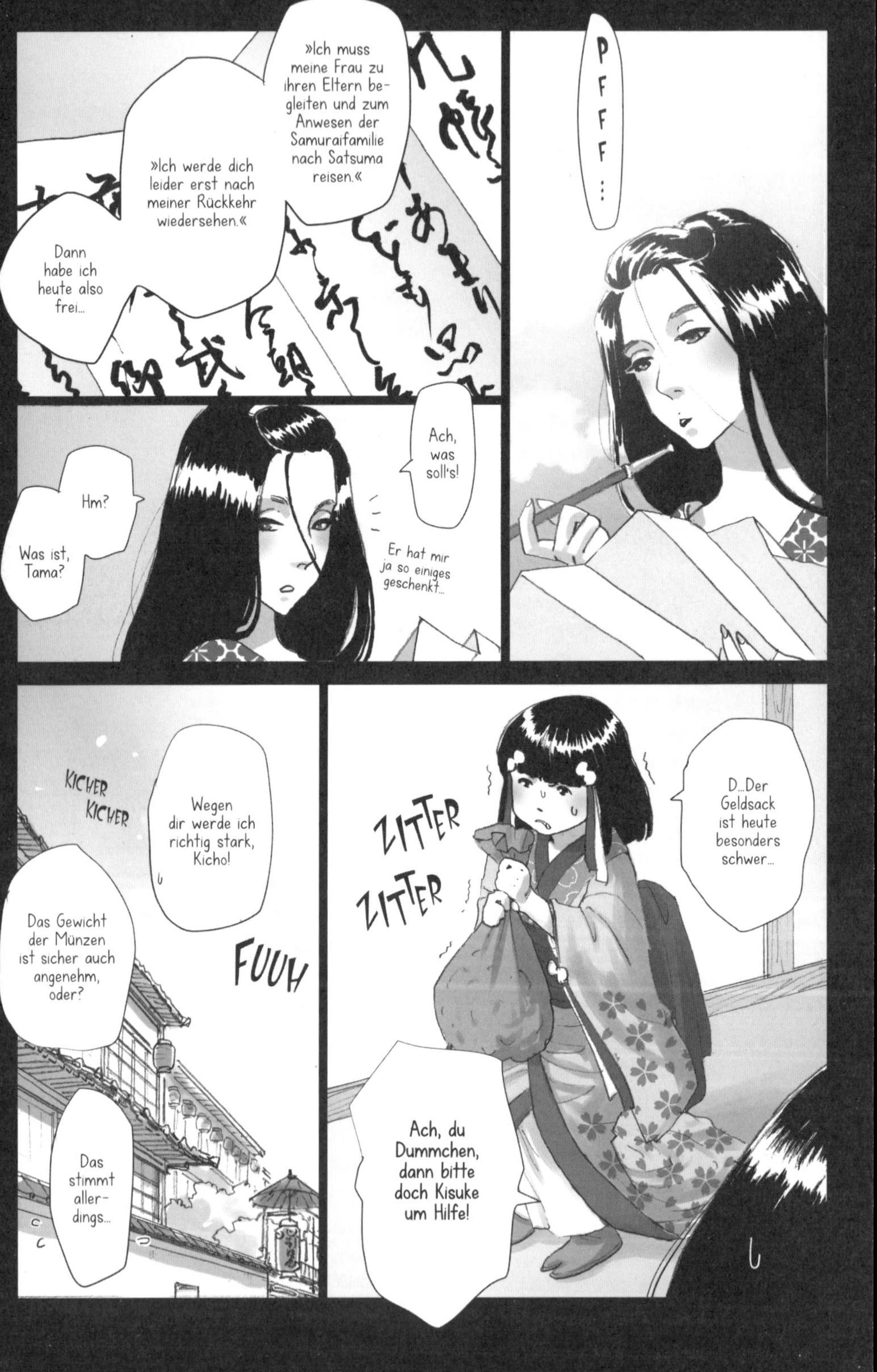
PFFF...
»Ich muss meine Frau zu ihren Eltern begleiten und zum Anwesen der Samuraifamilie nach Satsuma reisen.«
»Ich werde dich leider erst nach meiner Rückkehr wiedersehen.«
Dann habe ich heute also frei...
Ach, was soll's!
Er hat mir ja so einiges geschenkt...
Hm?
Was ist, Tama?
D...Der Geldsack ist heute besonders schwer...
ZITTER ZITTER
Ach, du Dummchen, dann bitte doch Kisuke um Hilfe!
KICHER KICHER
Wegen dir werde ich richtig stark, Kicho!
Das Gewicht der Münzen ist sicher auch angenehm, oder?
FUUH
Das stimmt allerdings...

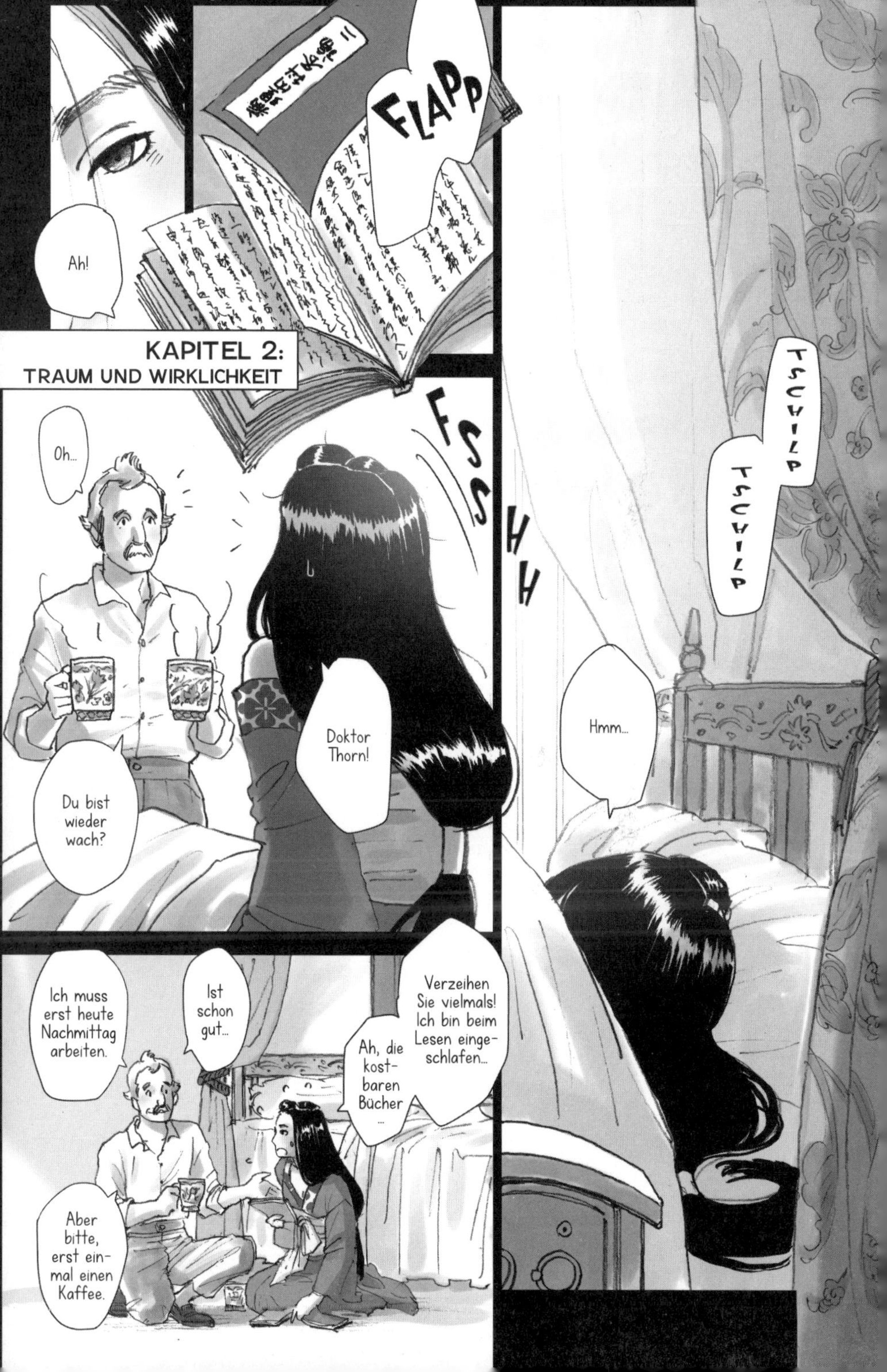
TSCHILP
TSCHILP
Hmm...
FLAPP
Ah!
KAPITEL 2:
TRAUM UND WIRKLICHKEIT
FSSHH
Doktor Thorn!
Oh...
Du bist wieder wach?
Verzeihen Sie vielmals! Ich bin beim Lesen eingeschlafen...
Ah, die kostbaren Bücher ...
Ist schon gut...
Ich muss erst heute Nachmittag arbeiten.
Aber bitte, erst einmal einen Kaffee.

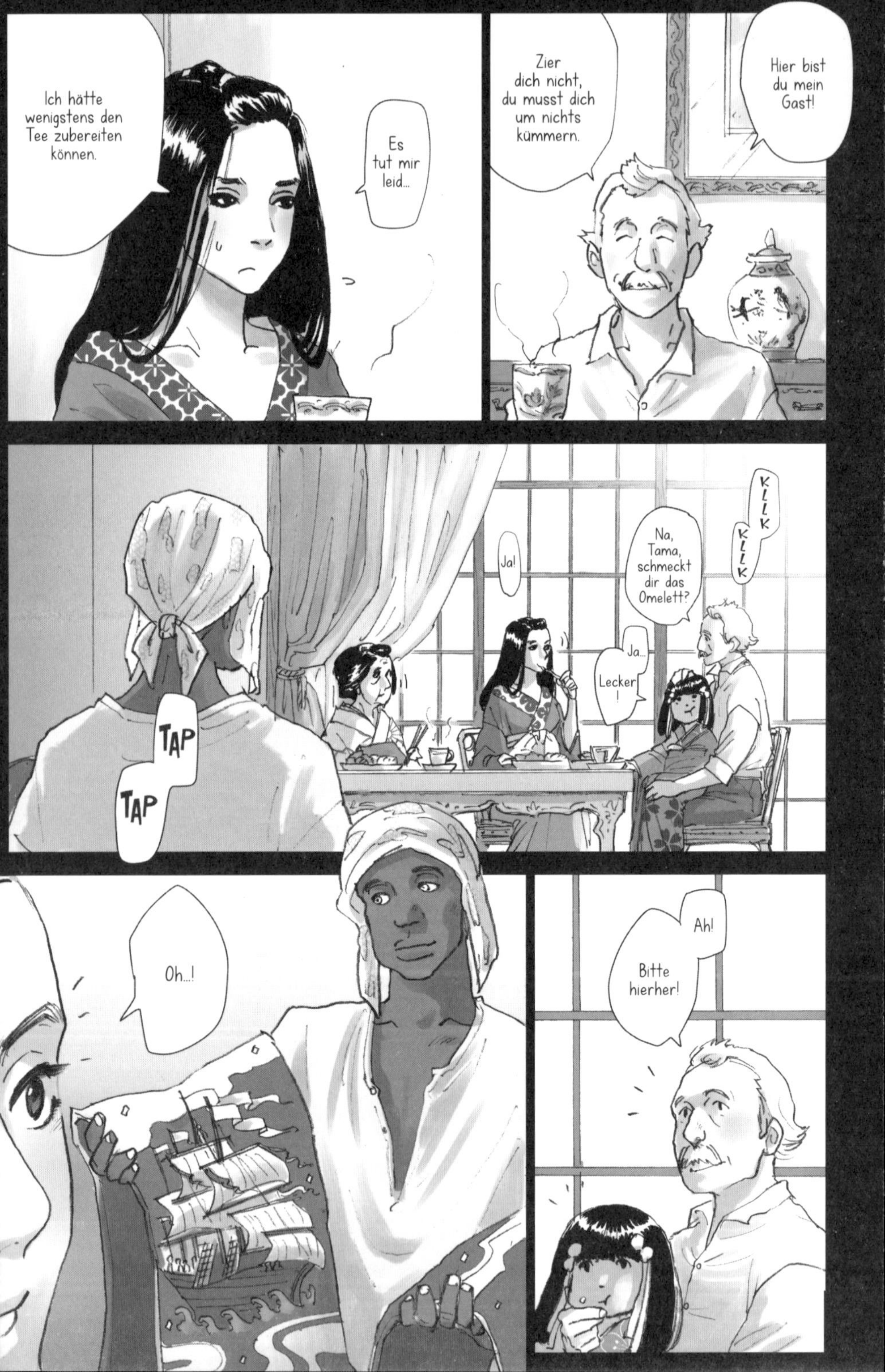
Ich hätte wenigstens den Tee zubereiten können.
Es tut mir leid...
Hier bist du mein Gast!
Zier dich nicht, du musst dich um nichts kümmern.
KLLK KLLK
Na, Tama, schmeckt dir das Omelett?
Ja!
Ja...
Lecker!
TAP
TAP
Ah!
Bitte hierher!
Oh...!

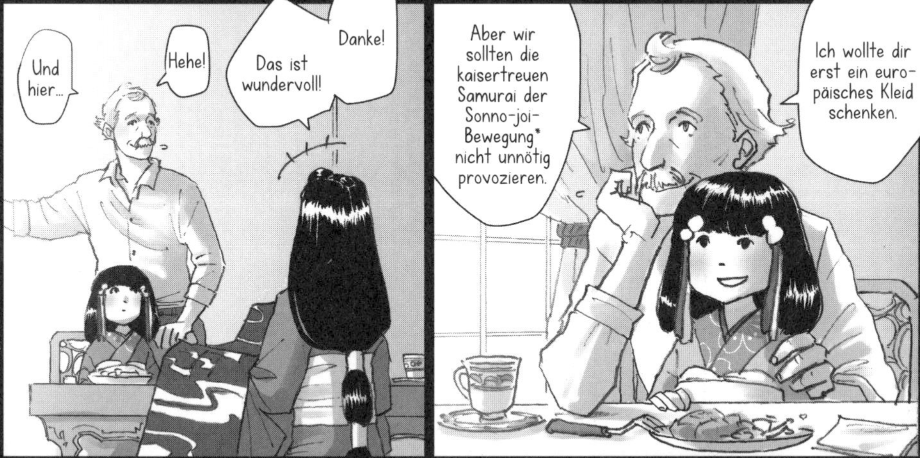

* Sonno joi: »Verehrt den Kaiser und verjagt die Barbaren«; politische Parole einer sozialen Bewegung ab ca. 1850

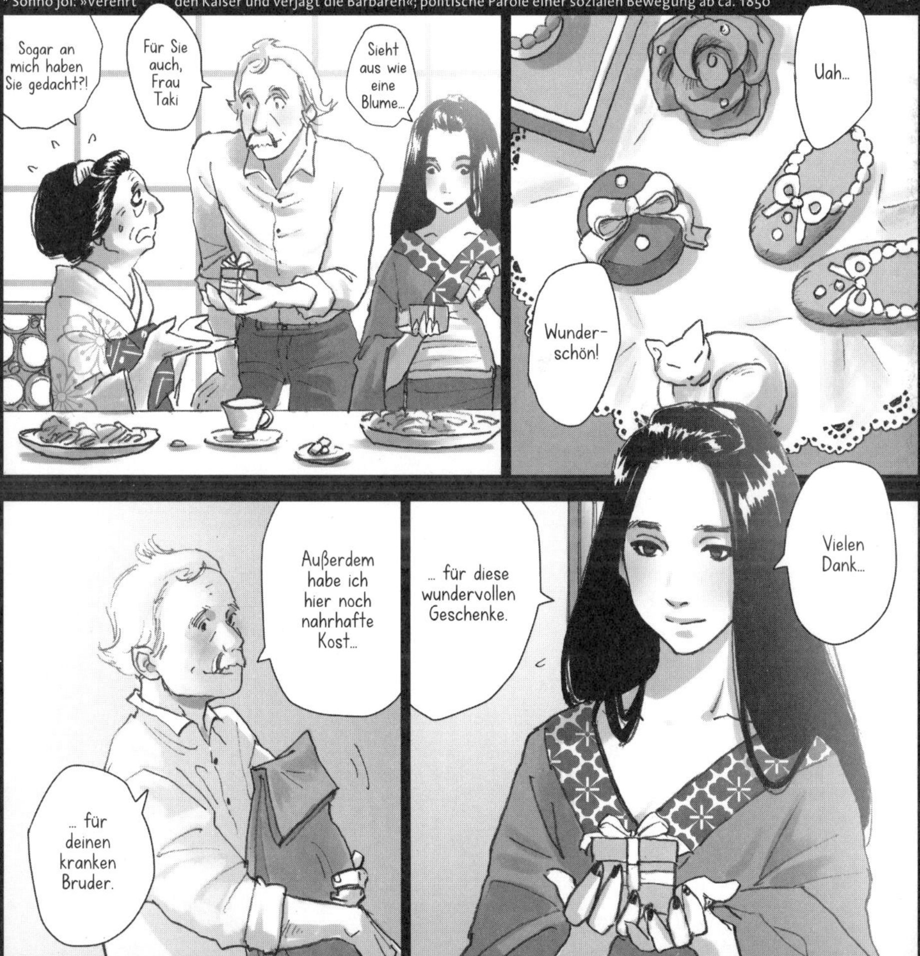

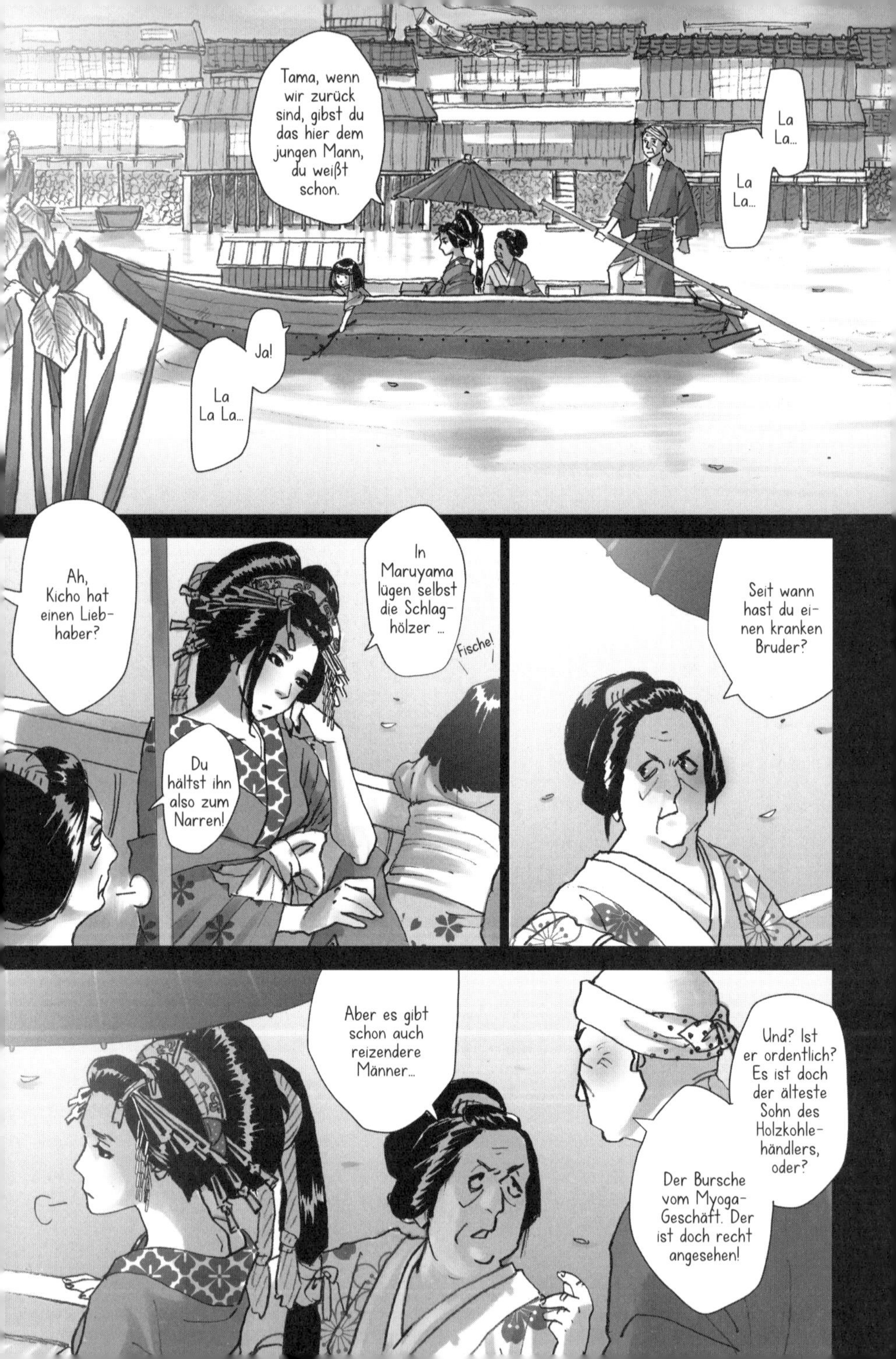
La La...
La La...
Tama, wenn wir zurück sind, gibst du das hier dem jungen Mann, du weißt schon.
Ja!
La La La...
Seit wann hast du einen kranken Bruder?
In Maruyama lügen selbst die Schlaghölzer ...
Fische!
Ah, Kicho hat einen Liebhaber?
Du hältst ihn also zum Narren!
Und? Ist er ordentlich? Es ist doch der älteste Sohn des Holzkohlehändlers, oder?
Der Bursche vom Myoga-Geschäft. Der ist doch recht angesehen!
Aber es gibt schon auch reizendere Männer...

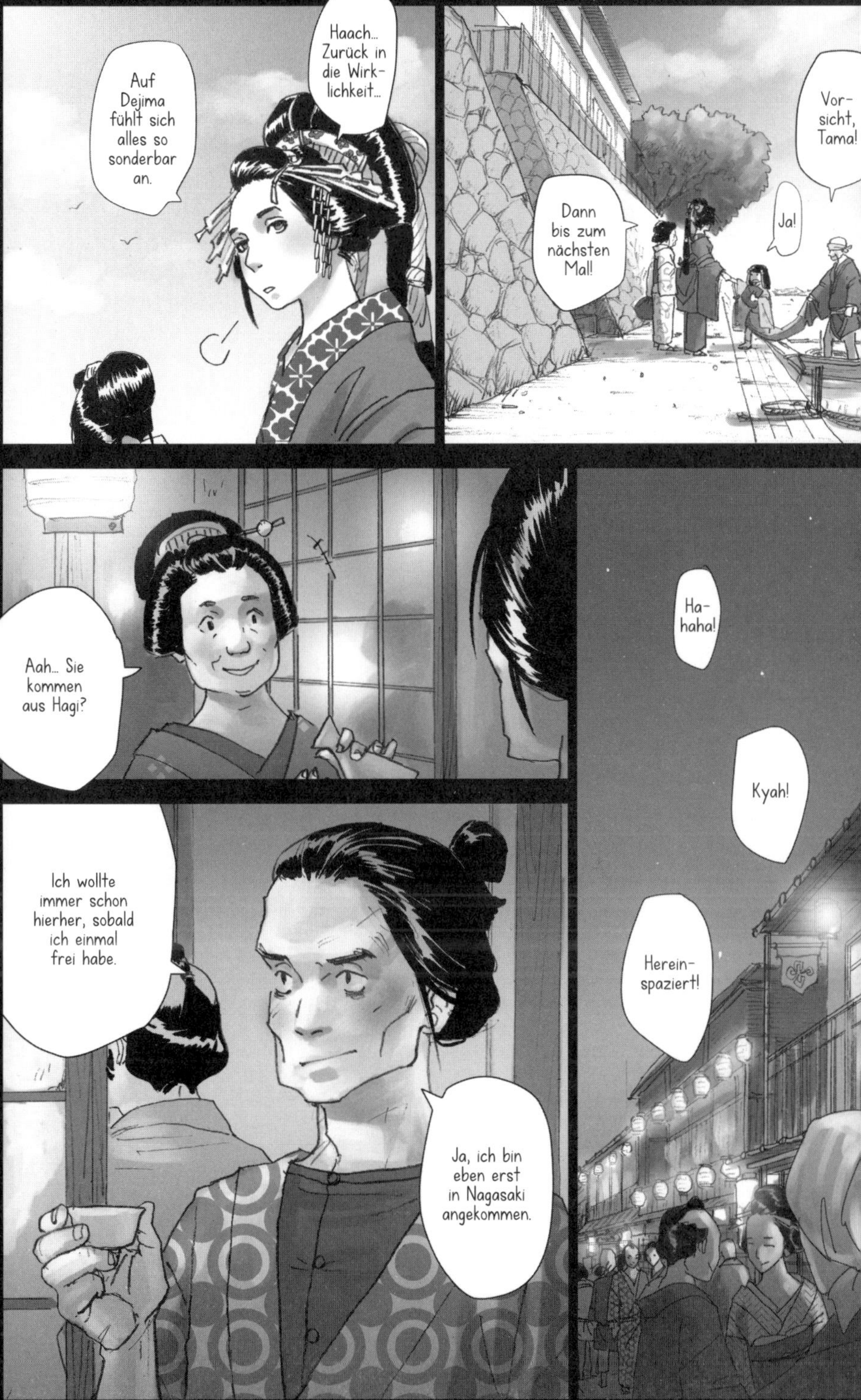
Vorsicht, Tama!
Ja!
Dann bis zum nächsten Mal!
Haach... Zurück in die Wirklichkeit...
Auf Dejima fühlt sich alles so sonderbar an.
Hahaha!
Kyah!
Hereinspaziert!
Aah... Sie kommen aus Hagi?
Ja, ich bin eben erst in Nagasaki angekommen.
Ich wollte immer schon hierher, sobald ich einmal frei habe.

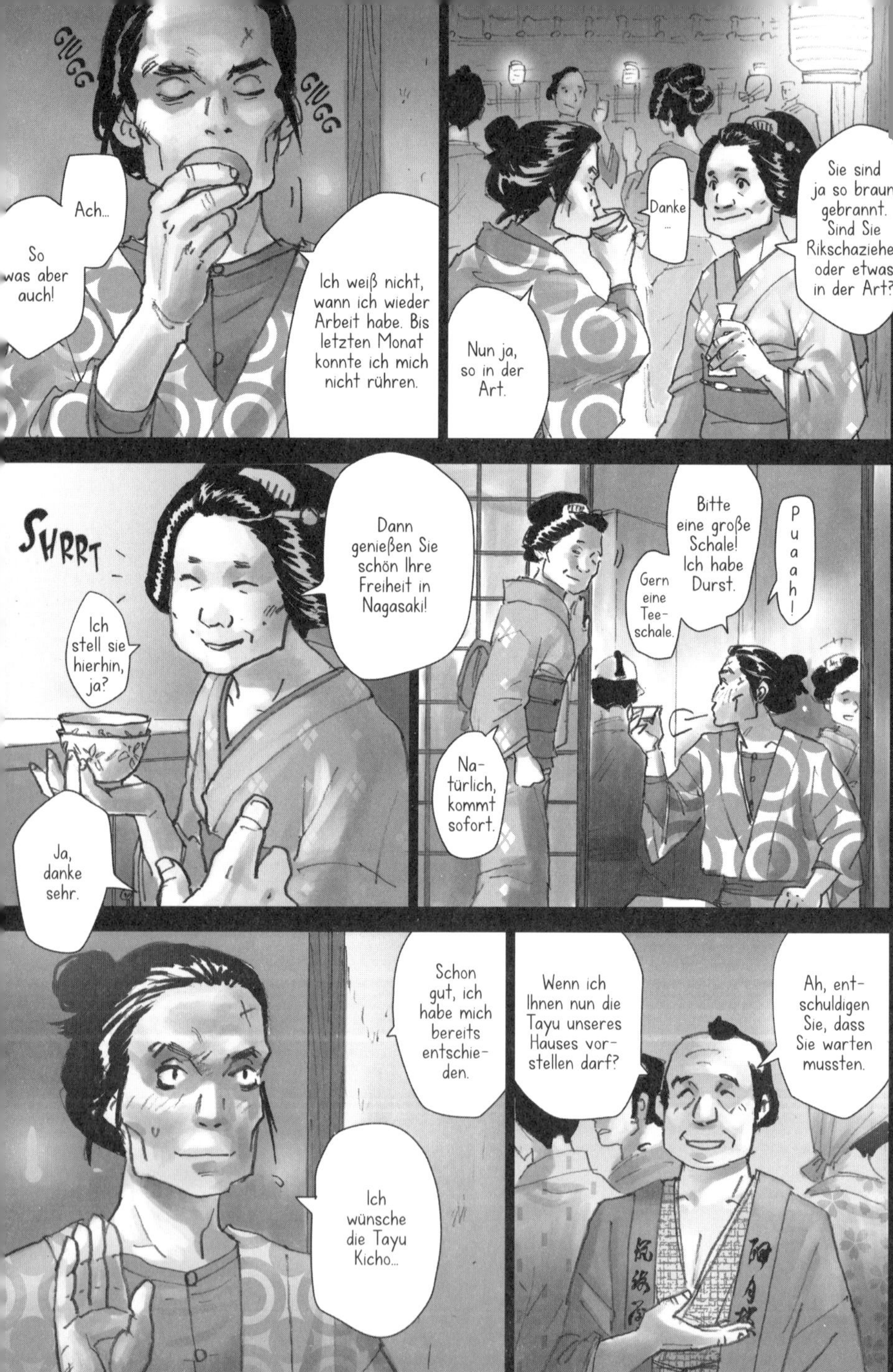

GLUGG
GLUGG
Ach...
So was aber auch!
Ich weiß nicht, wann ich wieder Arbeit habe. Bis letzten Monat konnte ich mich nicht rühren.
Sie sind ja so braun gebrannt. Sind Sie Rikschazieher oder etwas in der Art?
Danke ...
Nun ja, so in der Art.
SHRRT
Dann genießen Sie schön Ihre Freiheit in Nagasaki!
Ich stell sie hierhin, ja?
Ja, danke sehr.
Puaah!
Bitte eine große Schale! Ich habe Durst.
Gern eine Tee-schale.
Na-türlich, kommt sofort.
Ah, ent-schuldigen Sie, dass Sie warten mussten.
Wenn ich Ihnen nun die Tayu unseres Hauses vor-stellen darf?
Schon gut, ich habe mich bereits entschie-den.
Ich wünsche die Tayu Kicho...

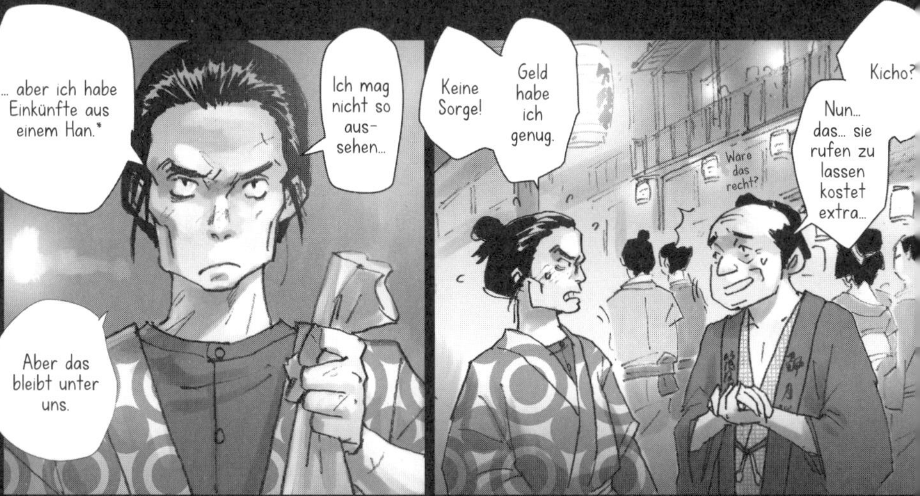

*auch Daimyat; ein vom Shogun an einen Fürsten verliehenes Lehen

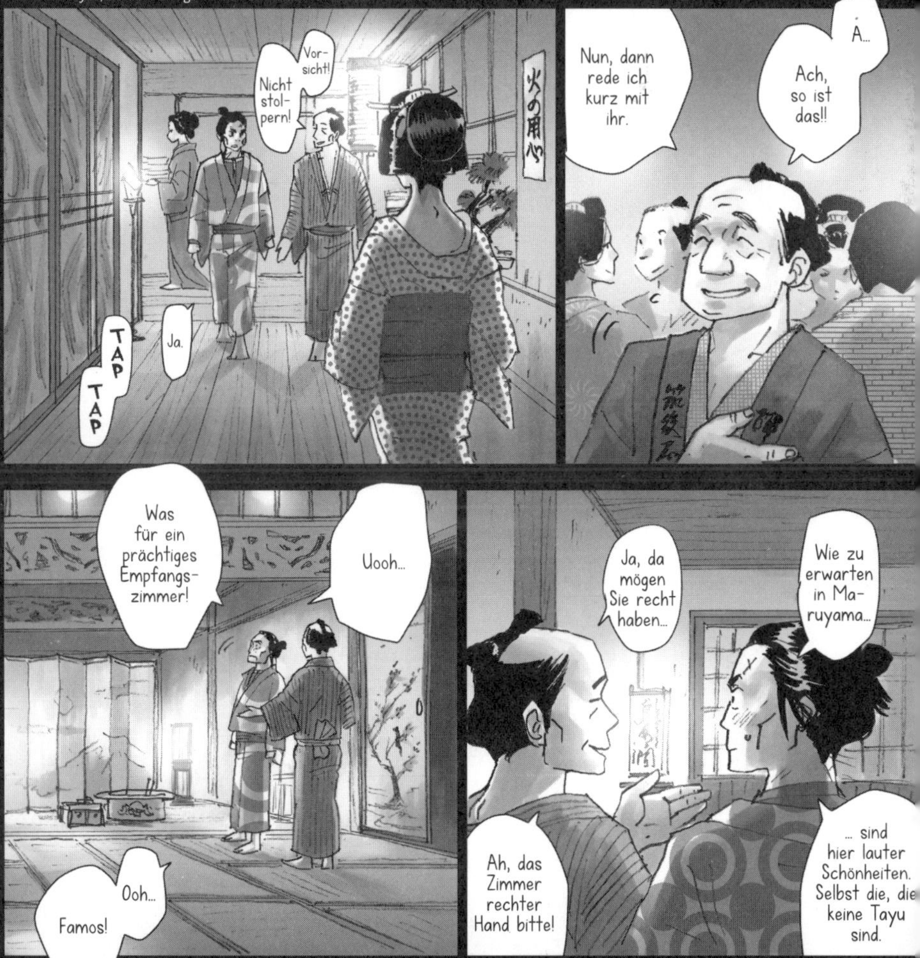

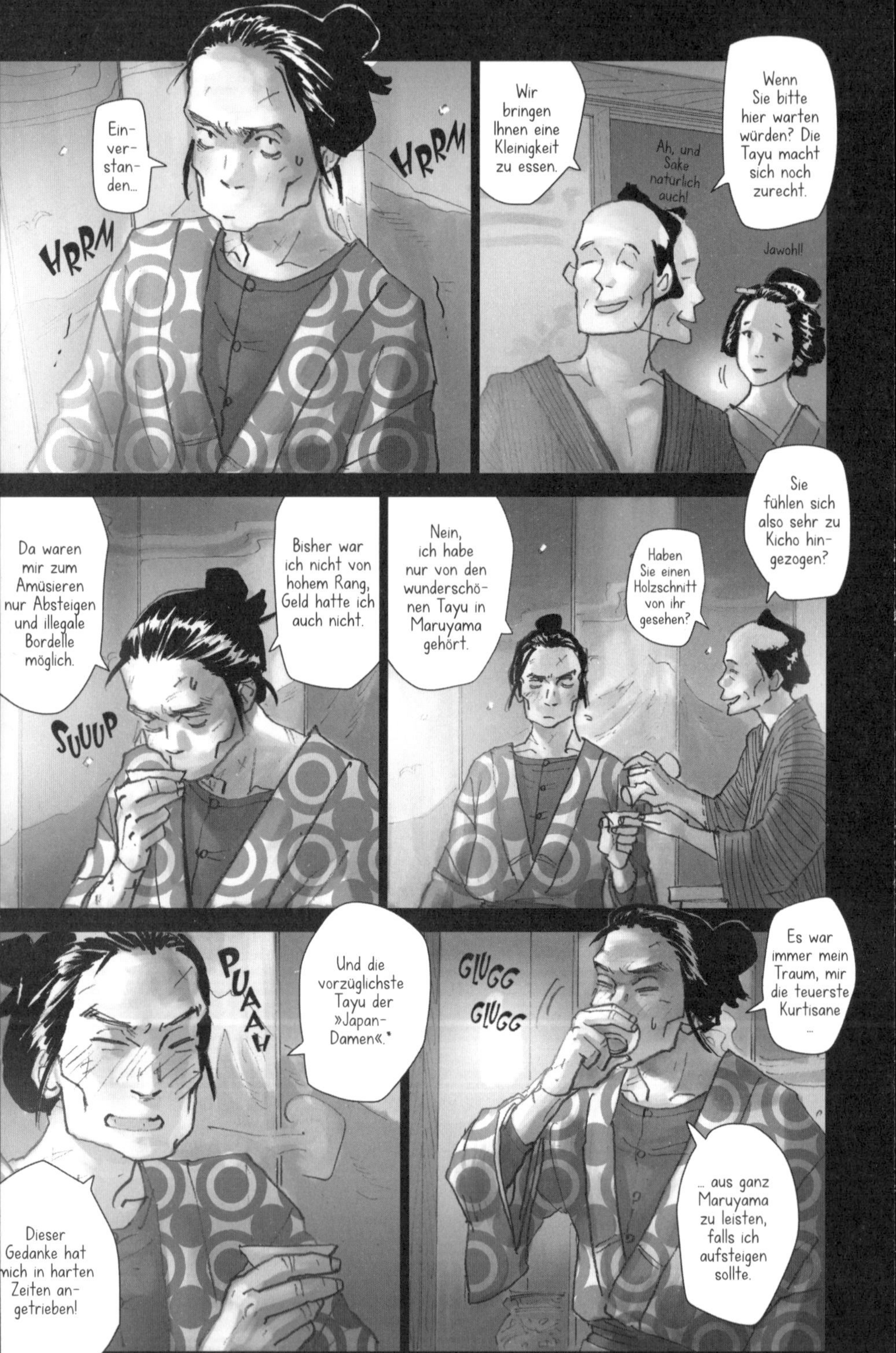

*Prostituierte, die nur Japaner bedienen

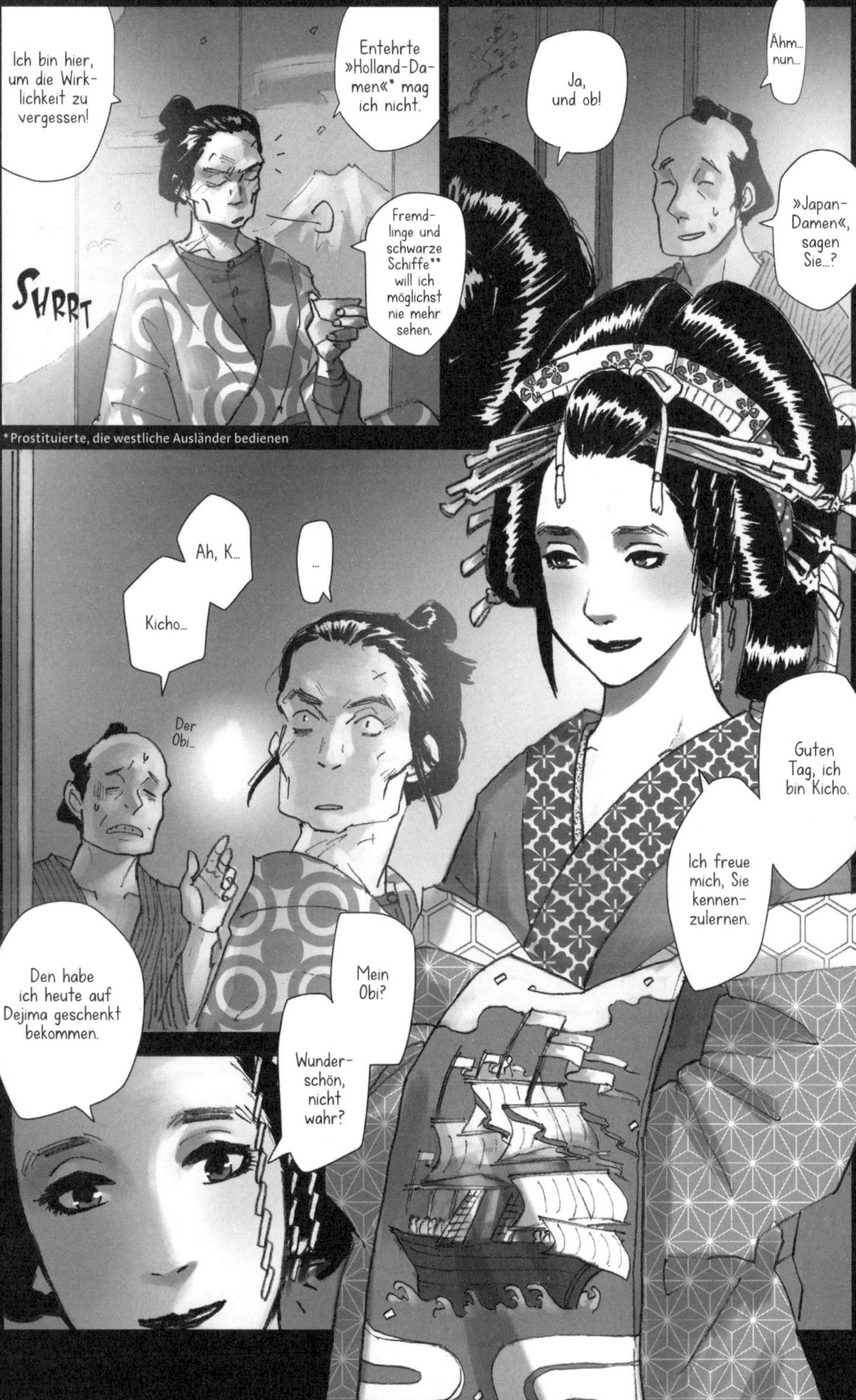

*Prostituierte, die westliche Ausländer bedienen

**Mit den »schwarzen Schiffen« traf Commander Matthew Perry um 1853 in der Bucht von Edo ein, um den Shogun einen Vertrag aufzuzwingen, der nach ca. 200 Jahren Abschottung Japans von der Außenwelt die ersten diplomatischen Beziehungen zwischen den Vereinigten Staaten und Japan begründete.

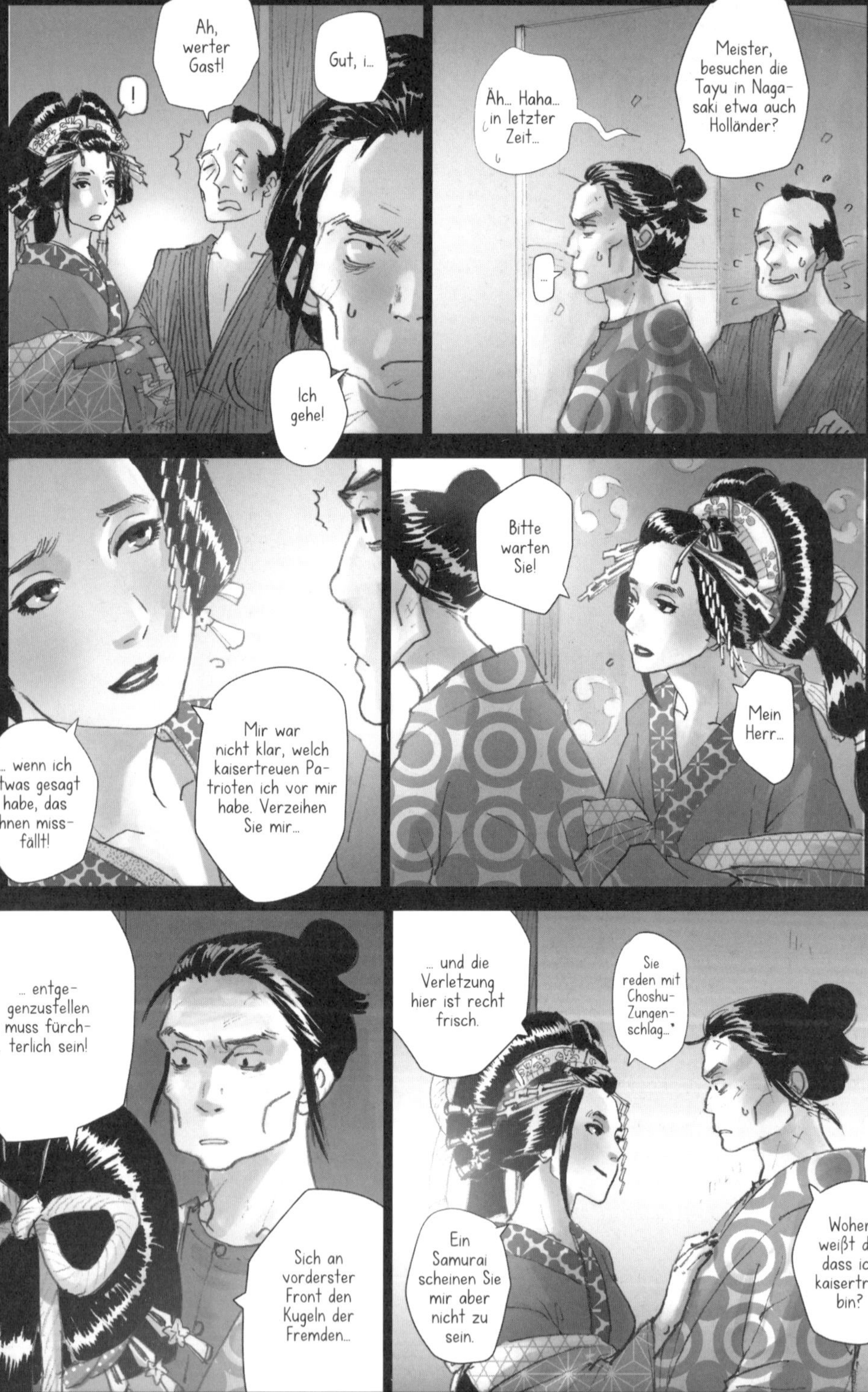

*Choshu ist ein Han (Lehen) auf dem Gebiet der historischen Provinzen Nagato und Suo; der Herr ist damit ein Befürworter der Sonno-joi-Bewegung.

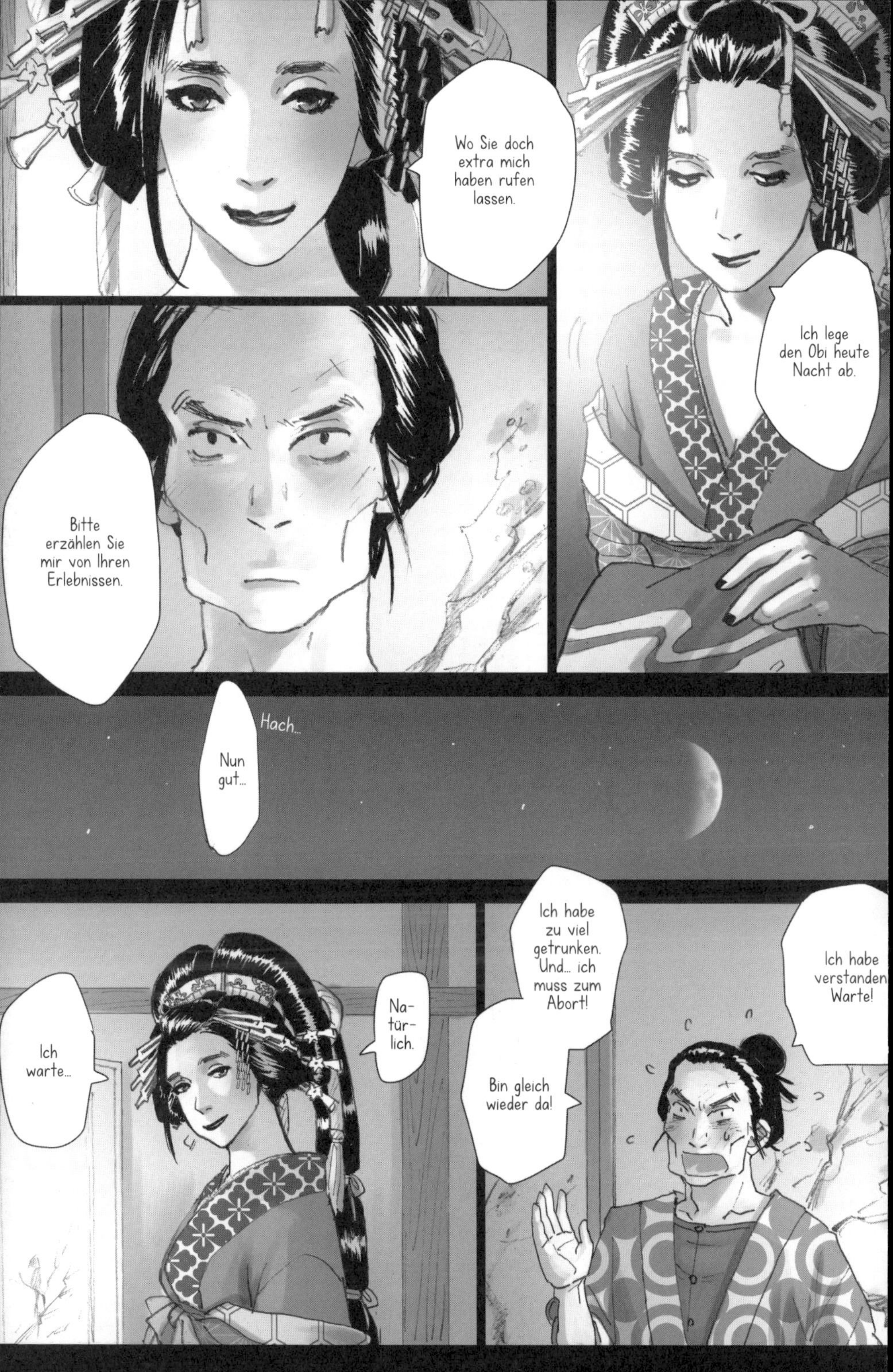

Wo Sie doch extra mich haben rufen lassen.
Ich lege den Obi heute Nacht ab.
Bitte erzählen Sie mir von Ihren Erlebnissen.
Hach…
Nun gut…
Ich warte…
Na-tür-lich.
Ich habe zu viel getrunken. Und… ich muss zum Abort!
Bin gleich wieder da!
Ich habe verstanden. Warte!

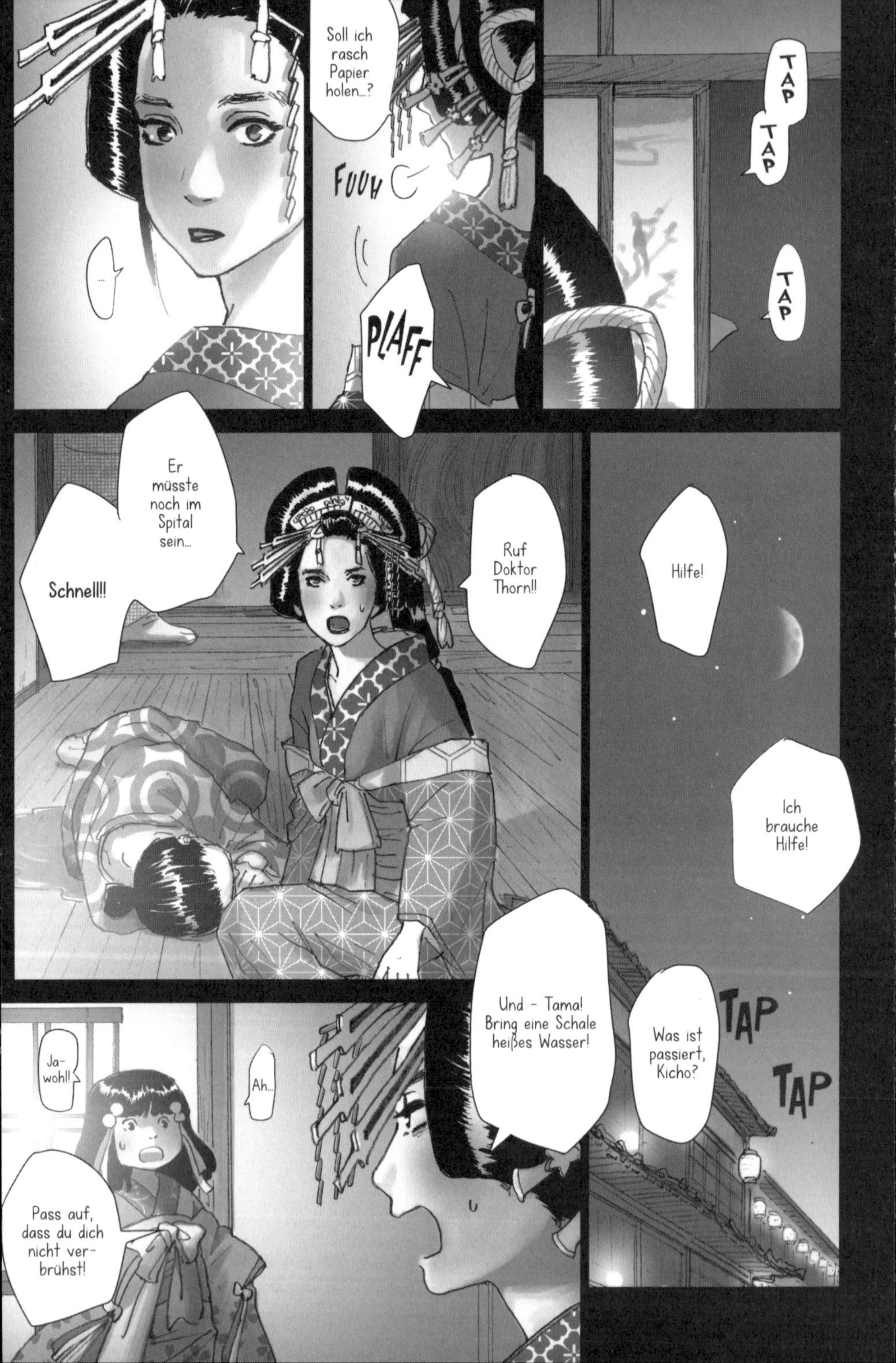
TAP
TAP
TAP
Soll ich rasch Papier holen...?
FUUH
PLAFF
...
Hilfe!
Ich brauche Hilfe!
Ruf Doktor Thorn!!
Er müsste noch im Spital sein...
Schnell!!
TAP
TAP
Was ist passiert, Kicho?
Und - Tama! Bring eine Schale heißes Wasser!
Ah...
Ja-wohl!
Pass auf, dass du dich nicht verbrühst!

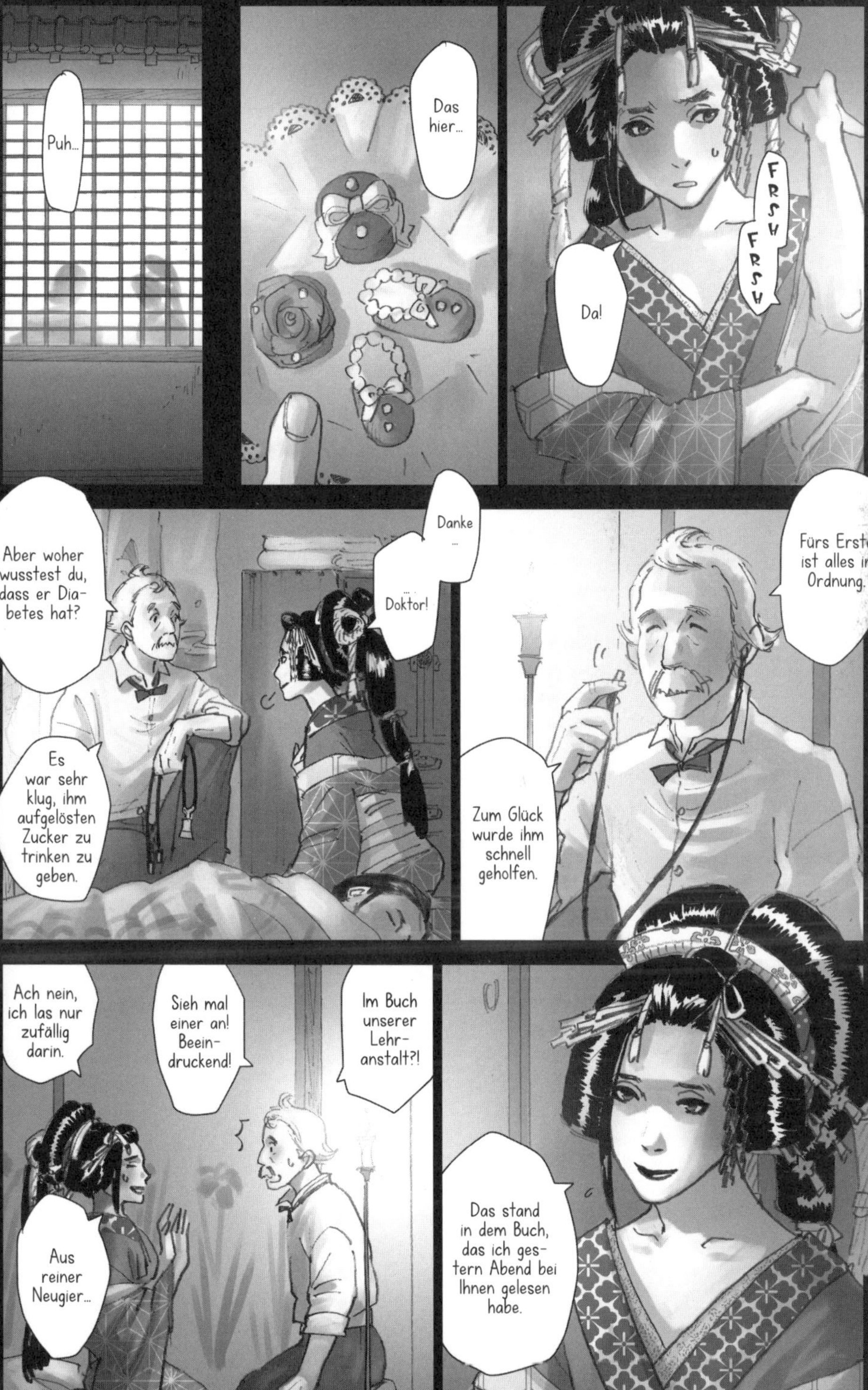
Puh...
Das hier...
FRSH FRSH
Da!
Aber woher wusstest du, dass er Diabetes hat?
Danke ...
... Doktor!
Es war sehr klug, ihm aufgelösten Zucker zu trinken zu geben.
Fürs Erste ist alles in Ordnung.
Zum Glück wurde ihm schnell geholfen.
Ach nein, ich las nur zufällig darin.
Sieh mal einer an! Beeindruckend!
Im Buch unserer Lehranstalt?!
Aus reiner Neugier...
Das stand in dem Buch, das ich gestern Abend bei Ihnen gelesen habe.

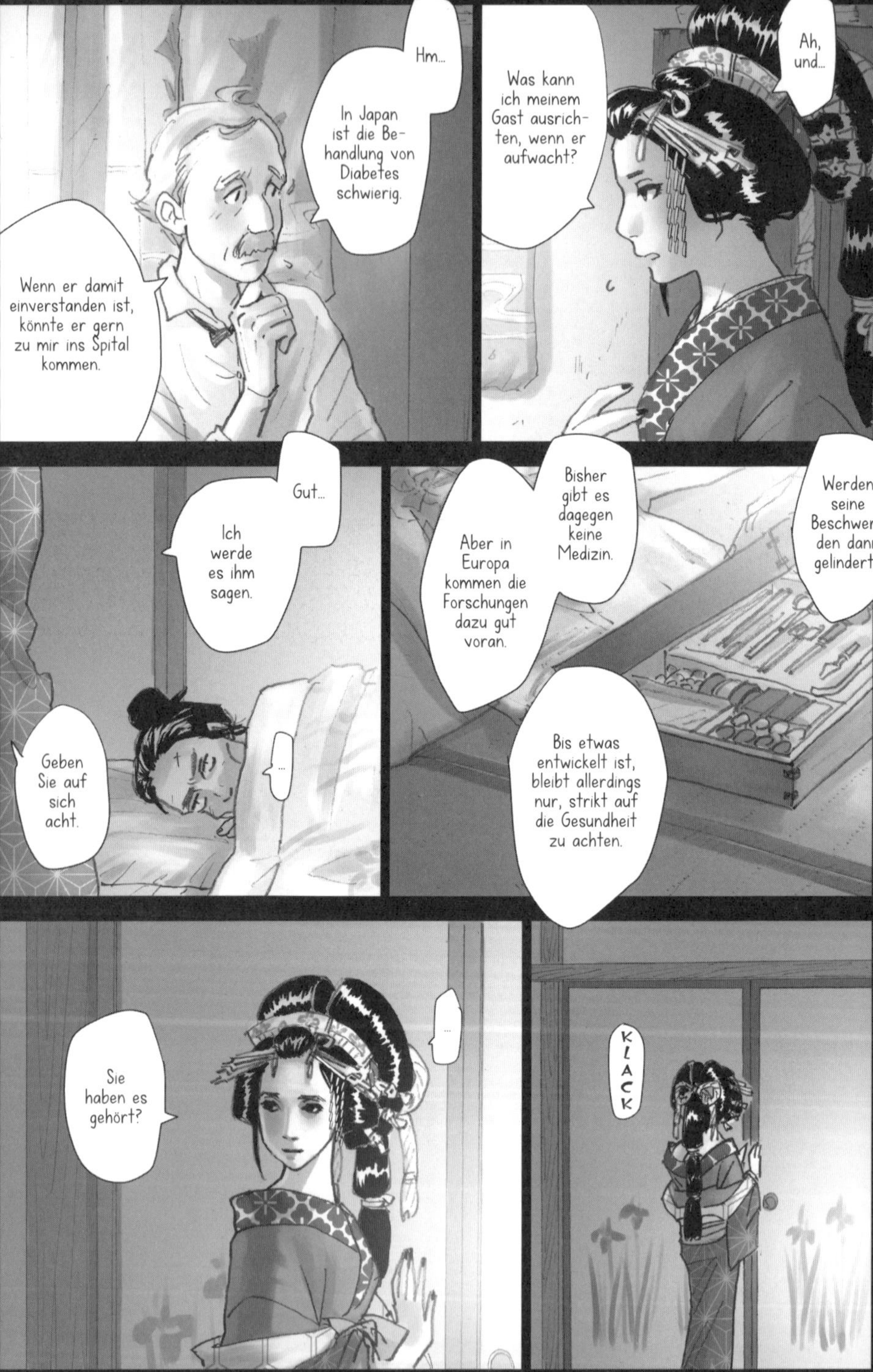
Hm...
In Japan ist die Behandlung von Diabetes schwierig.
Wenn er damit einverstanden ist, könnte er gern zu mir ins Spital kommen.
Ah, und...
Was kann ich meinem Gast ausrichten, wenn er aufwacht?
Gut...
Ich werde es ihm sagen.
Geben Sie auf sich acht.
...
Werden seine Beschwerden dann gelindert?
Bisher gibt es dagegen keine Medizin.
Aber in Europa kommen die Forschungen dazu gut voran.
Bis etwas entwickelt ist, bleibt allerdings nur, strikt auf die Gesundheit zu achten.
...
Sie haben es gehört?
KLACK

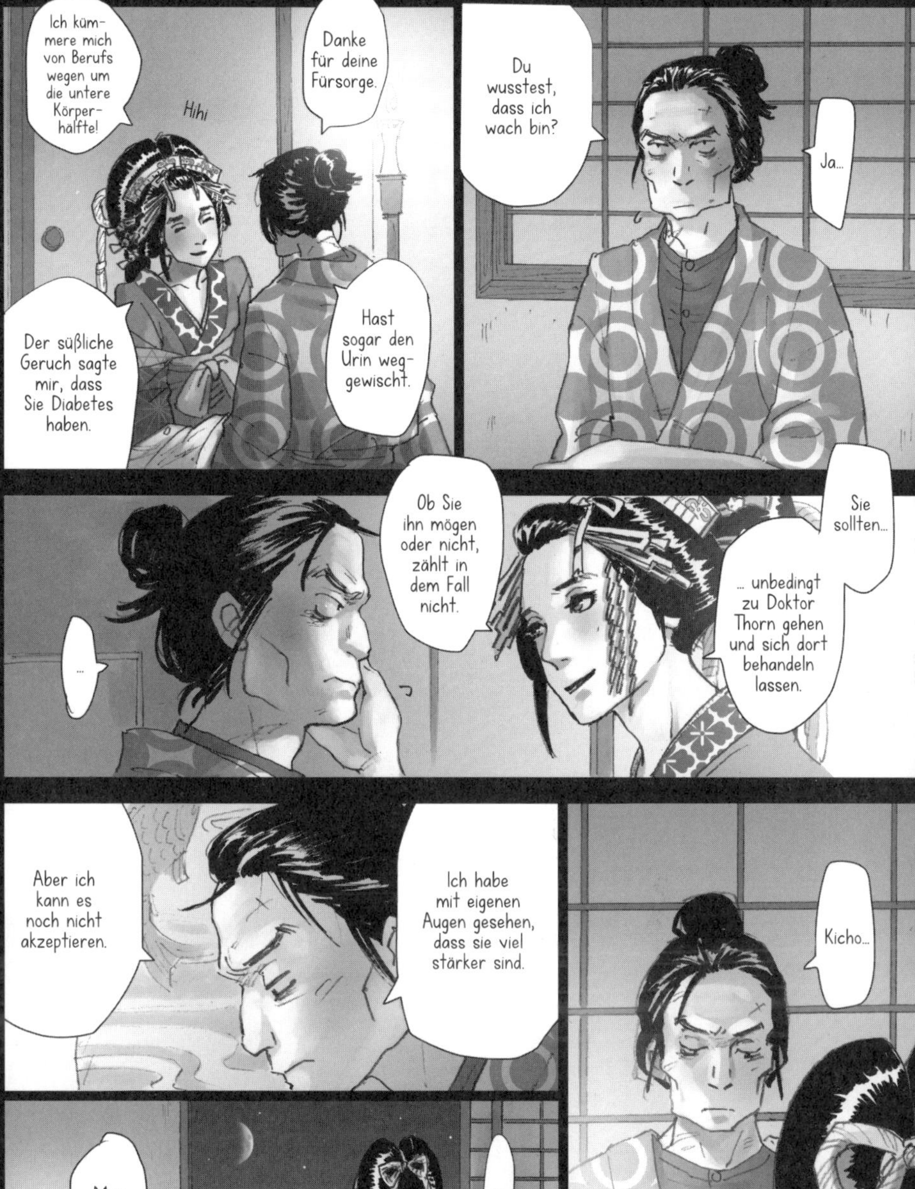
Du wusstest, dass ich wach bin?
Ja...
Hast sogar den Urin weggewischt.
Danke für deine Fürsorge.
Der süßliche Geruch sagte mir, dass Sie Diabetes haben.
Ich kümmere mich von Berufs wegen um die untere Körperhälfte!
Hihi
Sie sollten...
... unbedingt zu Doktor Thorn gehen und sich dort behandeln lassen.
Ob Sie ihn mögen oder nicht, zählt in dem Fall nicht.
...
Kicho...
Du hast erkannt, dass Japan am Ende ist, und kannst das Ausland akzeptieren, ja?
Ich habe mit eigenen Augen gesehen, dass sie viel stärker sind.
Aber ich kann es noch nicht akzeptieren.
...
Mein Herr...

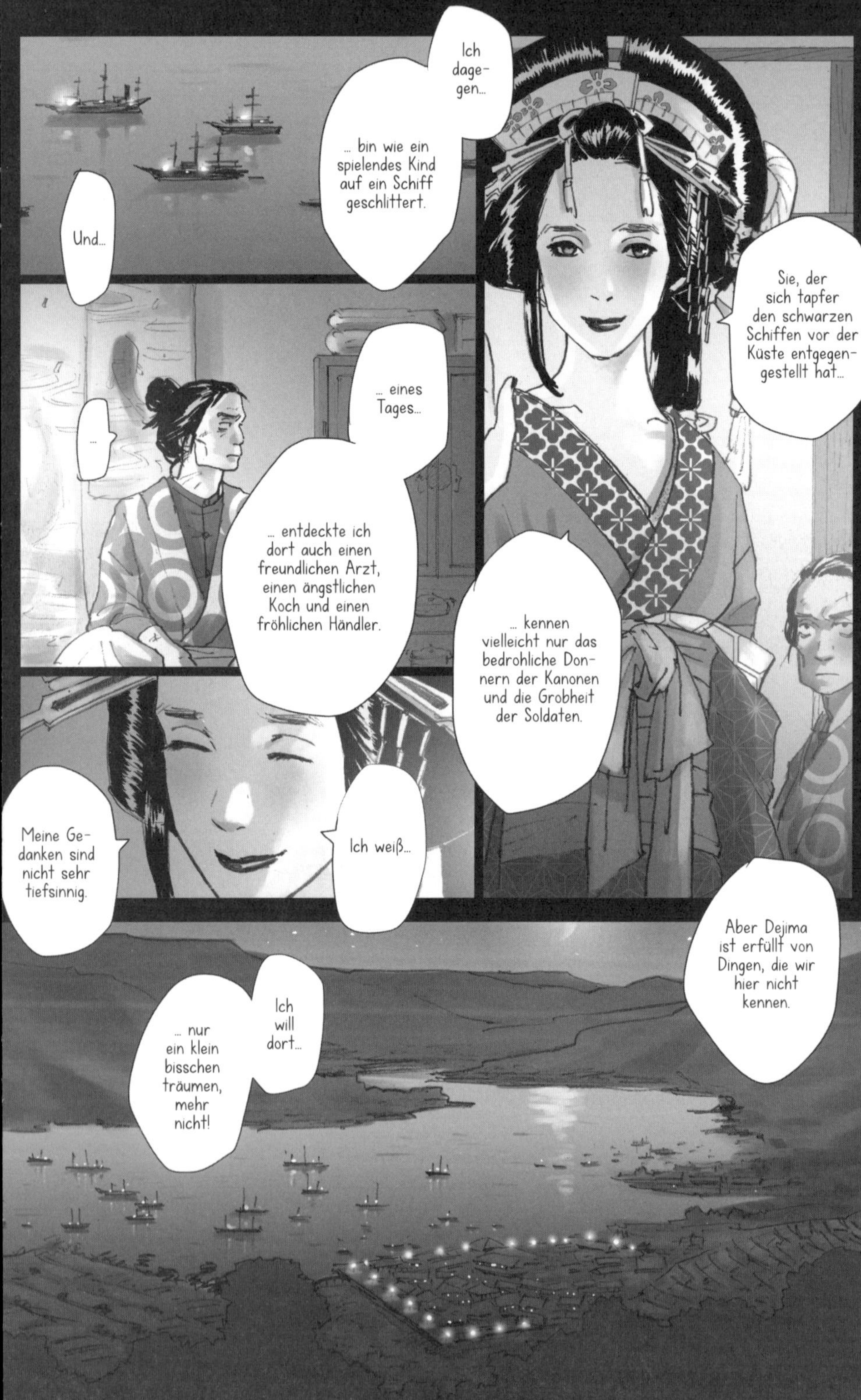
Sie, der sich tapfer den schwarzen Schiffen vor der Küste entgegengestellt hat...
... kennen vielleicht nur das bedrohliche Donnern der Kanonen und die Grobheit der Soldaten.
Aber Dejima ist erfüllt von Dingen, die wir hier nicht kennen.
Ich dagegen...
... bin wie ein spielendes Kind auf ein Schiff geschlittert.
Und...
... eines Tages...
... entdeckte ich dort auch einen freundlichen Arzt, einen ängstlichen Koch und einen fröhlichen Händler.
...
Meine Gedanken sind nicht sehr tiefsinnig.
Ich weiß...
Ich will dort...
... nur ein klein bisschen träumen, mehr nicht!

KAPITEL 3: STARKER TEE

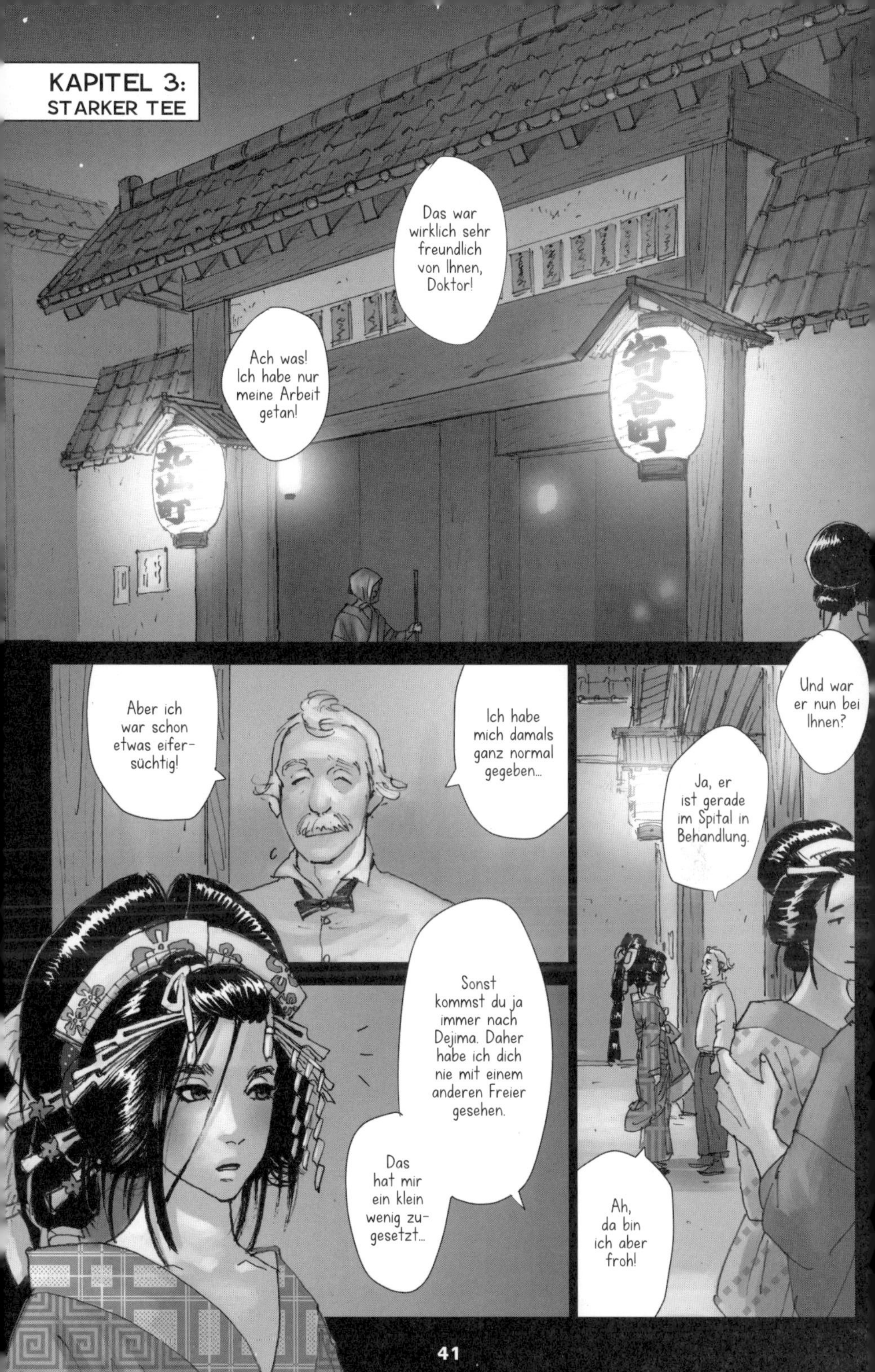

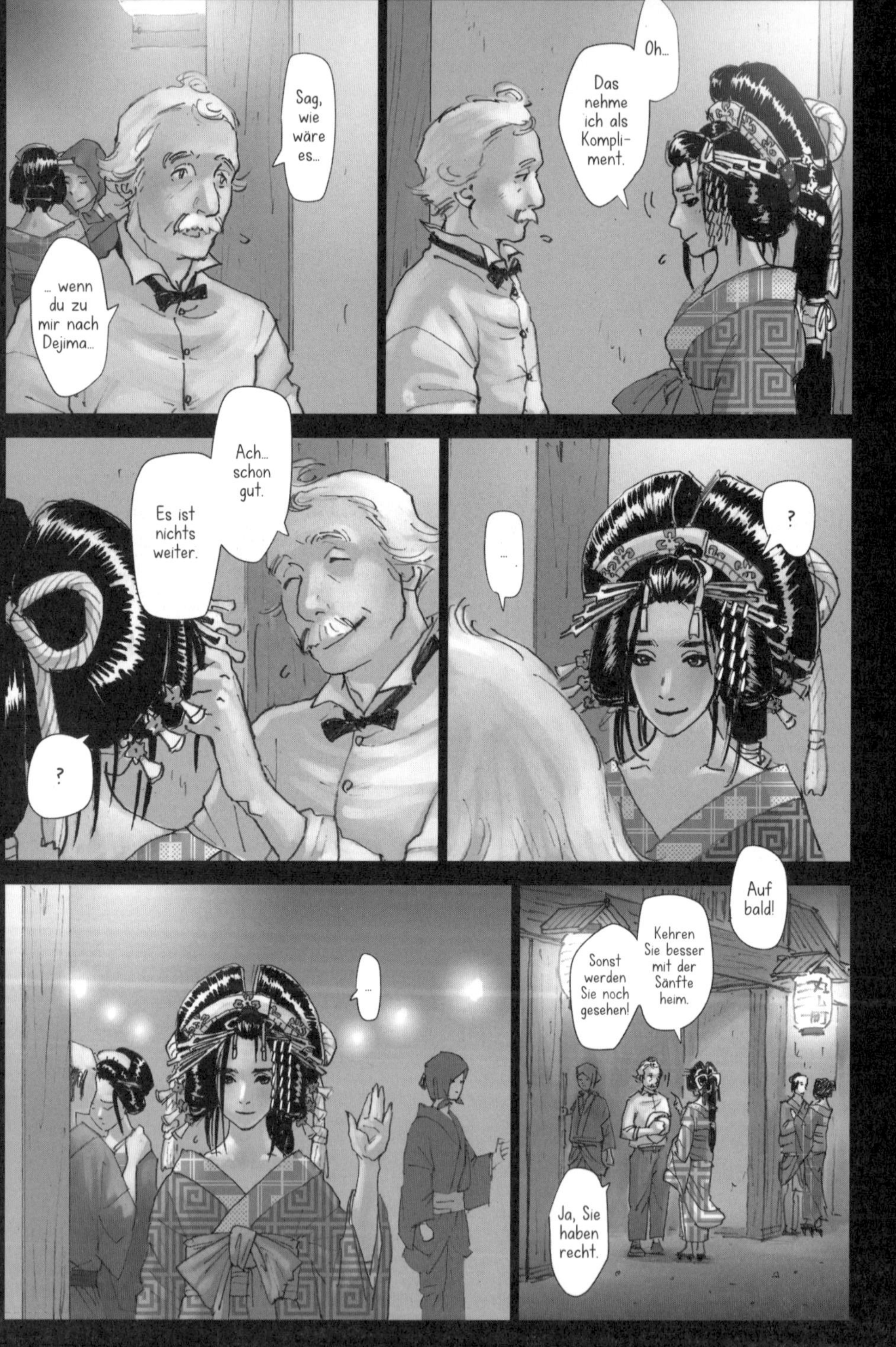
Sag, wie wäre es...
... wenn du zu mir nach Dejima...
Oh...
Das nehme ich als Kompliment.
Ach... schon gut.
Es ist nichts weiter.
?
?
...
...
Auf bald!
Kehren Sie besser mit der Sänfte heim.
Sonst werden Sie noch gesehen!
Ja, Sie haben recht.

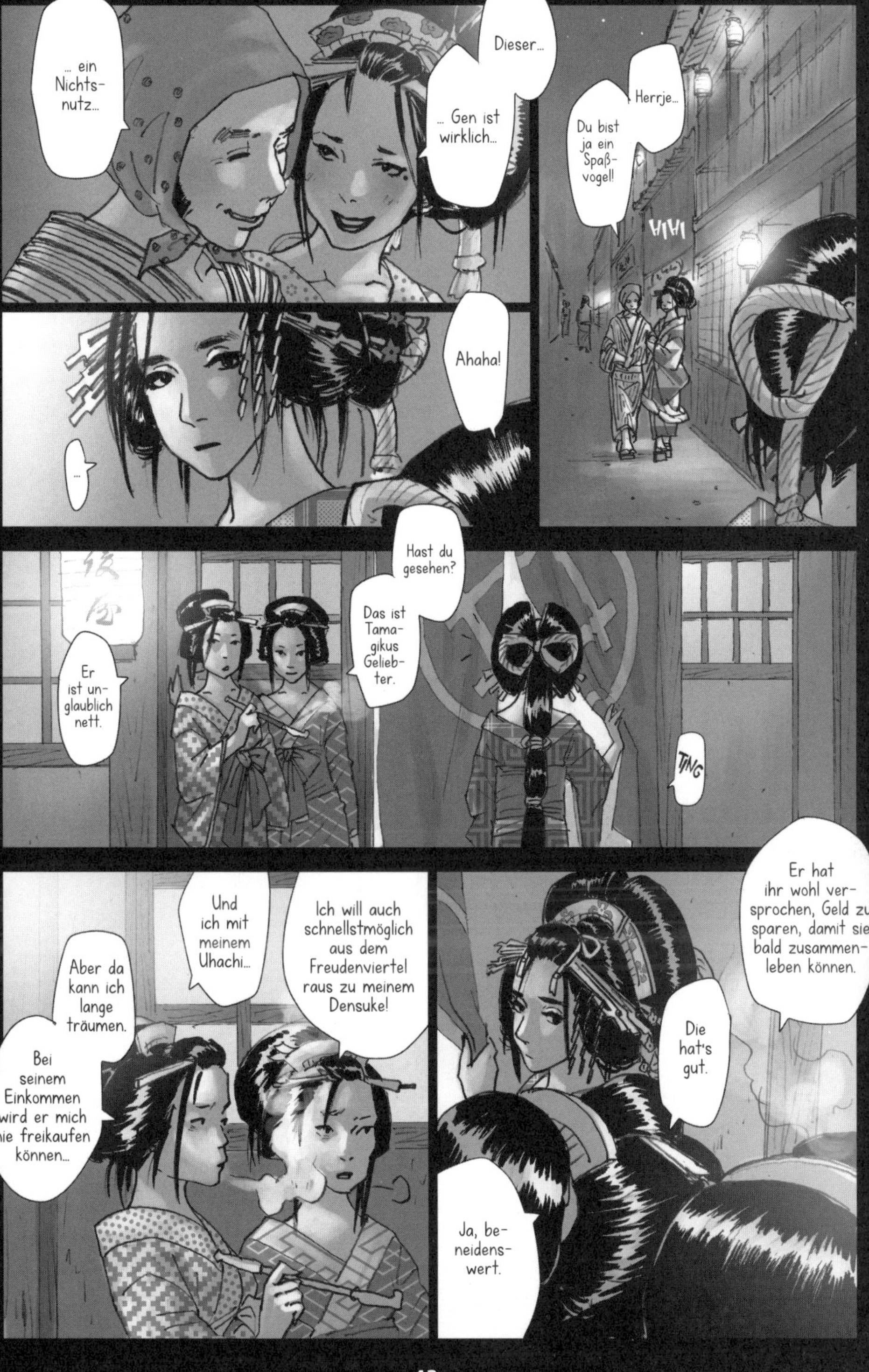
... ein Nichts- nutz...
Dieser...
... Gen ist wirklich...
Herrje...
Du bist ja ein Spaß- vogel!
HIHI
Ahaha!
...
Hast du gesehen?
Das ist Tama- gikus Gelieb- ter.
Er ist un- glaublich nett.
TING
Er hat ihr wohl ver- sprochen, Geld zu sparen, damit sie bald zusammen- leben können.
Die hat's gut.
Ja, be- neidens- wert.
Ich will auch schnellstmöglich aus dem Freudenviertel raus zu meinem Densuke!
Und ich mit meinem Uhachi...
Aber da kann ich lange träumen.
Bei seinem Einkommen wird er mich nie freikaufen können...

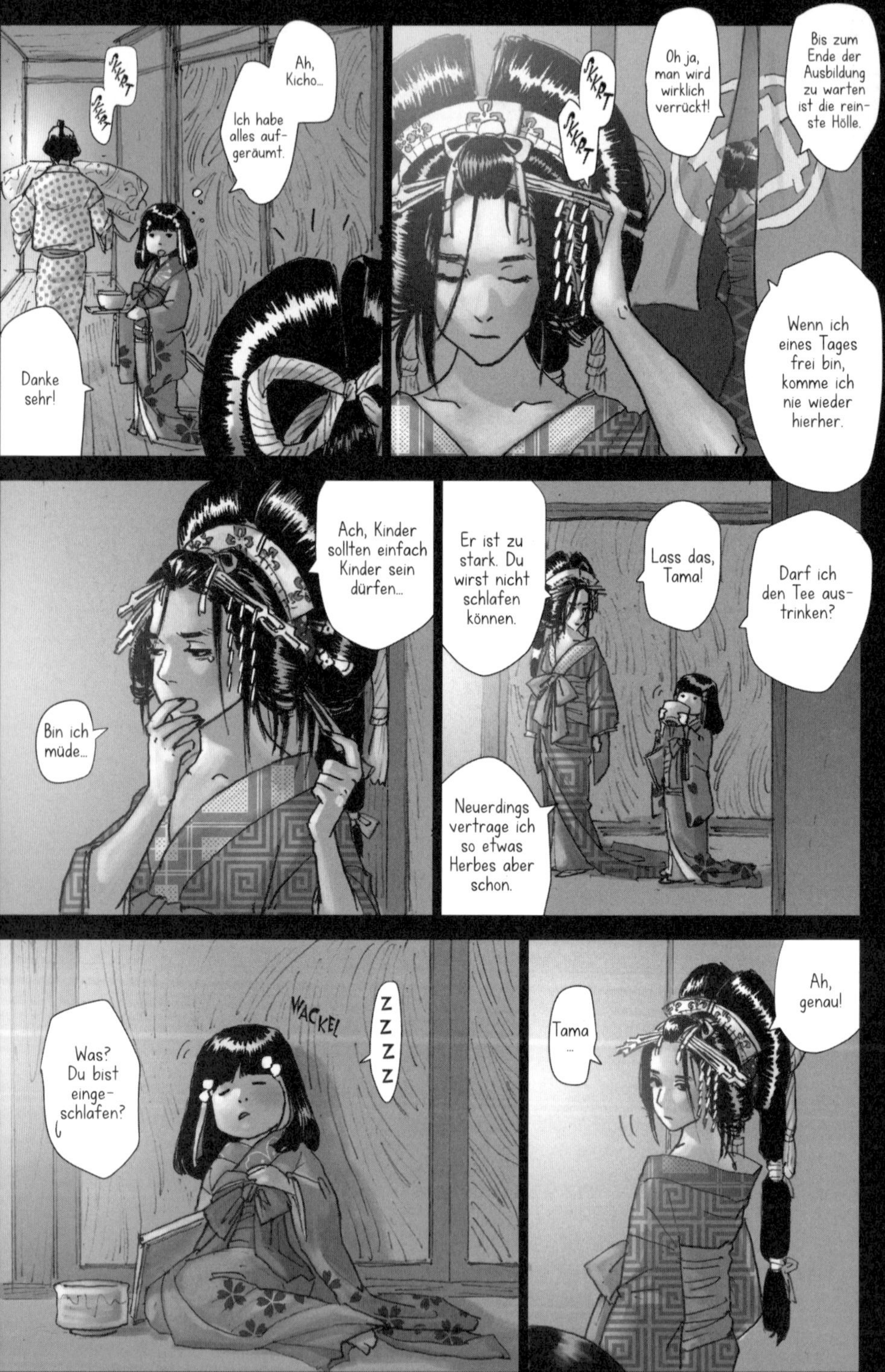
Bis zum Ende der Ausbildung zu warten ist die reinste Hölle.
Oh ja, man wird wirklich verrückt!
SKKRT SKKRT
Wenn ich eines Tages frei bin, komme ich nie wieder hierher.
SKKRT SKKRT
Ah, Kicho...
Ich habe alles aufgeräumt.
Danke sehr!
Darf ich den Tee austrinken?
Lass das, Tama!
Er ist zu stark. Du wirst nicht schlafen können.
Neuerdings vertrage ich so etwas Herbes aber schon.
Ach, Kinder sollten einfach Kinder sein dürfen...
Bin ich müde...
Ah, genau!
Tama ...
ZZZZ
WACKEL
Was? Du bist eingeschlafen?

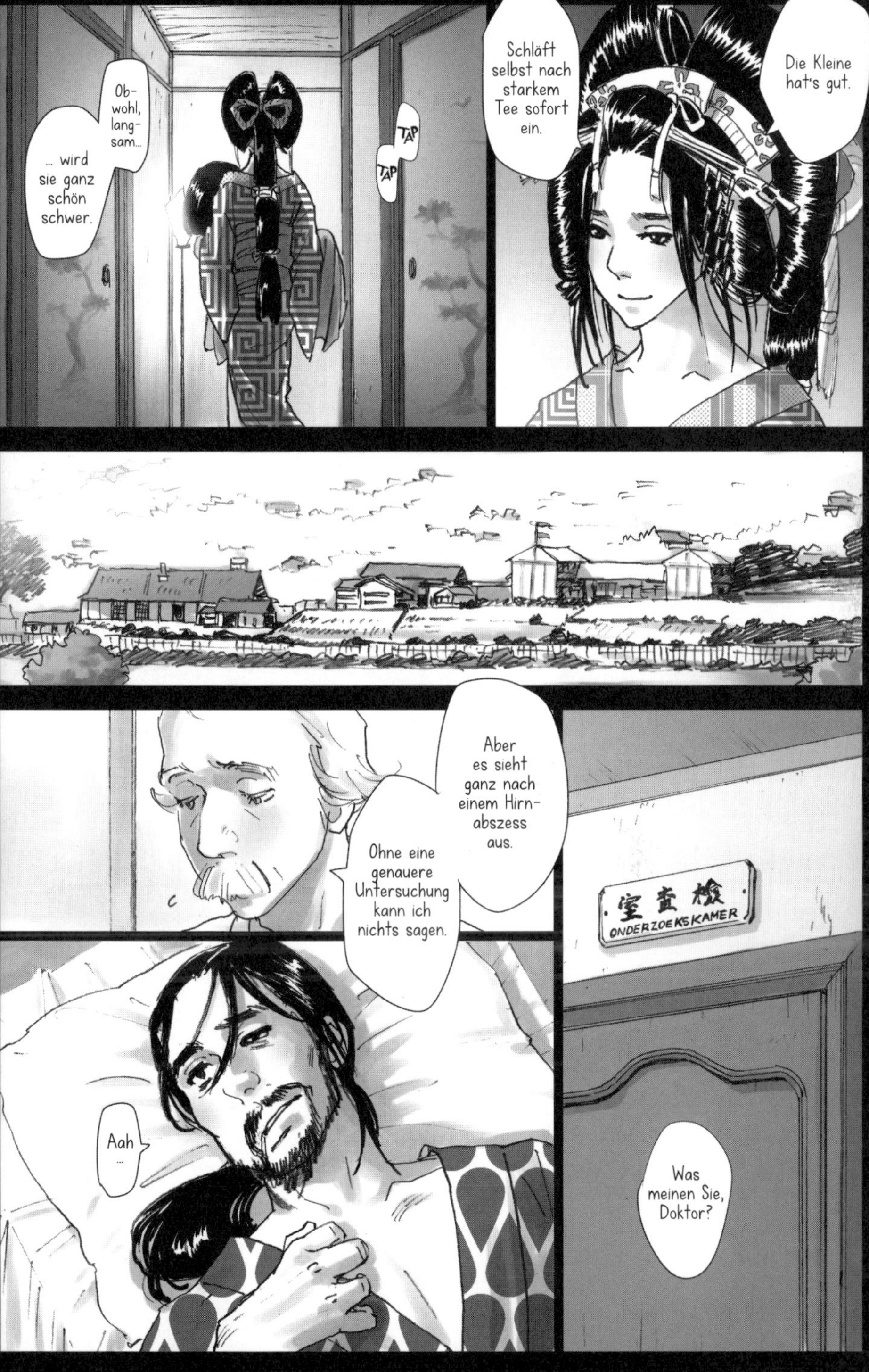
Die Kleine hat's gut.
Schläft selbst nach starkem Tee sofort ein.
TAP
TAP
Ob-wohl, lang-sam...
... wird sie ganz schön schwer.
室査検
ONDERZOEKSKAMER
Was meinen Sie, Doktor?
Ohne eine genauere Untersuchung kann ich nichts sagen.
Aber es sieht ganz nach einem Hirn-abszess aus.
Aah ...

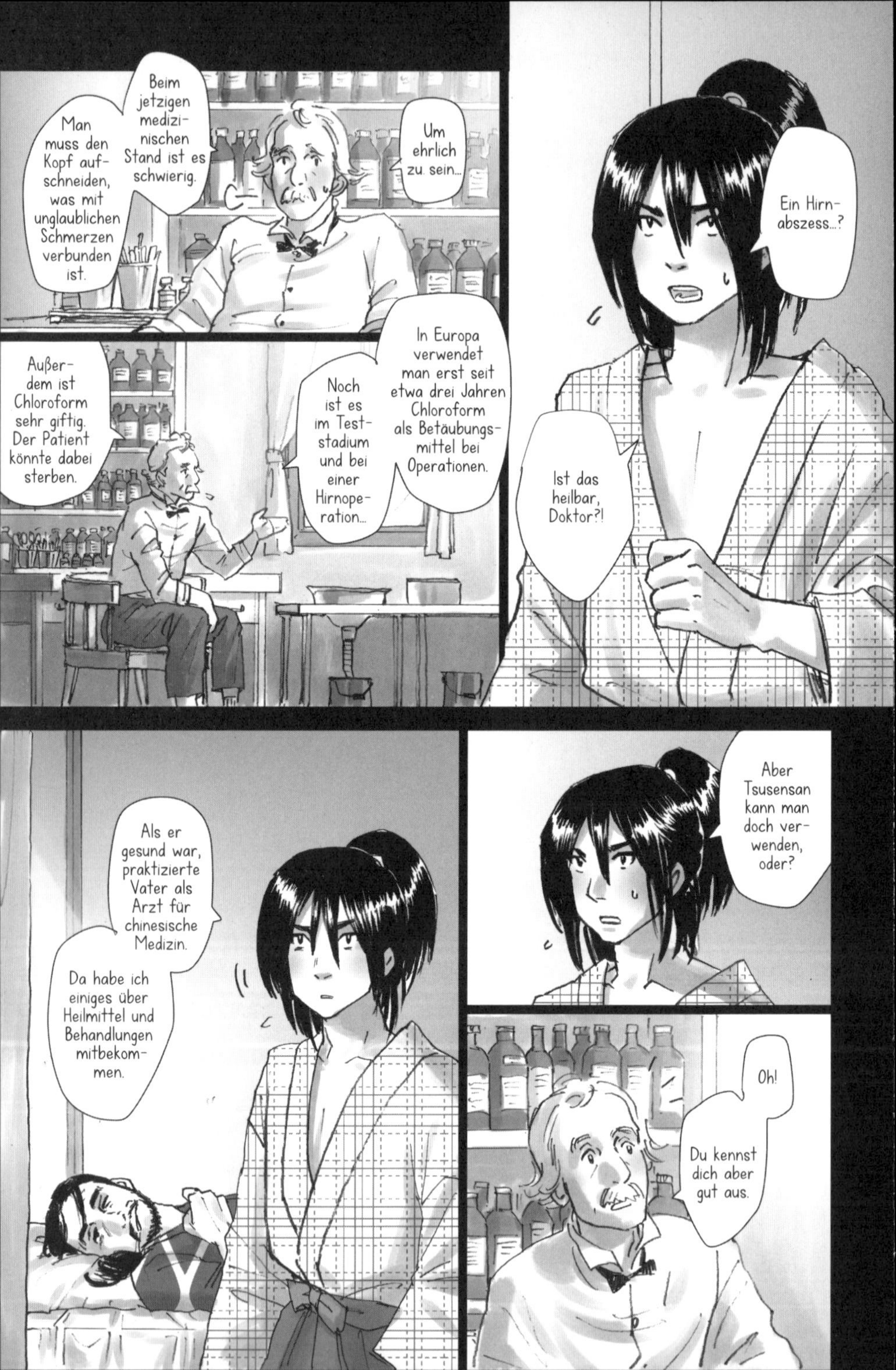
Ein Hirnabszess...?
Ist das heilbar, Doktor?!
Um ehrlich zu sein...
Beim jetzigen medizinischen Stand ist es schwierig.
Man muss den Kopf aufschneiden, was mit unglaublichen Schmerzen verbunden ist.
In Europa verwendet man erst seit etwa drei Jahren Chloroform als Betäubungsmittel bei Operationen.
Noch ist es im Teststadium und bei einer Hirnoperation...
Außerdem ist Chloroform sehr giftig. Der Patient könnte dabei sterben.
Aber Tsusensan kann man doch verwenden, oder?
Oh!
Du kennst dich aber gut aus.
Als er gesund war, praktizierte Vater als Arzt für chinesische Medizin.
Da habe ich einiges über Heilmittel und Behandlungen mitbekommen.

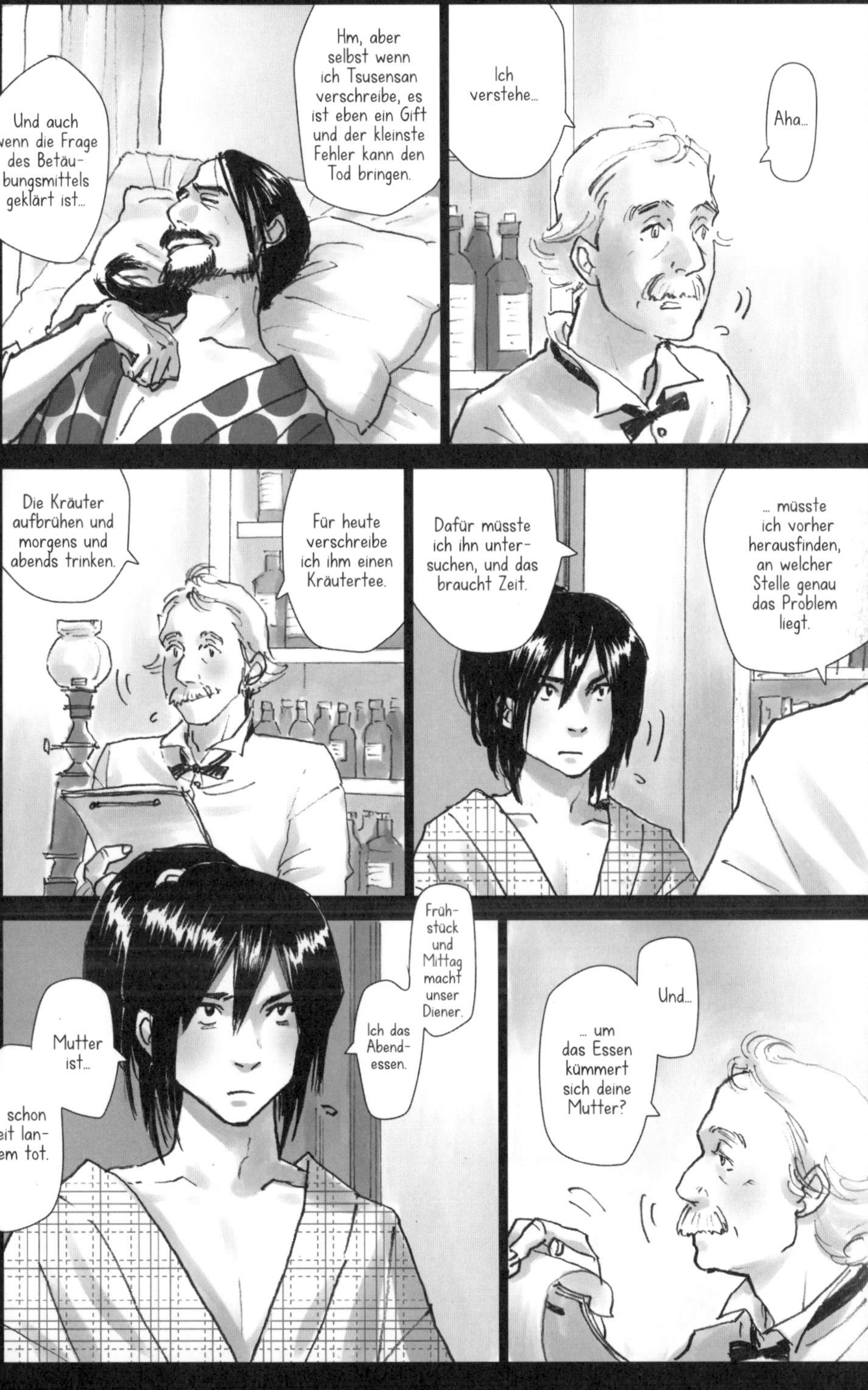
Und auch wenn die Frage des Betäubungsmittels geklärt ist...
Hm, aber selbst wenn ich Tsusensan verschreibe, es ist eben ein Gift und der kleinste Fehler kann den Tod bringen.
Ich verstehe...
Aha...
Die Kräuter aufbrühen und morgens und abends trinken.
Für heute verschreibe ich ihm einen Kräutertee.
Dafür müsste ich ihn untersuchen, und das braucht Zeit.
... müsste ich vorher herausfinden, an welcher Stelle genau das Problem liegt.
Und...
... um das Essen kümmert sich deine Mutter?
Frühstück und Mittag macht unser Diener.
Ich das Abendessen.
Mutter ist...
... schon seit langem tot.

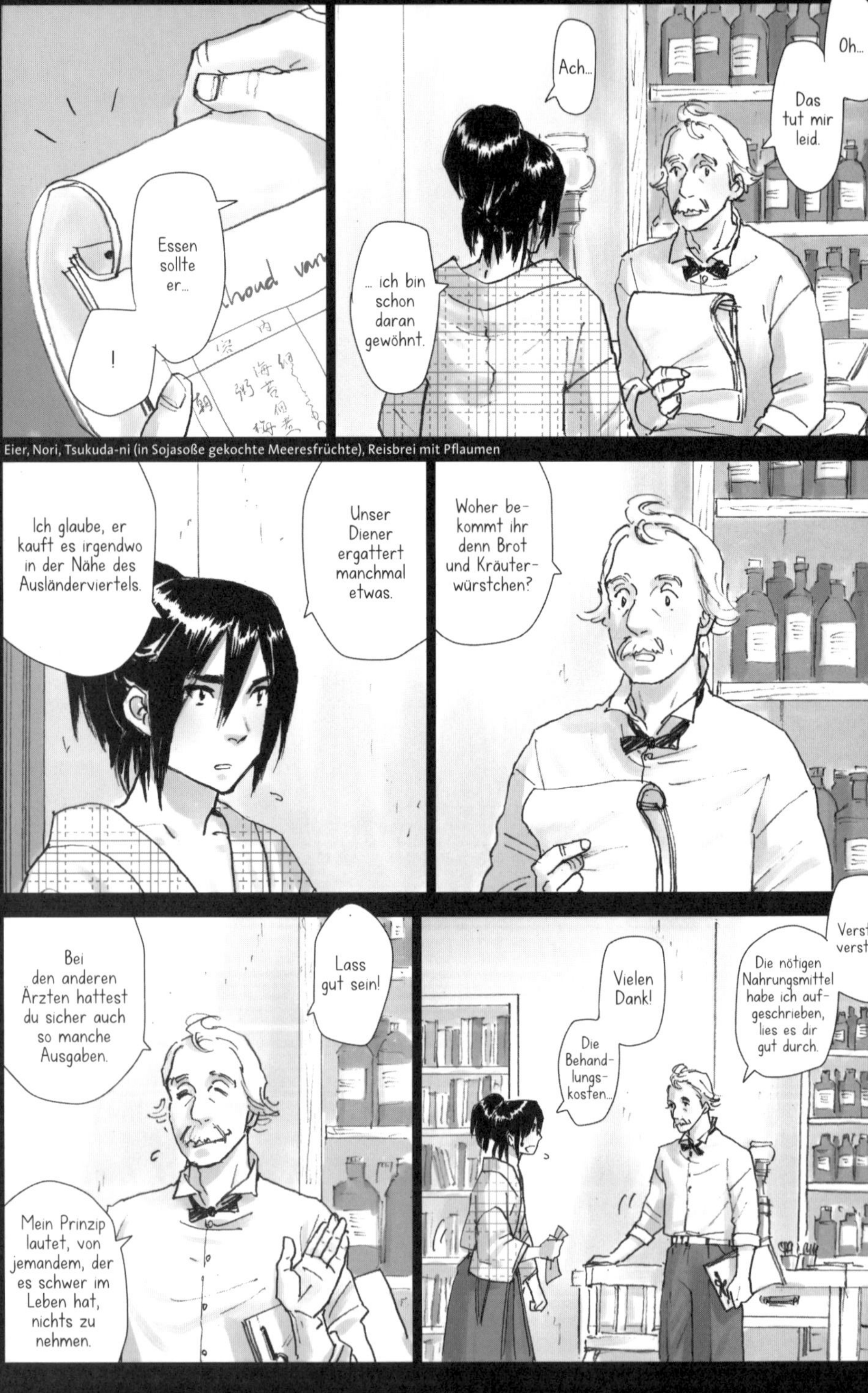

Eier, Nori, Tsukuda-ni (in Sojasoße gekochte Meeresfrüchte), Reisbrei mit Pflaumen

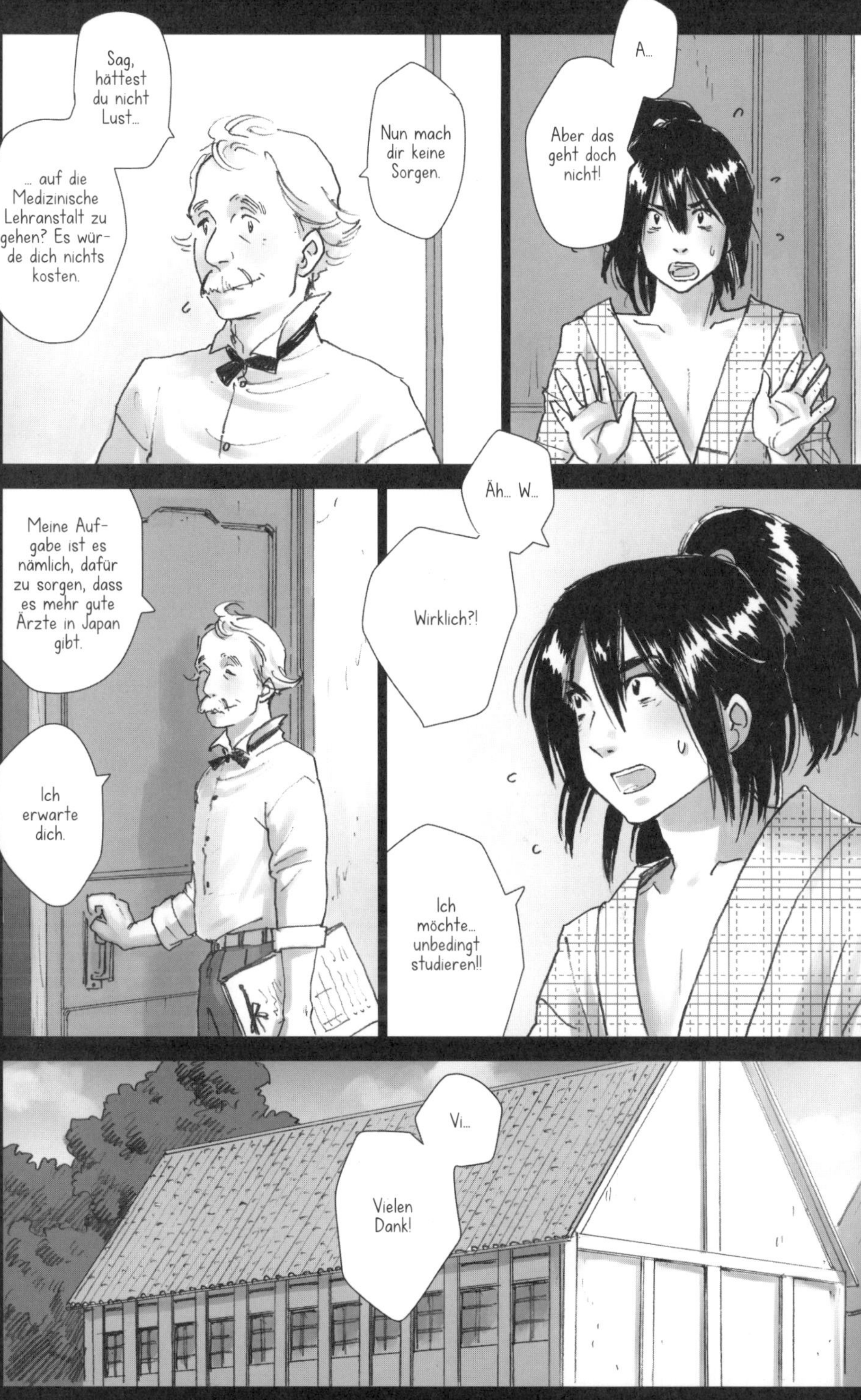
Sag, hättest du nicht Lust...
... auf die Medizinische Lehranstalt zu gehen? Es würde dich nichts kosten.
Nun mach dir keine Sorgen.
A...
Aber das geht doch nicht!
Meine Aufgabe ist es nämlich, dafür zu sorgen, dass es mehr gute Ärzte in Japan gibt.
Ich erwarte dich.
Äh... W...
Wirklich?!
Ich möchte... unbedingt studieren!!
Vi...
Vielen Dank!

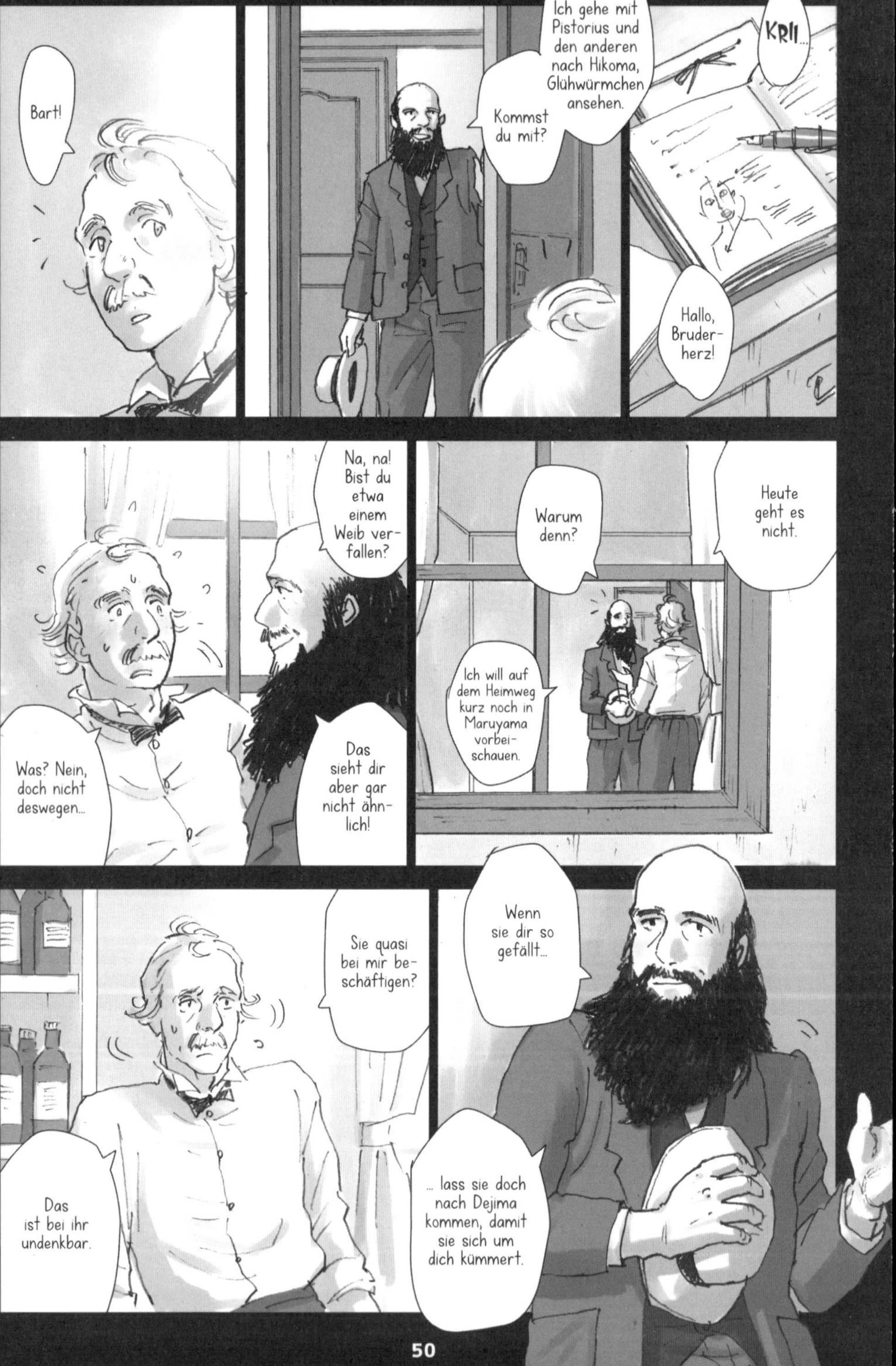
Bart!
Ich gehe mit Pistorius und den anderen nach Hikoma, Glühwürmchen ansehen.
Kommst du mit?
KRII...
Hallo, Bruderherz!
Na, na! Bist du etwa einem Weib verfallen?
Was? Nein, doch nicht deswegen...
Das sieht dir aber gar nicht ähnlich!
Heute geht es nicht.
Warum denn?
Ich will auf dem Heimweg kurz noch in Maruyama vorbeischauen.
Sie quasi bei mir beschäftigen?
Das ist bei ihr undenkbar.
Wenn sie dir so gefällt...
... lass sie doch nach Dejima kommen, damit sie sich um dich kümmert.

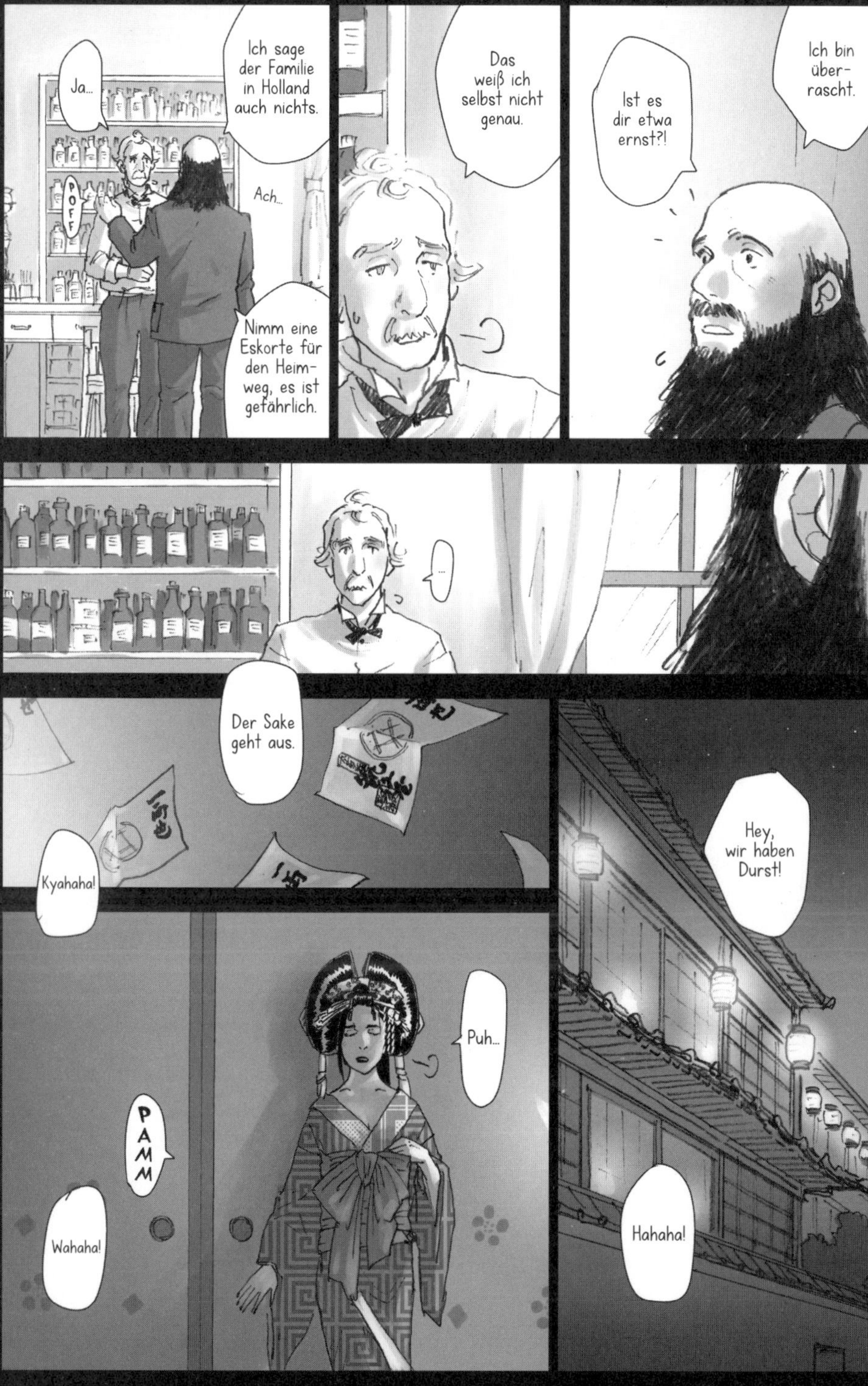

1-Ryo-Wertpapier; statt echter Geldscheine fürs Glücksspiel und zur Bezahlung genutzt

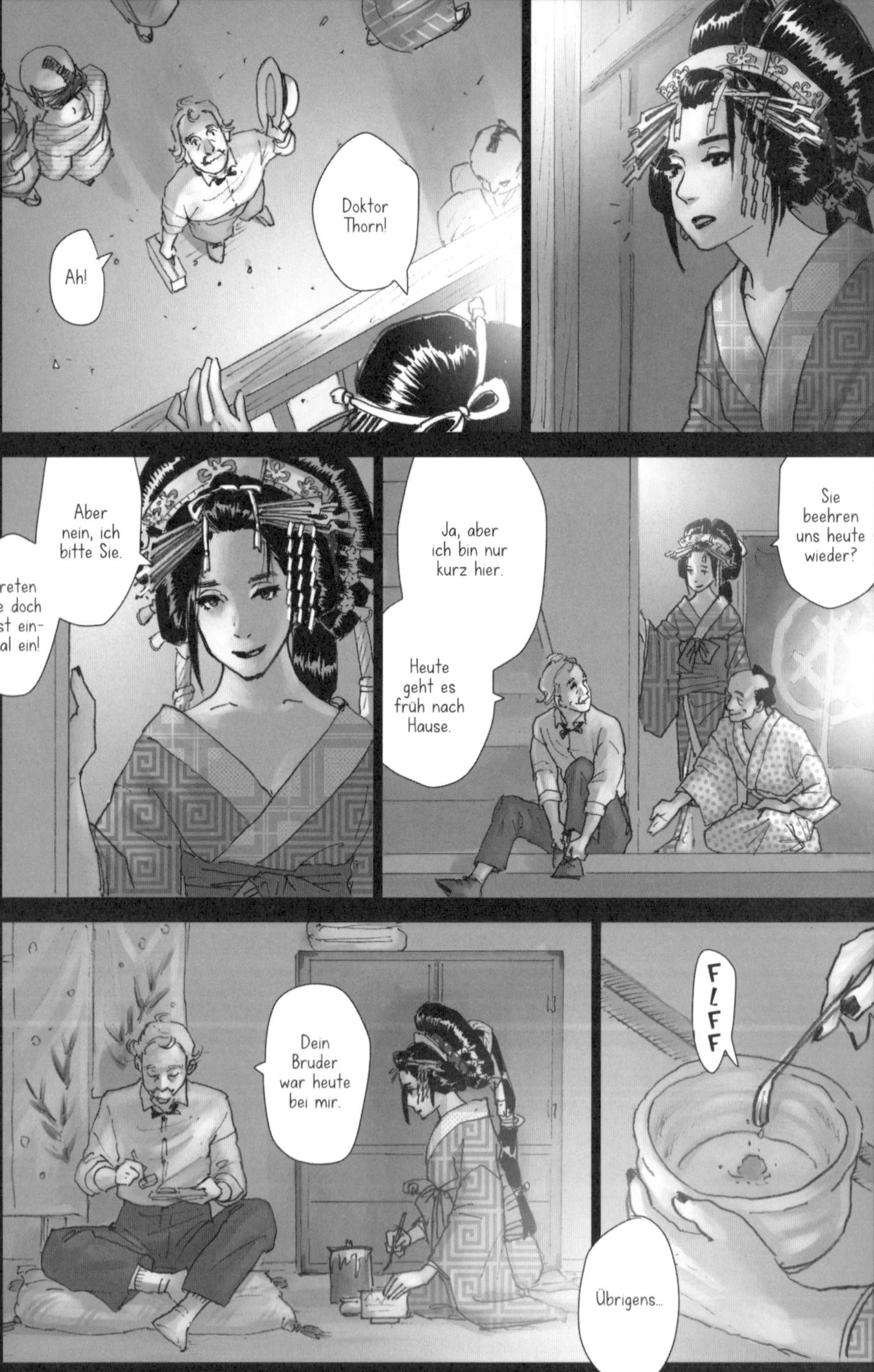
Doktor Thorn!
Ah!
Aber nein, ich bitte Sie.
Treten Sie doch erst einmal ein!
Sie beehren uns heute wieder?
Ja, aber ich bin nur kurz hier.
Heute geht es früh nach Hause.
Dein Bruder war heute bei mir.
FLFF
Übrigens...

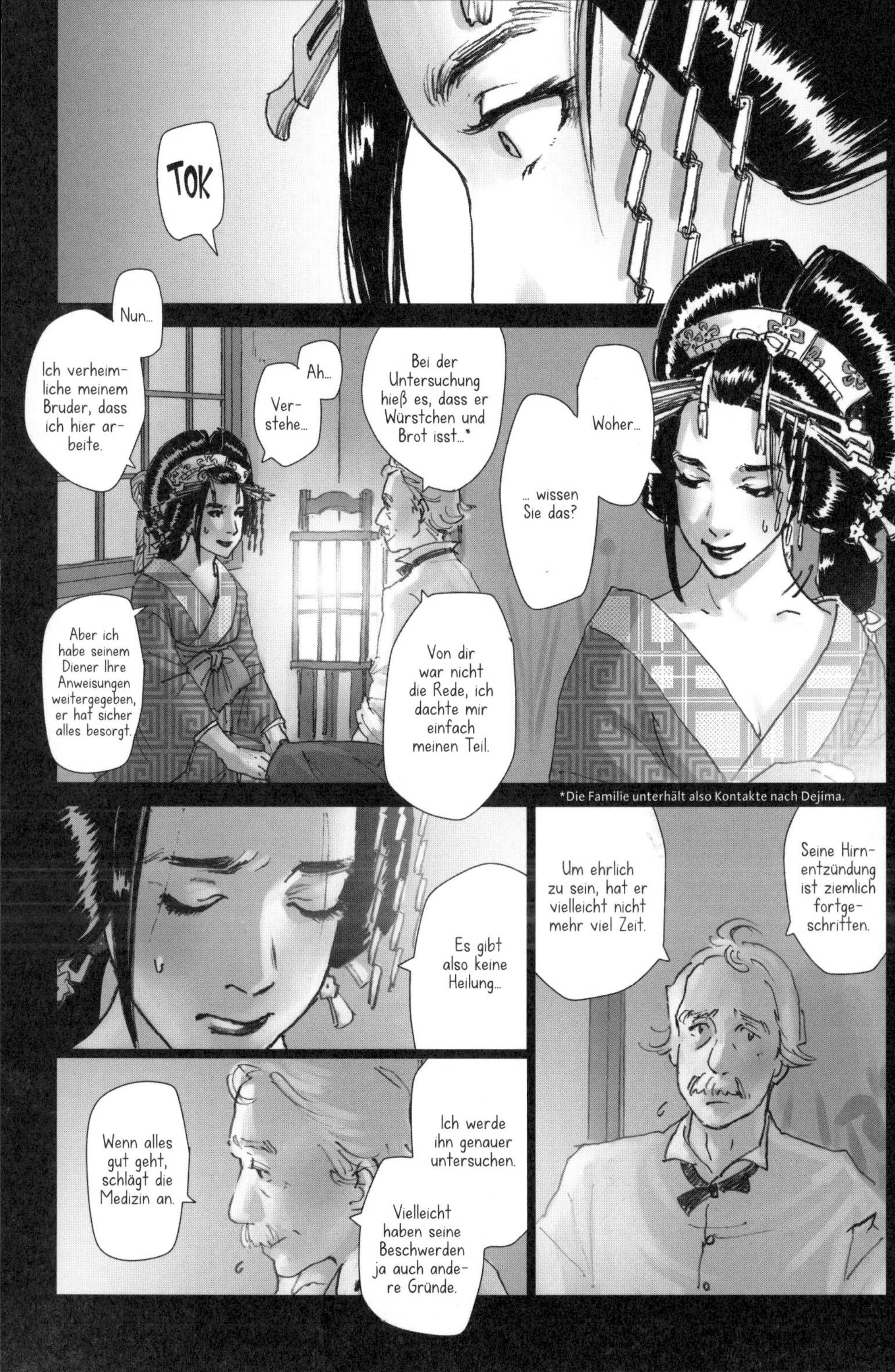

*Die Familie unterhält also Kontakte nach Dejima.

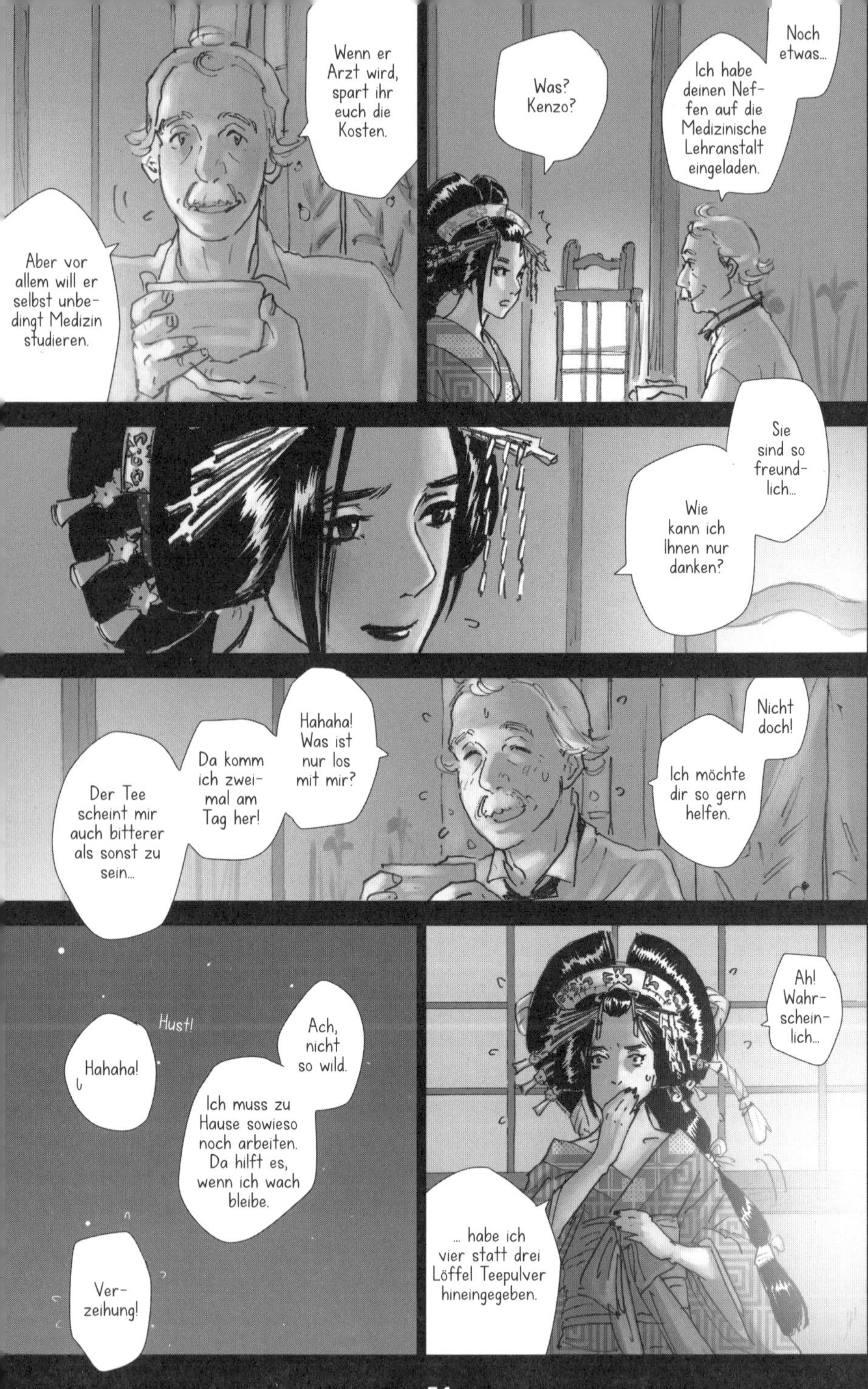
Wenn er Arzt wird, spart ihr euch die Kosten.
Aber vor allem will er selbst unbedingt Medizin studieren.
Noch etwas...
Ich habe deinen Neffen auf die Medizinische Lehranstalt eingeladen.
Was? Kenzo?
Sie sind so freundlich...
Wie kann ich Ihnen nur danken?
Nicht doch!
Ich möchte dir so gern helfen.
Hahaha! Was ist nur los mit mir?
Da komm ich zweimal am Tag her!
Der Tee scheint mir auch bitterer als sonst zu sein...
Ah! Wahrscheinlich...
... habe ich vier statt drei Löffel Teepulver hineingegeben.
Ach, nicht so wild.
Ich muss zu Hause sowieso noch arbeiten. Da hilft es, wenn ich wach bleibe.
Hust!
Hahaha!
Verzeihung!

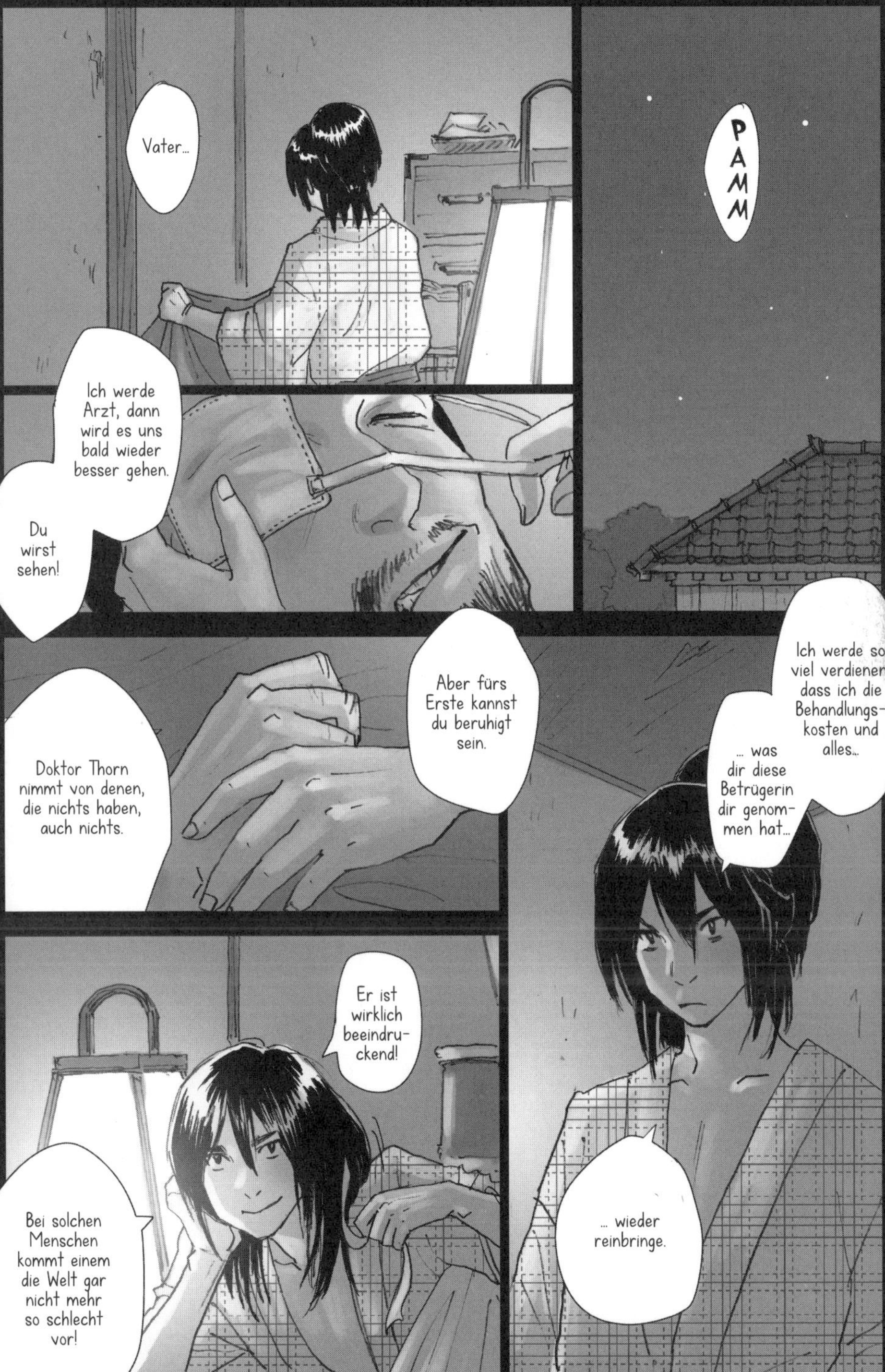
Vater...
PAMM
Ich werde Arzt, dann wird es uns bald wieder besser gehen.
Du wirst sehen!
Ich werde so viel verdienen dass ich die Behandlungskosten und alles...
... was dir diese Betrügerin dir genommen hat...
Aber fürs Erste kannst du beruhigt sein.
Doktor Thorn nimmt von denen, die nichts haben, auch nichts.
... wieder reinbringe.
Er ist wirklich beeindruckend!
Bei solchen Menschen kommt einem die Welt gar nicht mehr so schlecht vor!

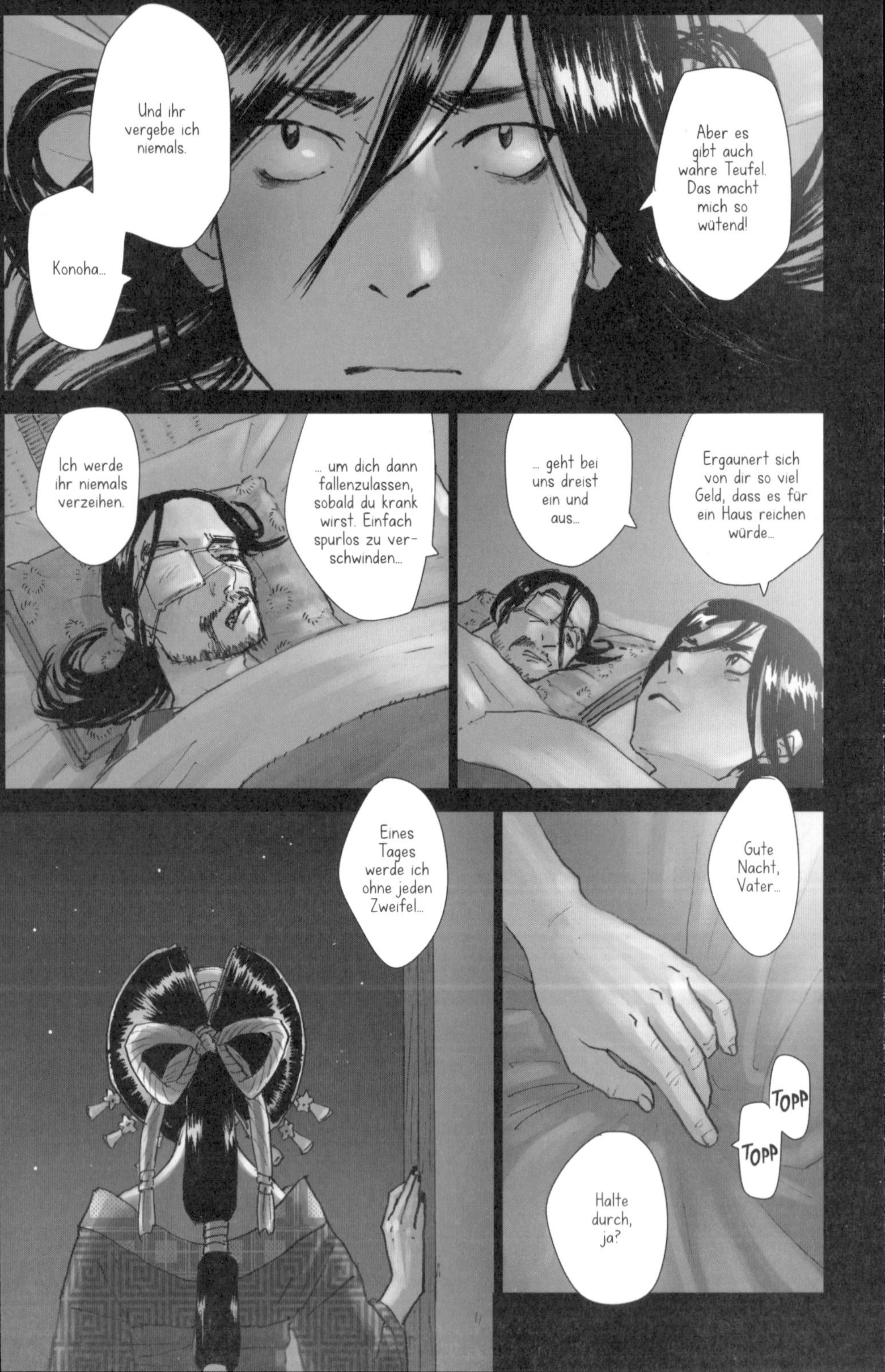
Aber es gibt auch wahre Teufel. Das macht mich so wütend!
Und ihr vergebe ich niemals.
Konoha...
Ergaunert sich von dir so viel Geld, dass es für ein Haus reichen würde...
... geht bei uns dreist ein und aus...
... um dich dann fallenzulassen, sobald du krank wirst. Einfach spurlos zu verschwinden...
Ich werde ihr niemals verzeihen.
Gute Nacht, Vater...
TOPP
TOPP
Halte durch, ja?
Eines Tages werde ich ohne jeden Zweifel...

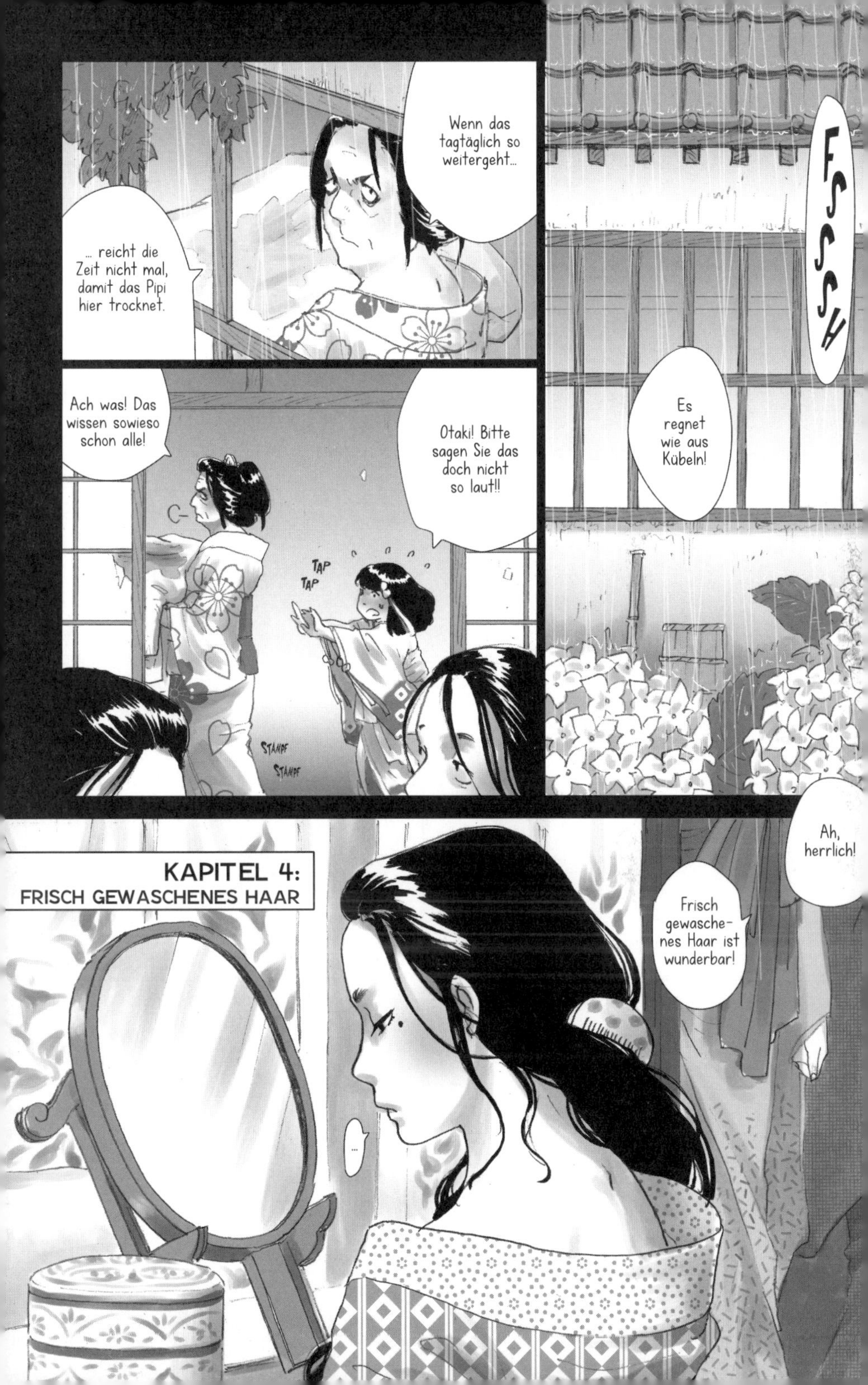
FSSSH
Es regnet wie aus Kübeln!
Wenn das tagtäglich so weitergeht...
... reicht die Zeit nicht mal, damit das Pipi hier trocknet.
Otaki! Bitte sagen Sie das doch nicht so laut!!
TAP TAP
Ach was! Das wissen sowieso schon alle!
STAMPF STAMPF
Ah, herrlich!
Frisch gewasche-nes Haar ist wunderbar!
...
KAPITEL 4:
FRISCH GEWASCHENES HAAR

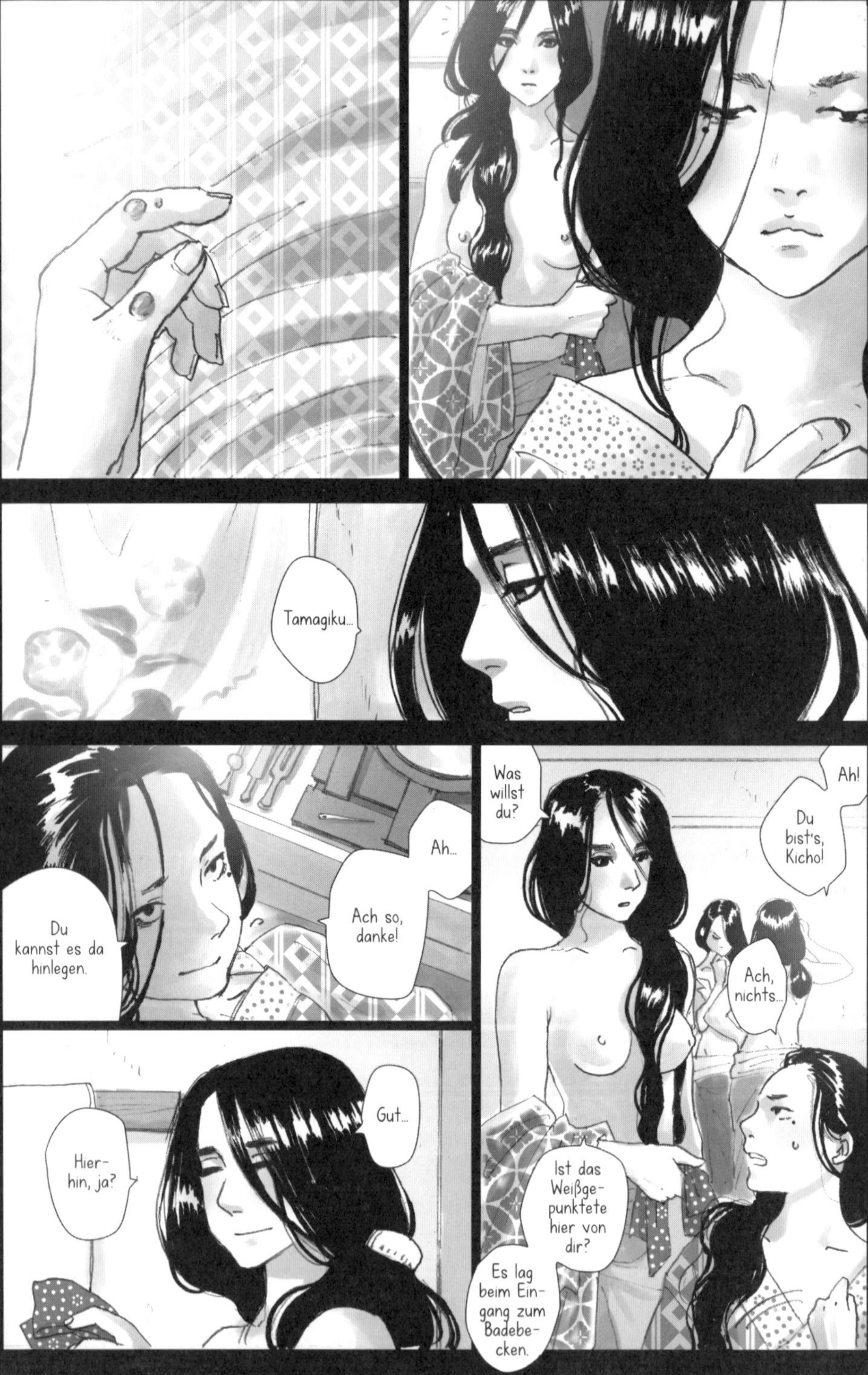
Tamagiku...
Ah!
Du bist's, Kicho!
Was willst du?
Ach, nichts...
Ist das Weißgepunktete hier von dir?
Es lag beim Eingang zum Badebecken.
Ah...
Ach so, danke!
Du kannst es da hinlegen.
Gut...
Hierhin, ja?

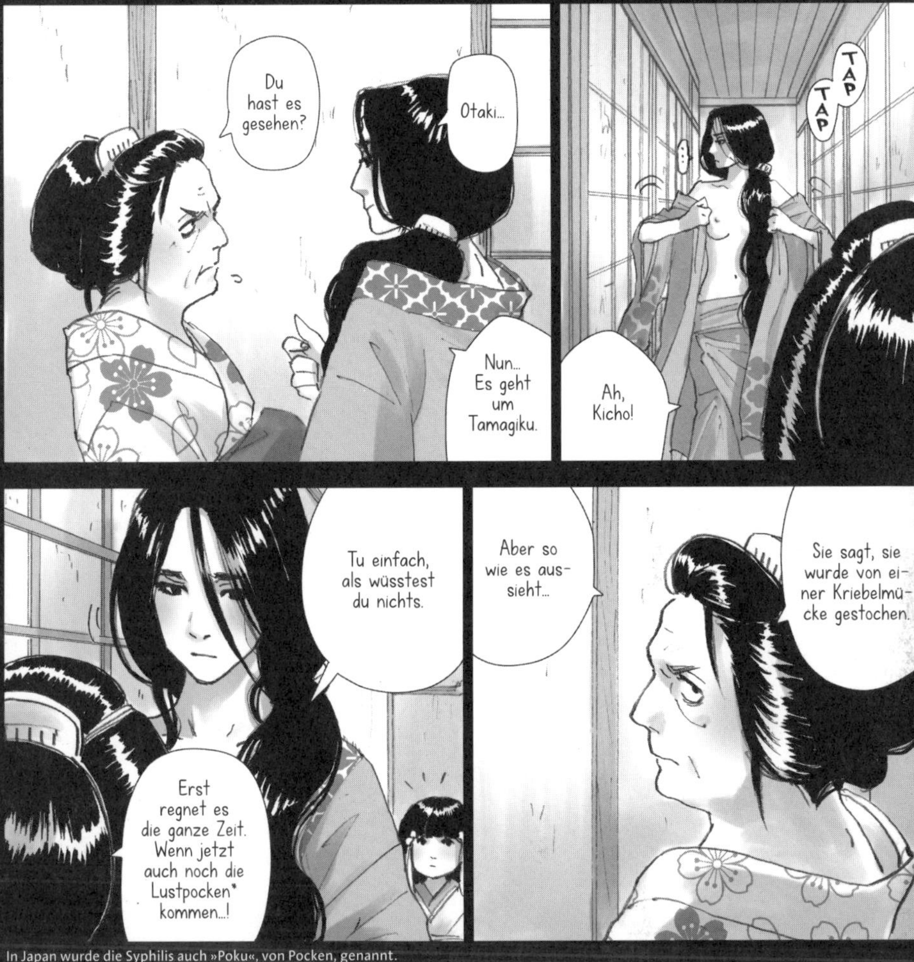

* In Japan wurde die Syphilis auch »Poku«, von Pocken, genannt.

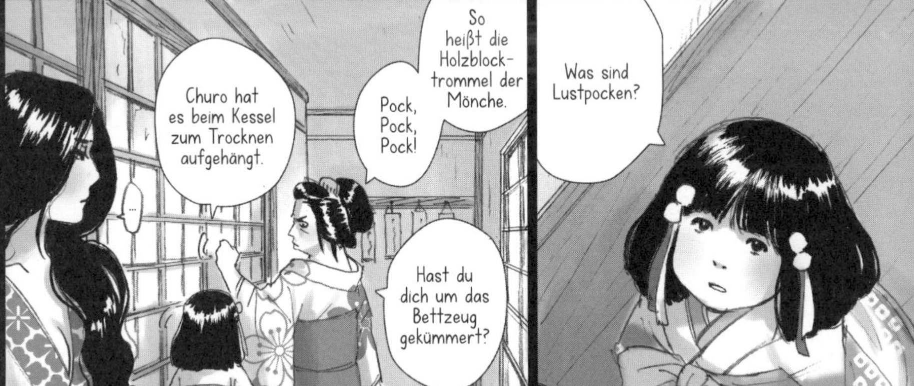

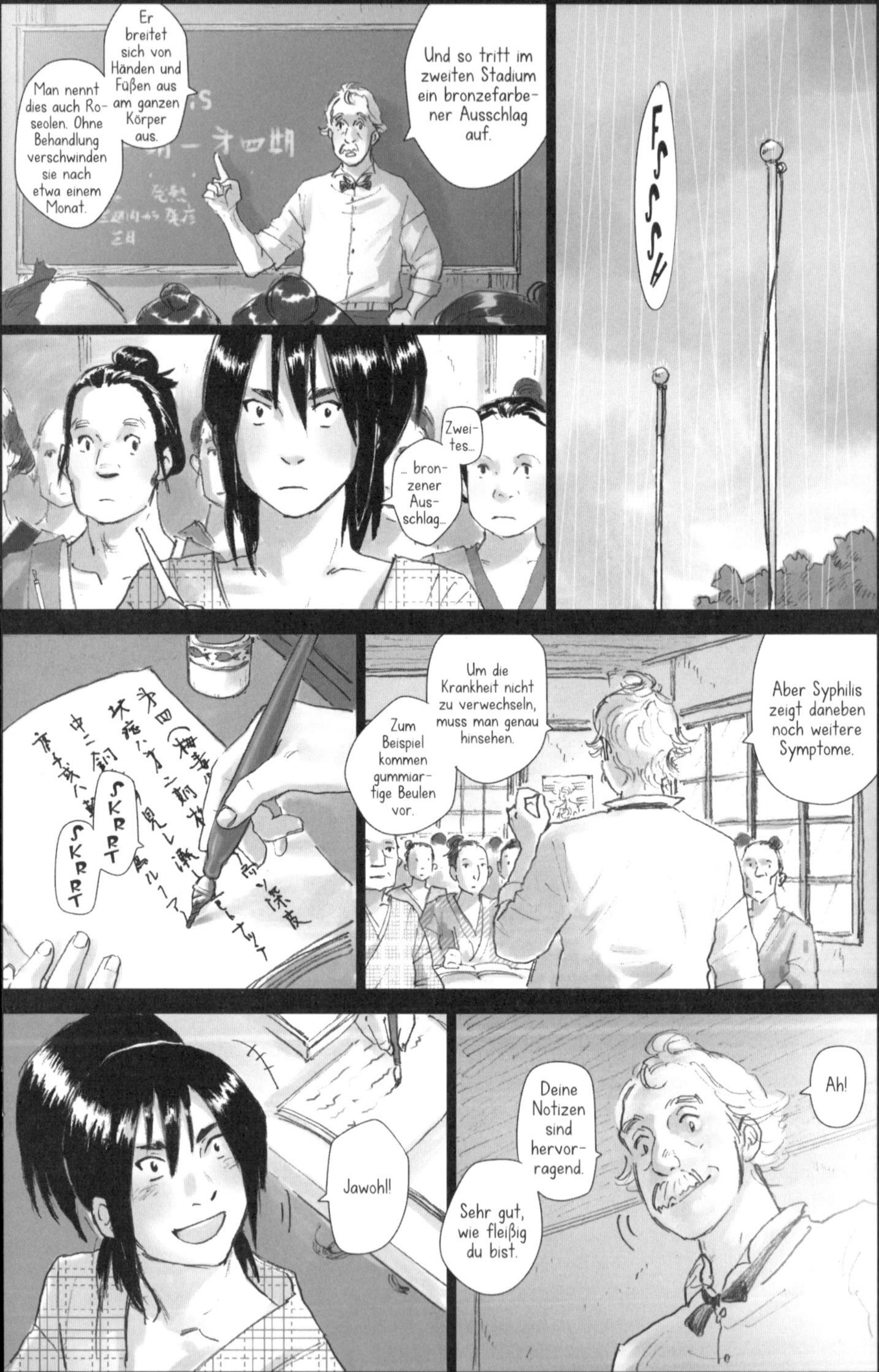
Und so tritt im zweiten Stadium ein bronzefarbener Ausschlag auf.
Er breitet sich von Händen und Füßen aus am ganzen Körper aus.
Man nennt dies auch Roseolen. Ohne Behandlung verschwinden sie nach etwa einem Monat.
FSSSH
Zweites...
... bronzener Ausschlag...
SKRT
SKRT
SKRT
Aber Syphilis zeigt daneben noch weitere Symptome.
Um die Krankheit nicht zu verwechseln, muss man genau hinsehen.
Zum Beispiel kommen gummiartige Beulen vor.
Ah!
Deine Notizen sind hervorragend.
Sehr gut, wie fleißig du bist.
Jawohl!

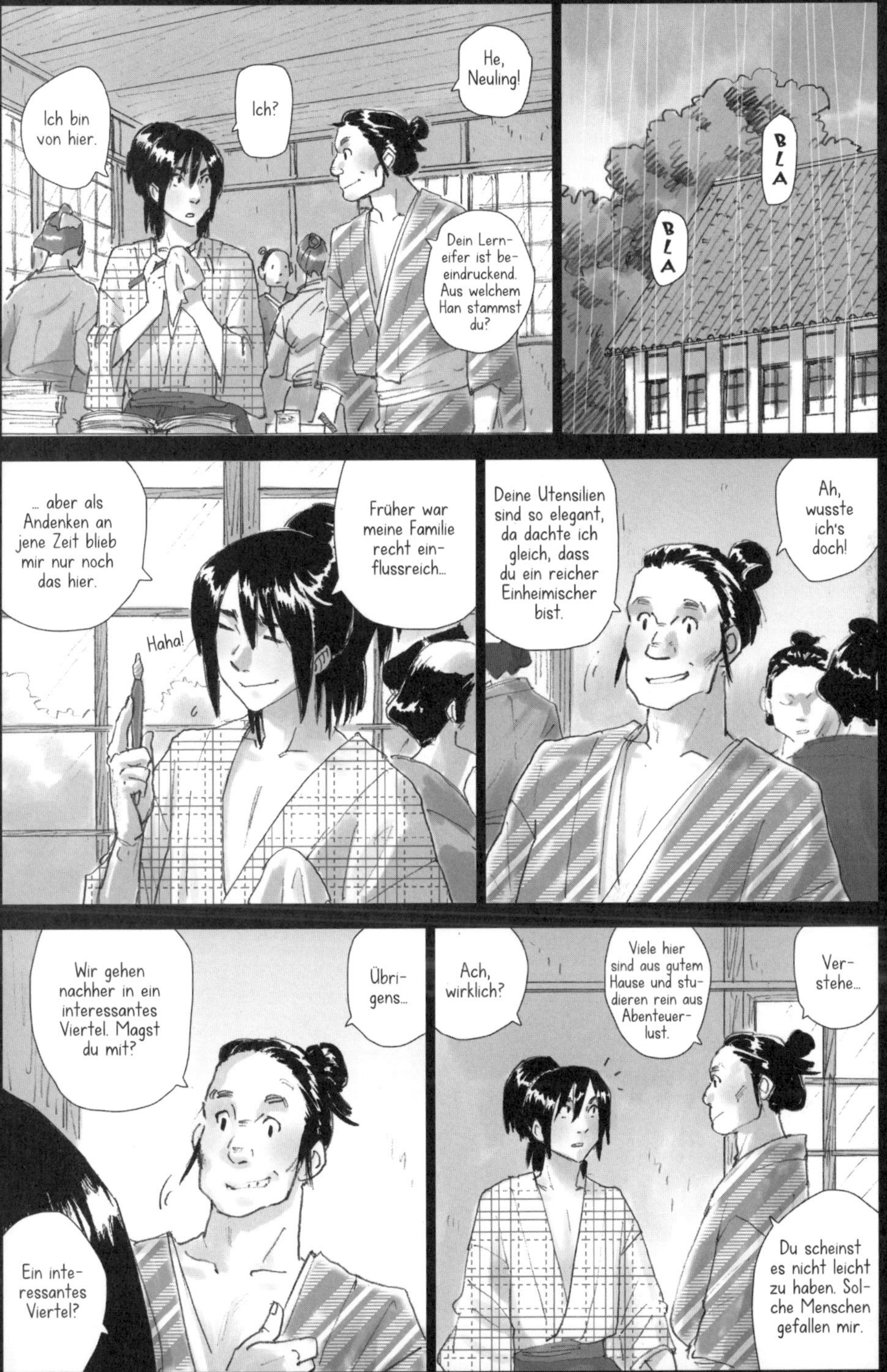
He, Neuling!
Ich?
Ich bin von hier.
Dein Lerneifer ist beeindruckend. Aus welchem Han stammst du?
BLA
BLA
Früher war meine Familie recht einflussreich...
... aber als Andenken an jene Zeit blieb mir nur noch das hier.
Haha!
Ah, wusste ich's doch!
Deine Utensilien sind so elegant, da dachte ich gleich, dass du ein reicher Einheimischer bist.
Übrigens...
Wir gehen nachher in ein interessantes Viertel. Magst du mit?
Ein interessantes Viertel?
Verstehe...
Viele hier sind aus gutem Hause und studieren rein aus Abenteuerlust.
Ach, wirklich?
Du scheinst es nicht leicht zu haben. Solche Menschen gefallen mir.

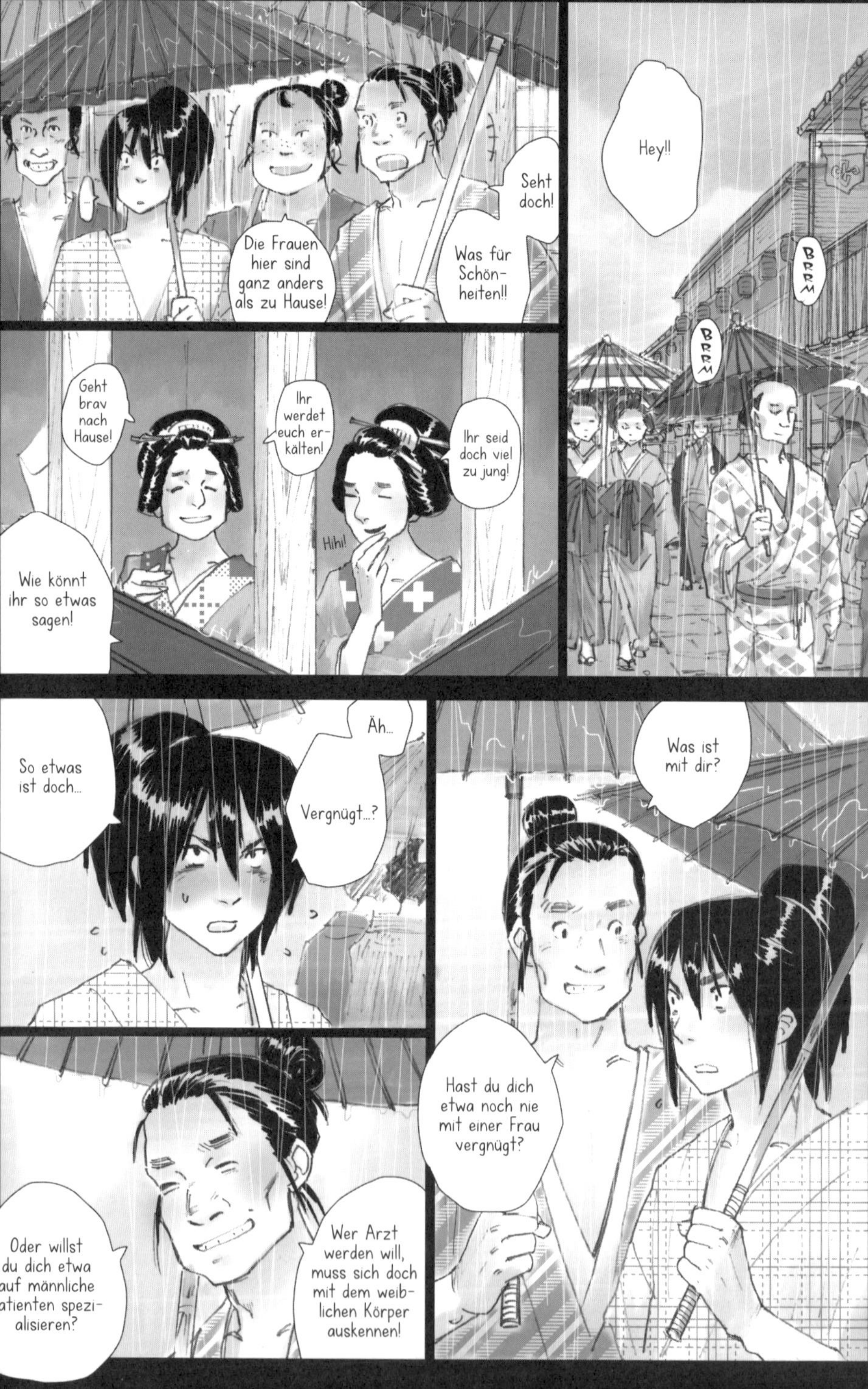
Hey!!
BRRM
BRRM
Seht doch!
Was für Schönheiten!!
Die Frauen hier sind ganz anders als zu Hause!
...
Ihr seid doch viel zu jung!
Ihr werdet euch erkälten!
Geht brav nach Hause!
Hihi!
Wie könnt ihr so etwas sagen!
Was ist mit dir?
Hast du dich etwa noch nie mit einer Frau vergnügt?
Äh...
Vergnügt...?
So etwas ist doch...
Wer Arzt werden will, muss sich doch mit dem weiblichen Körper auskennen!
Oder willst du dich etwa auf männliche atienten spezialisieren?

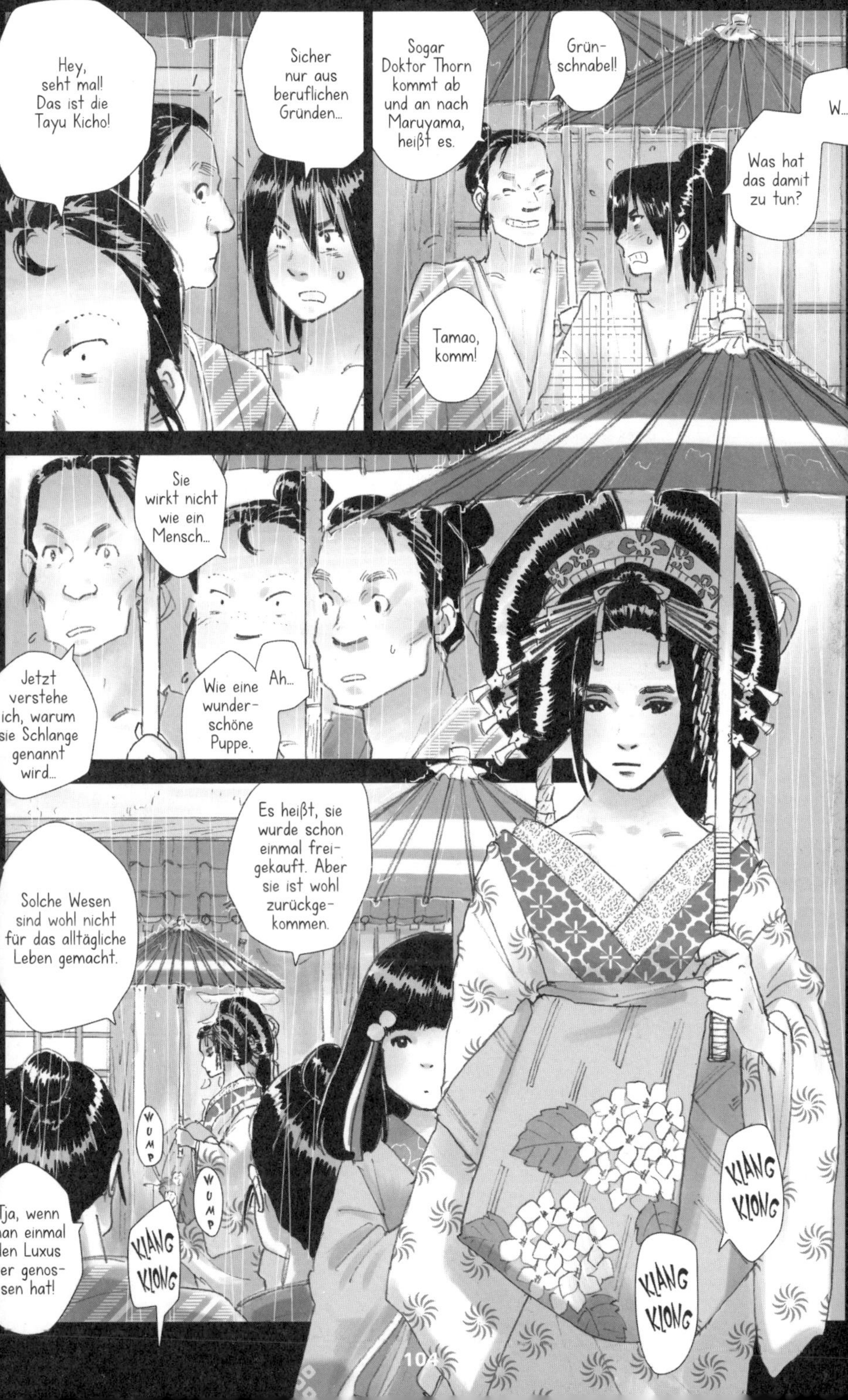
Hey, seht mal! Das ist die Tayu Kicho!
Sicher nur aus beruflichen Gründen...
Sogar Doktor Thorn kommt ab und an nach Maruyama, heißt es.
Grünschnabel!
W...
Was hat das damit zu tun?
Tamao, komm!
Sie wirkt nicht wie ein Mensch...
Ah...
Wie eine wunderschöne Puppe.
Jetzt verstehe ich, warum sie Schlange genannt wird...
Es heißt, sie wurde schon einmal freigekauft. Aber sie ist wohl zurückgekommen.
Solche Wesen sind wohl nicht für das alltägliche Leben gemacht.
WUMP
WUMP
Tja, wenn man einmal den Luxus hier genossen hat!
KLANG KLONG
KLANG KLONG
KLANG KLONG

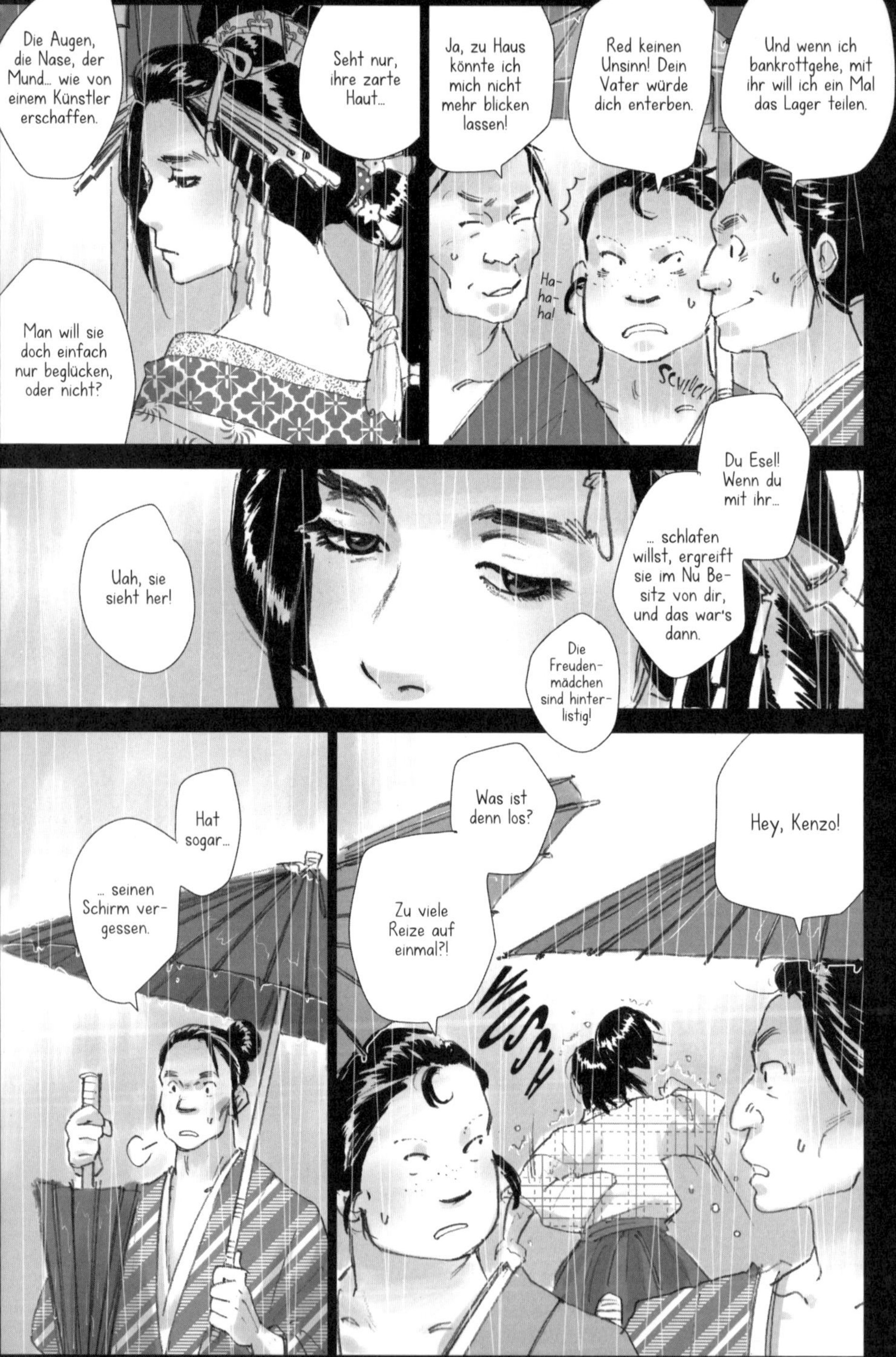
Die Augen, die Nase, der Mund... wie von einem Künstler erschaffen.
Seht nur, ihre zarte Haut...
Man will sie doch einfach nur beglücken, oder nicht?
Ja, zu Haus könnte ich mich nicht mehr blicken lassen!
Red keinen Unsinn! Dein Vater würde dich enterben.
Und wenn ich bankrottgehe, mit ihr will ich ein Mal das Lager teilen.
Ha-ha-ha!
SCHLUCK
Uah, sie sieht her!
Du Esel! Wenn du mit ihr...
... schlafen willst, ergreift sie im Nu Besitz von dir, und das war's dann.
Die Freuden-mädchen sind hinter-listig!
Hat sogar...
... seinen Schirm ver-gessen.
Was ist denn los?
Zu viele Reize auf einmal?!
Hey, Kenzo!
WUSCH

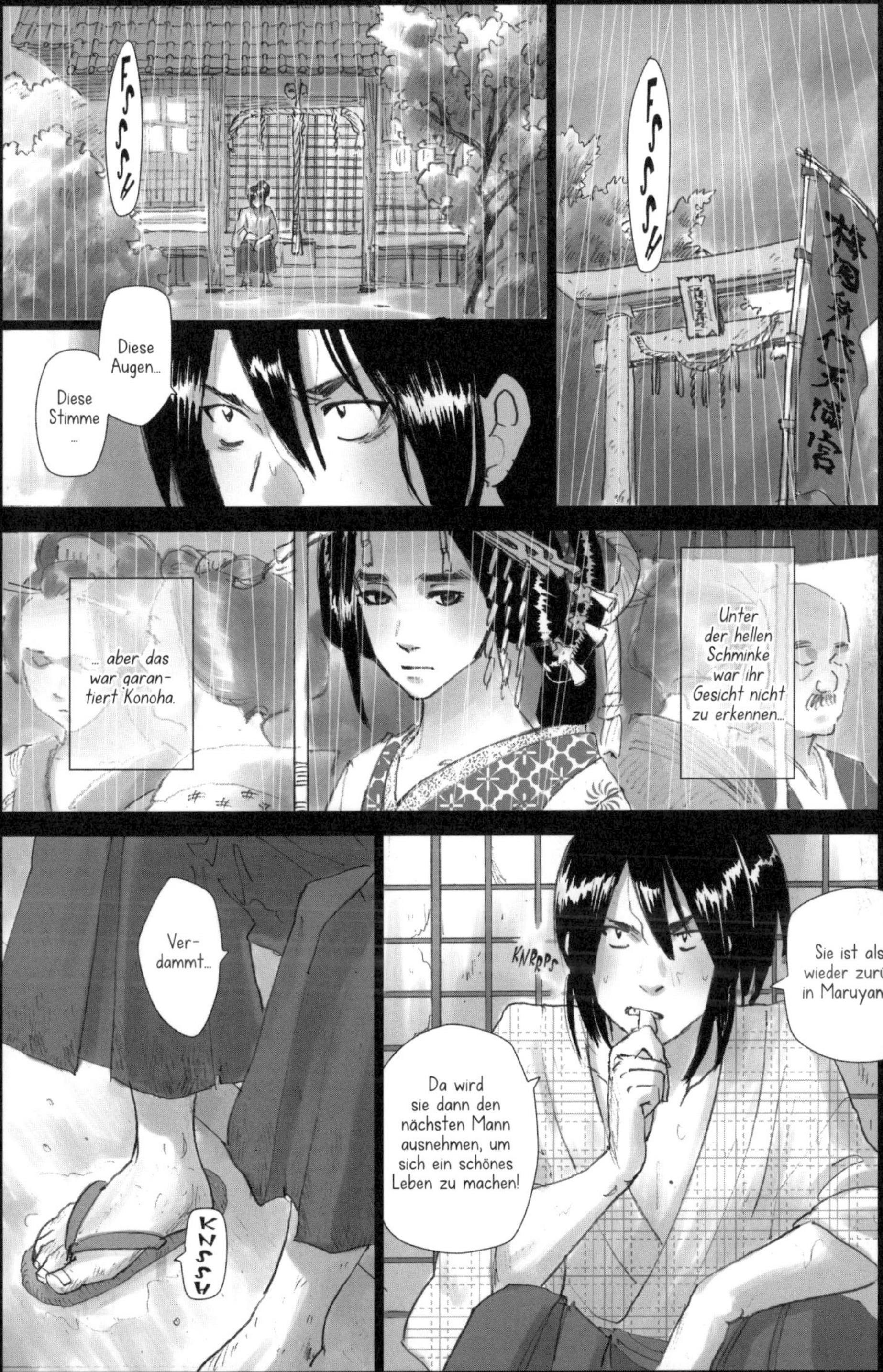
FSSSH
FSSSH
Diese Augen...
Diese Stimme ...
Unter der hellen Schminke war ihr Gesicht nicht zu erkennen...
... aber das war garantiert Konoha.
Sie ist als wieder zurü in Maruyan
Da wird sie dann den nächsten Mann ausnehmen, um sich ein schönes Leben zu machen!
KNRRPS
Ver-dammt...
KNSSH

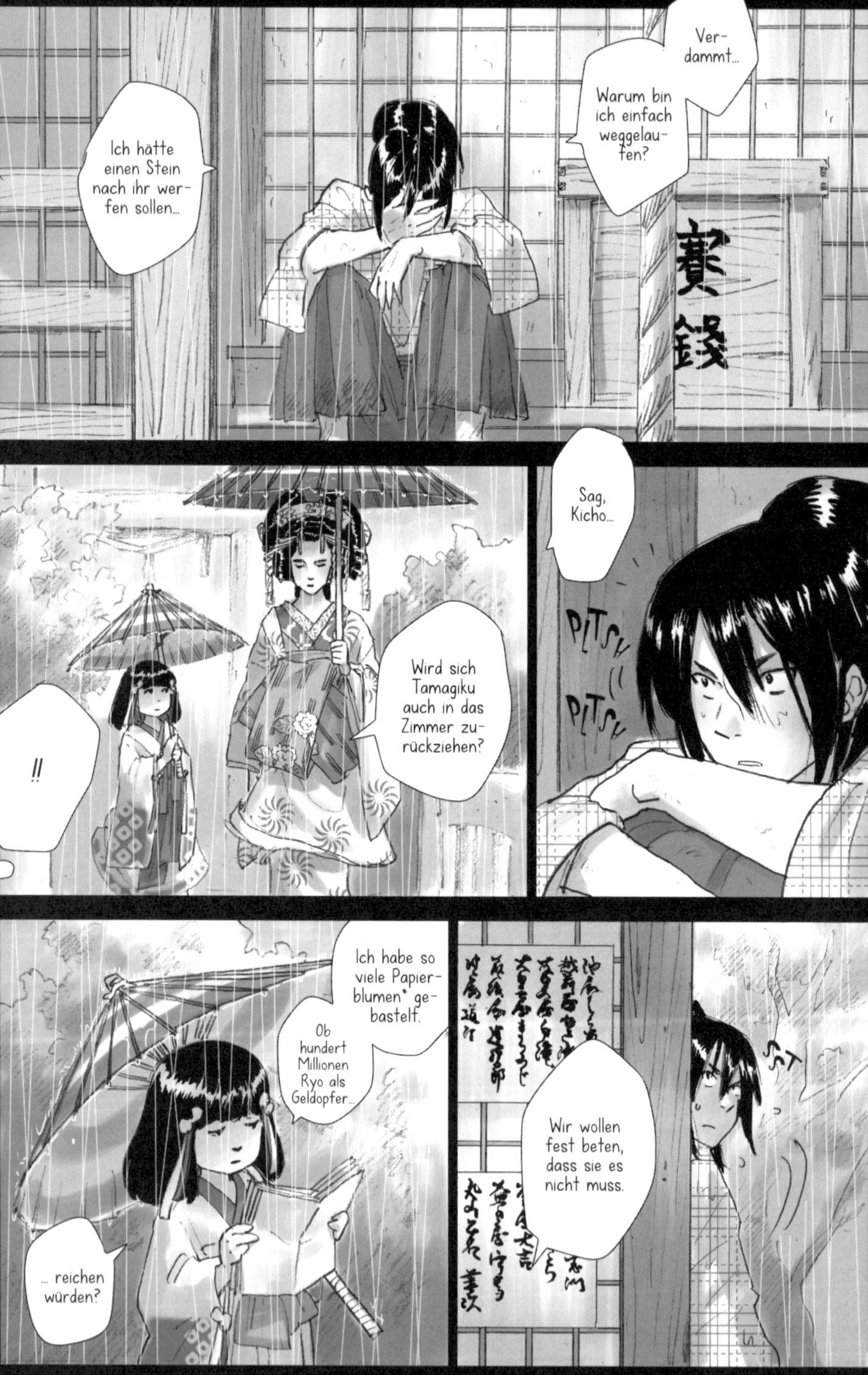

* Papierblumen wurden Geishas und Prostituierten als Trinkgeld gegeben und später in Münzen gewechselt.

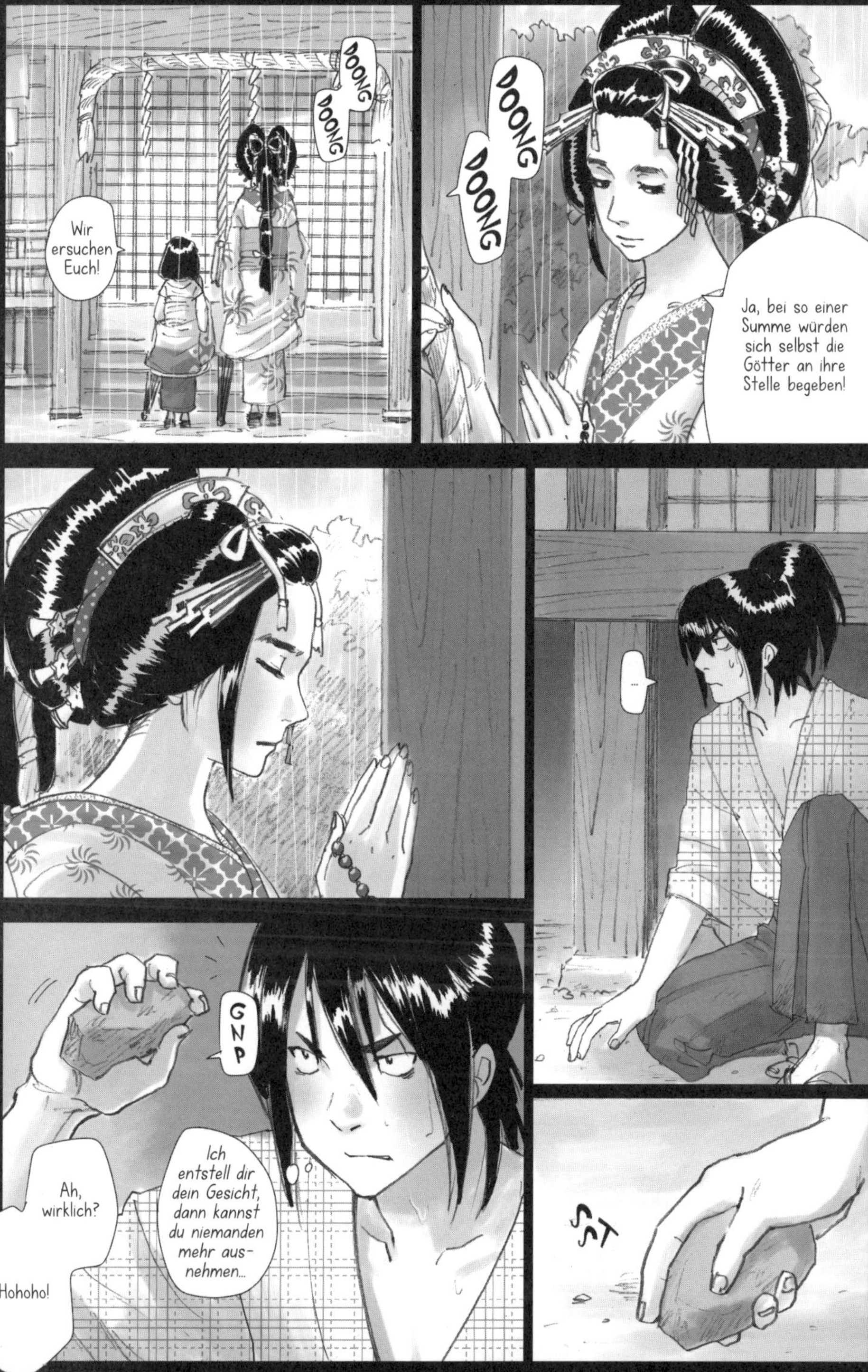
DOONG
DOONG
Wir ersuchen Euch!
DOONG
DOONG
Ja, bei so einer Summe würden sich selbst die Götter an ihre Stelle begeben!
...
GNP
Ich entstell dir dein Gesicht, dann kannst du niemanden mehr aus-nehmen...
Ah, wirklich?
Hohoho!
SST

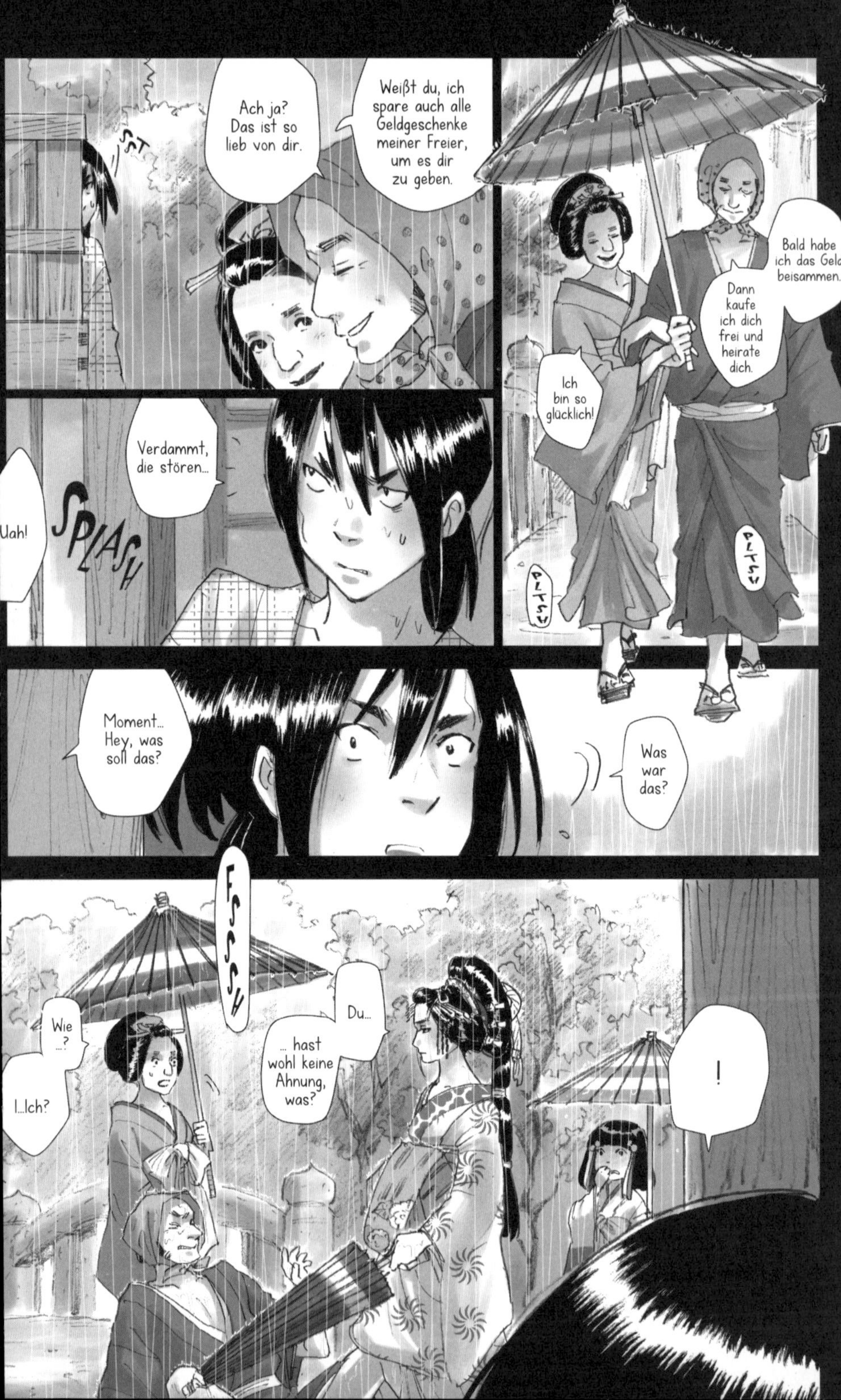
Weißt du, ich spare auch alle Geldgeschenke meiner Freier, um es dir zu geben.
Ach ja? Das ist so lieb von dir.
SST
Bald habe ich das Geld beisammen.
Dann kaufe ich dich frei und heirate dich.
Ich bin so glücklich!
PLTSH
PLTSH
Verdammt, die stören...
SPLASH
Uah!
Was war das?
Moment... Hey, was soll das?
FSSSH
!
Du...
... hast wohl keine Ahnung, was?
Wie ...?
I...Ich?

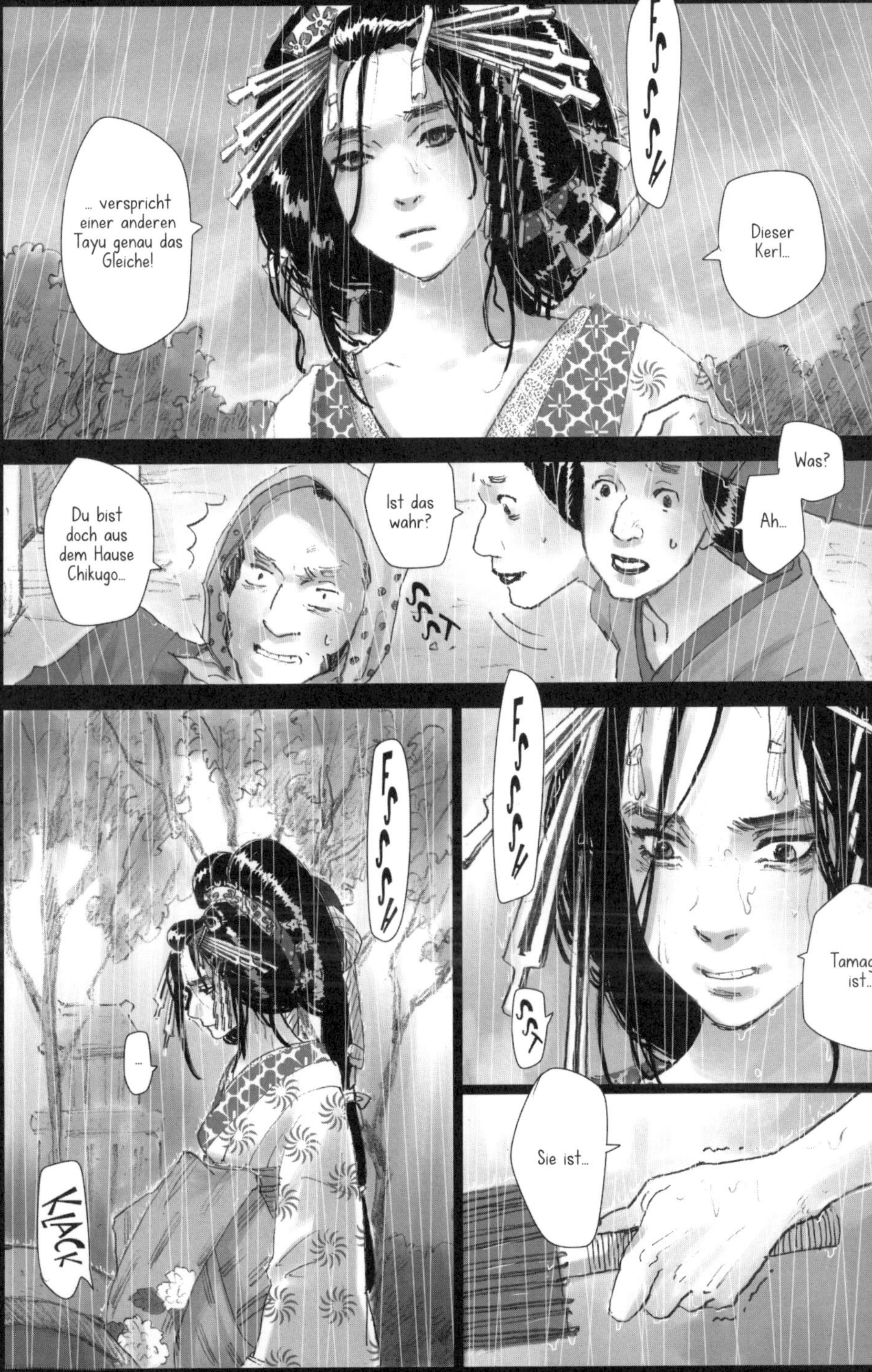
FSSSH
Dieser Kerl…
… verspricht einer anderen Tayu genau das Gleiche!
Was?
Ah…
Ist das wahr?
Du bist doch aus dem Hause Chikugo…
SSST
FSSSH
Tamagiku ist…
SST
Sie ist…
FSSSH
…
KLACK

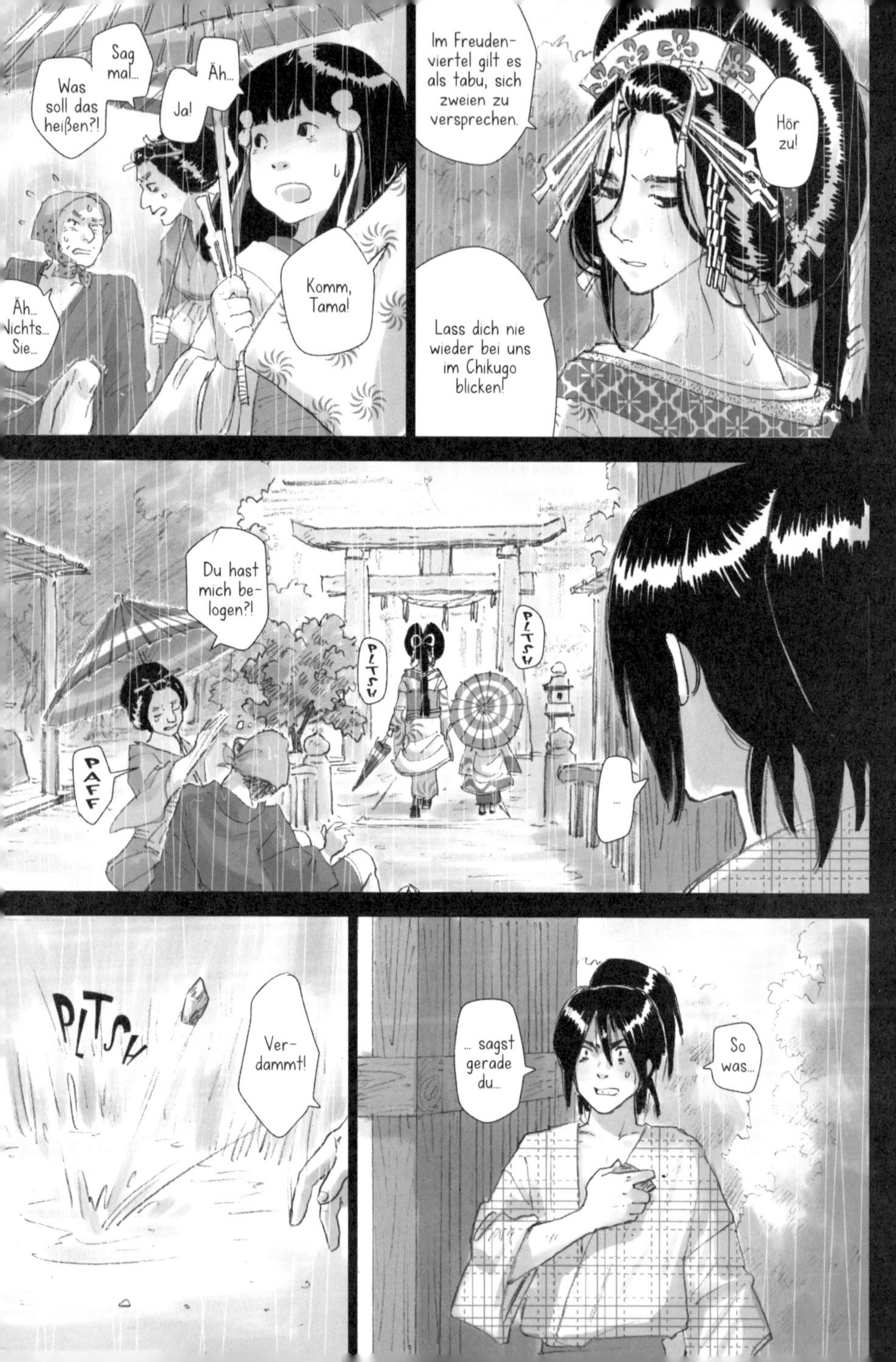
Hör zu!
Im Freudenviertel gilt es als tabu, sich zweien zu versprechen.
Lass dich nie wieder bei uns im Chikugo blicken!
Äh...
Ja!
Komm, Tama!
Sag mal...
Was soll das heißen?!
Äh... Nichts... Sie...
...
PLTSH
PLTSH
Du hast mich belogen?!
PAFF
So was...
... sagst gerade du...
Verdammt!
PLTSH

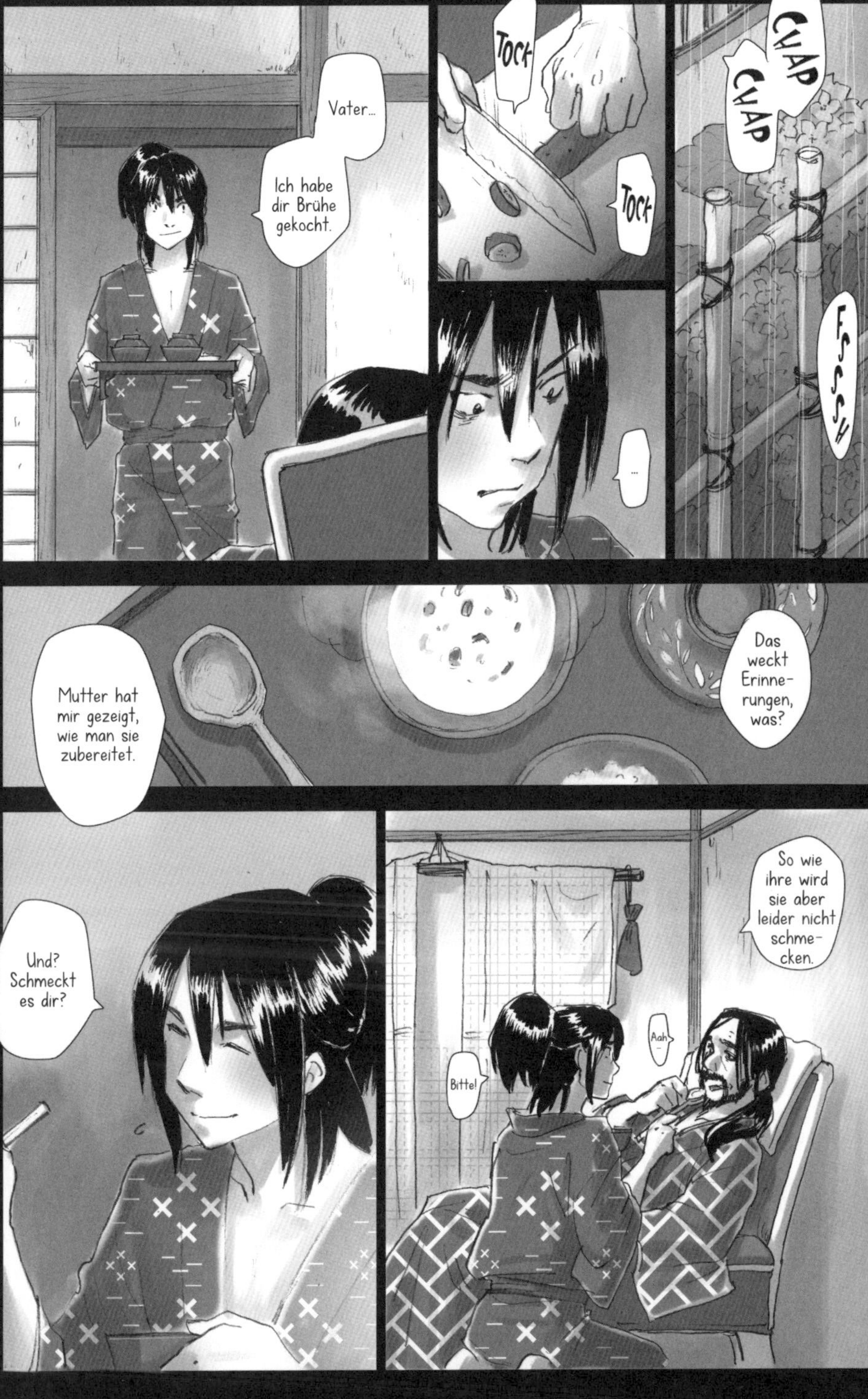

Vater...
Ich habe dir Brühe gekocht.
TOCK
TOCK
CHAP
CHAP
FSSSH
...
Das weckt Erinne-rungen, was?
Mutter hat mir gezeigt, wie man sie zubereitet.
So wie ihre wird sie aber leider nicht schme-cken.
Aah-
Bitte!
Und? Schmeckt es dir?

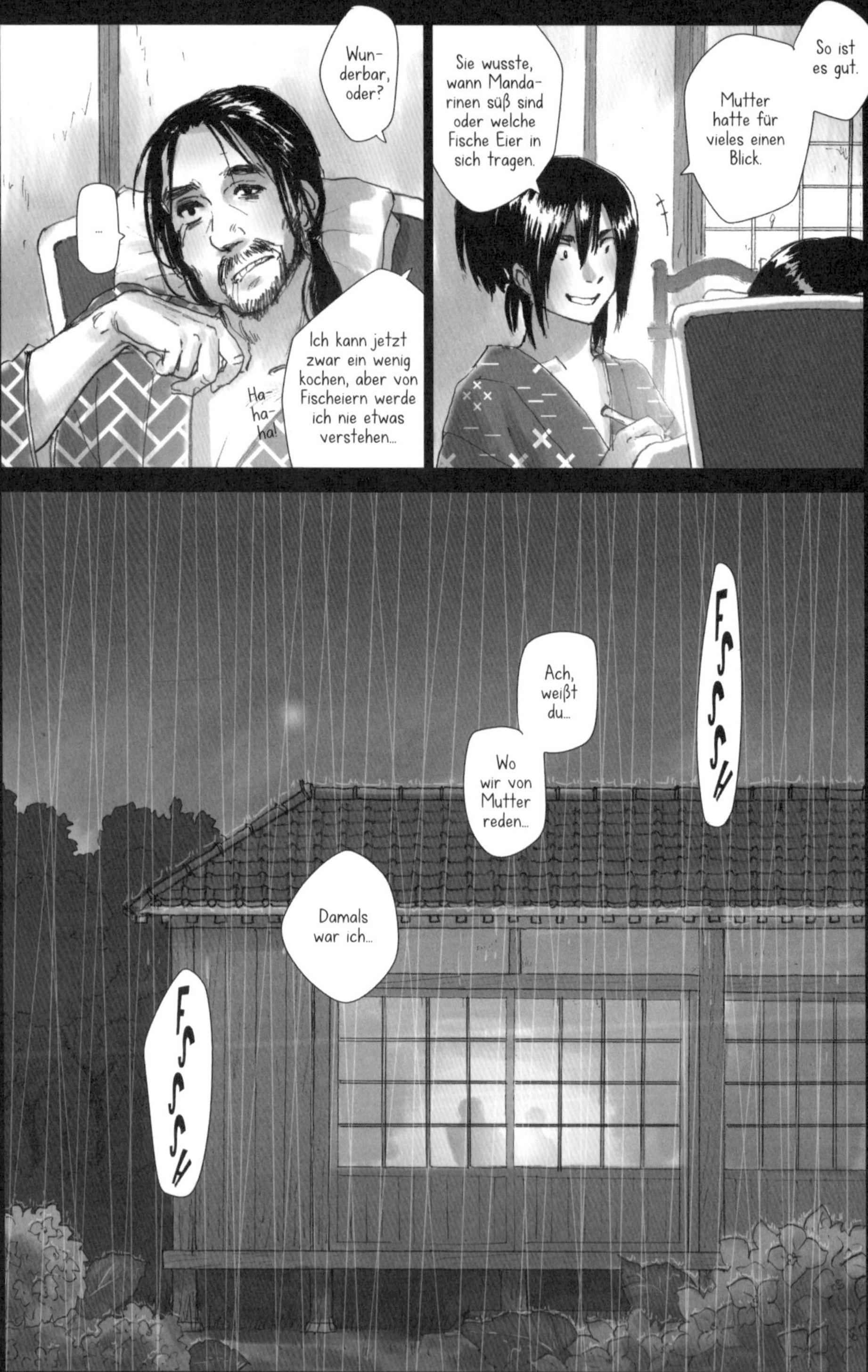
So ist es gut.
Mutter hatte für vieles einen Blick.
Sie wusste, wann Manda-rinen süß sind oder welche Fische Eier in sich tragen.
Wun-derbar, oder?
...
Ich kann jetzt zwar ein wenig kochen, aber von Fischeiern werde ich nie etwas verstehen...
Ha-ha-ha!
FSSSH
Ach, weißt du...
Wo wir von Mutter reden...
Damals war ich...
FSSSH

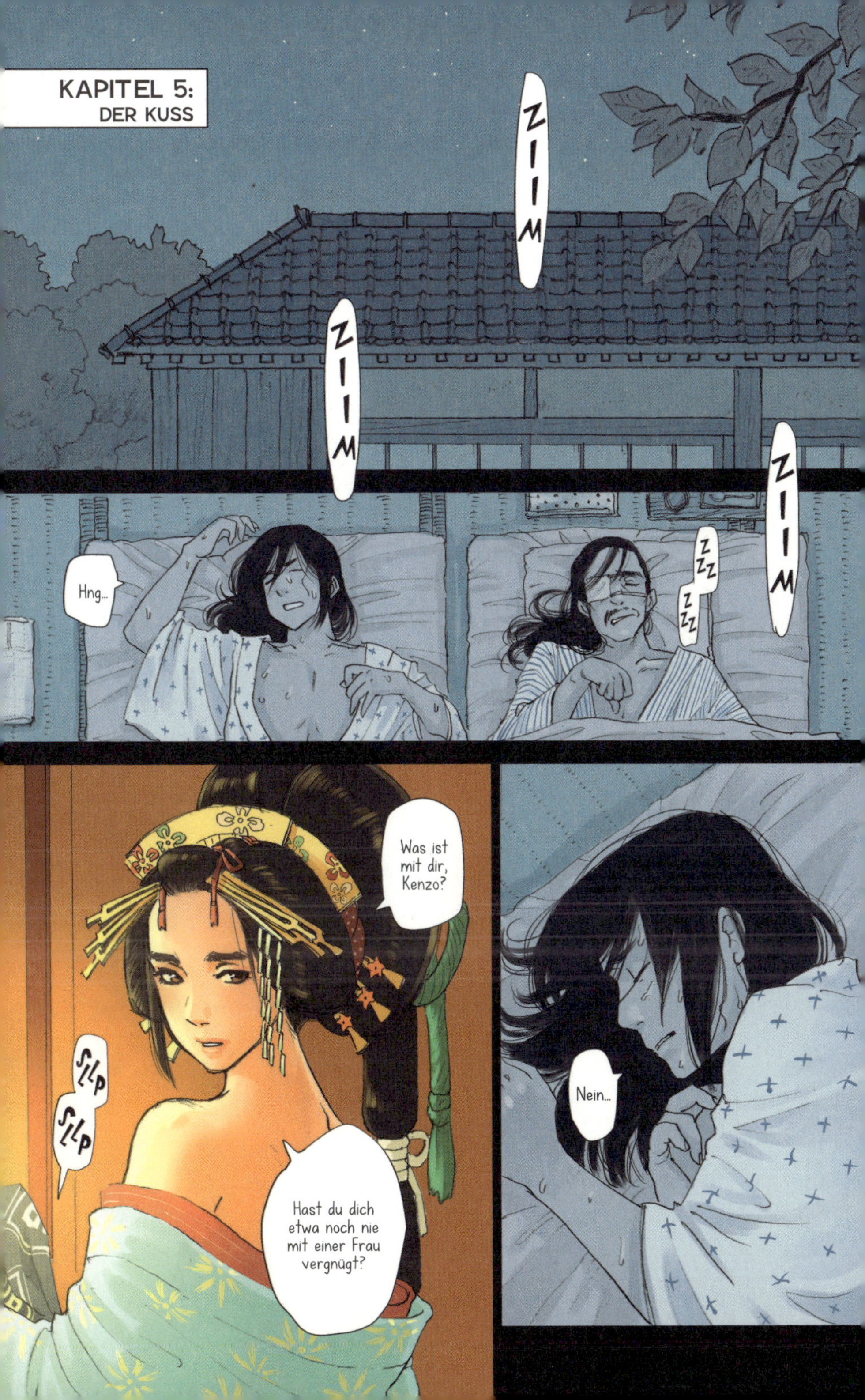
KAPITEL 5:
DER KUSS
ZIIM
ZIIM
ZIIM
Hng...
ZZZ
ZZZ
Was ist mit dir, Kenzo?
SLLP
SLLP
Hast du dich etwa noch nie mit einer Frau vergnügt?
Nein...

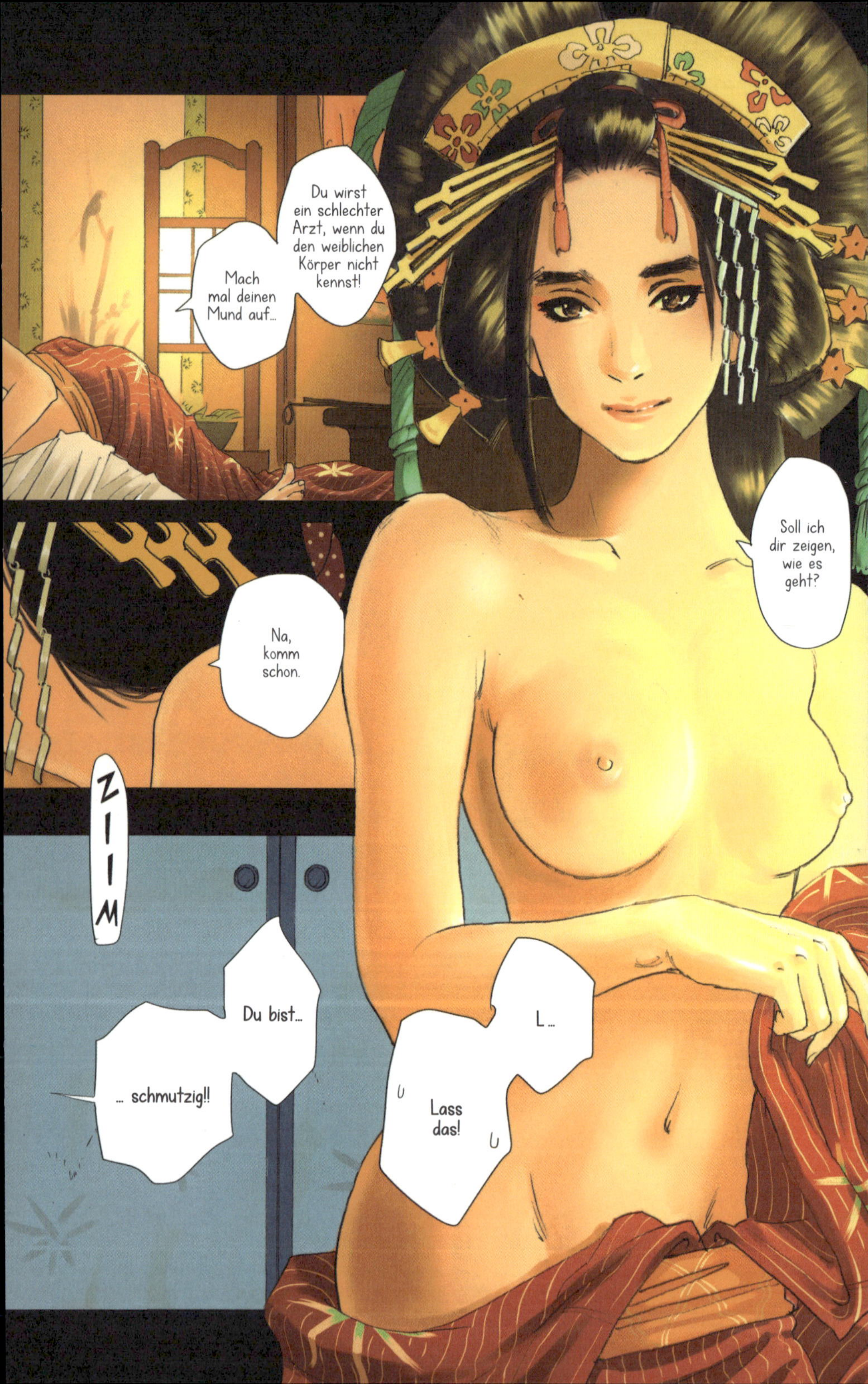
Mach mal deinen Mund auf...
Du wirst ein schlechter Arzt, wenn du den weiblichen Körper nicht kennst!
Soll ich dir zeigen, wie es geht?
Na, komm schon.
ZIIM
Du bist...
... schmutzig!!
L...
Lass das!

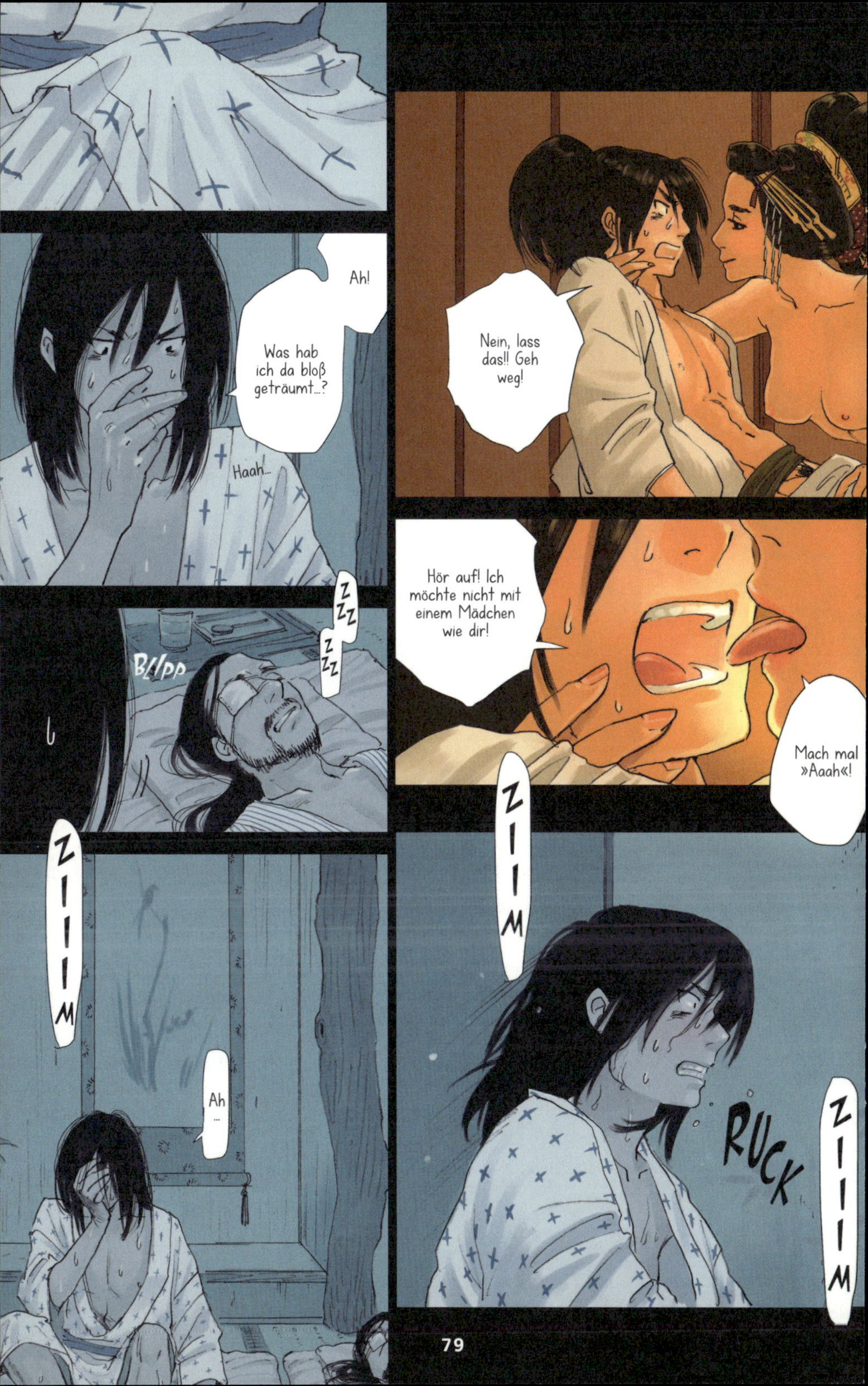
Ah!
Was hab ich da bloß geträumt...?
Haah...
ZZZ
ZZZ
BLIPP
ZIIIM
Ah ...
Nein, lass das!! Geh weg!
Hör auf! Ich möchte nicht mit einem Mädchen wie dir!
Mach mal »Aaah«!
ZIIM
RUCK
ZIIIIM

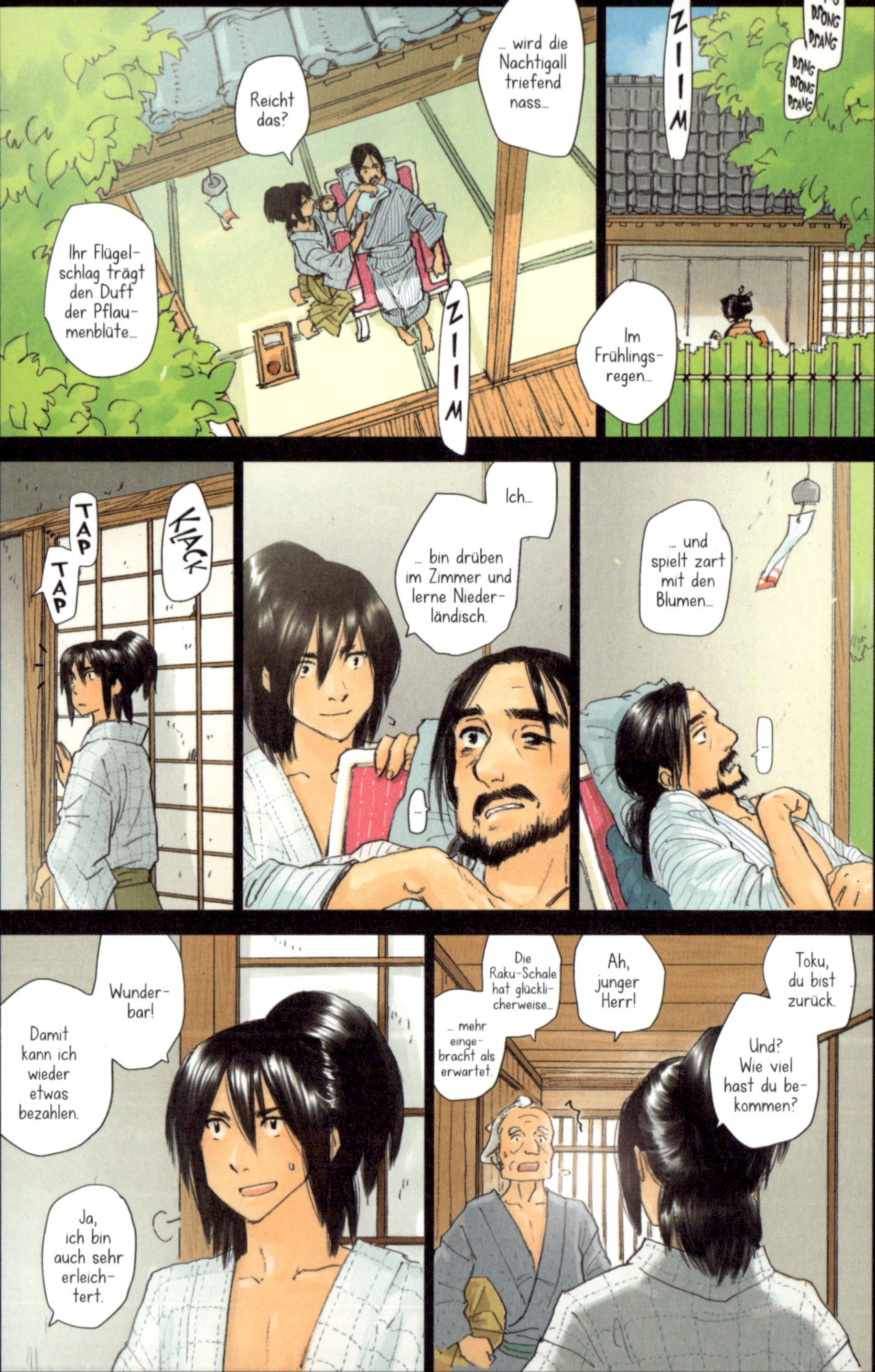
DSING DSONG DSANG
DSING DSONG DSANG
ZIIM
Im Frühlingsregen...
... wird die Nachtigall triefend nass...
Reicht das?
Ihr Flügelschlag trägt den Duft der Pflaumenblüte...
ZIIM
... und spielt zart mit den Blumen...
...
Ich...
... bin drüben im Zimmer und lerne Niederländisch.
...
KLACK
TAP TAP
Toku, du bist zurück.
Ah, junger Herr!
Und? Wie viel hast du bekommen?
Die Raku-Schale hat glücklicherweise...
... mehr eingebracht als erwartet.
Wunderbar!
Damit kann ich wieder etwas bezahlen.
Ja, ich bin auch sehr erleichtert.

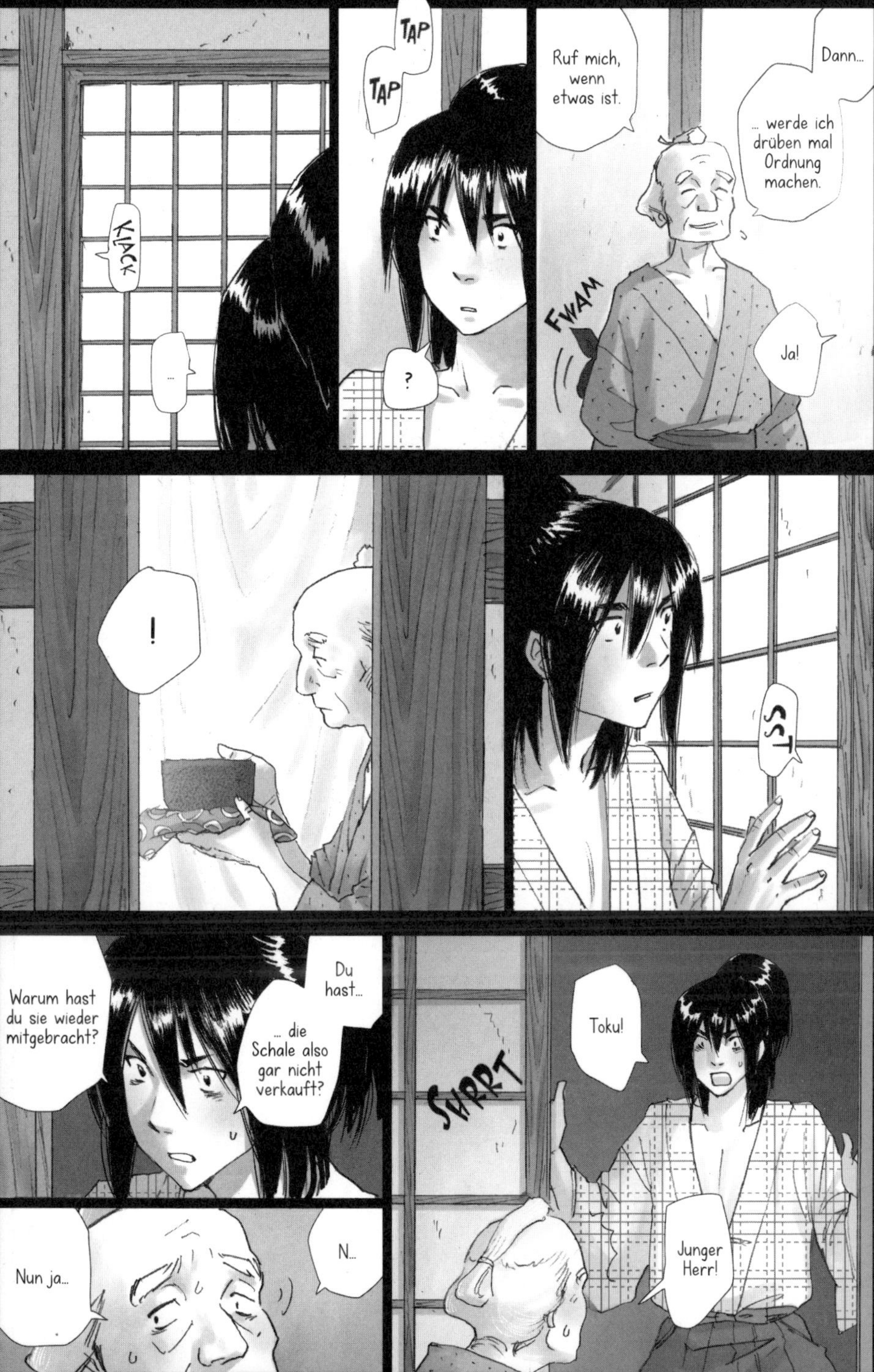
Dann…
… werde ich drüben mal Ordnung machen.
Ruf mich, wenn etwas ist.
FWAM
Ja!
TAP
TAP
?
KLACK
…
SST
!
Toku!
SHRRT
Junger Herr!
Du hast…
… die Schale also gar nicht verkauft?
Warum hast du sie wieder mitgebracht?
N…
Nun ja…

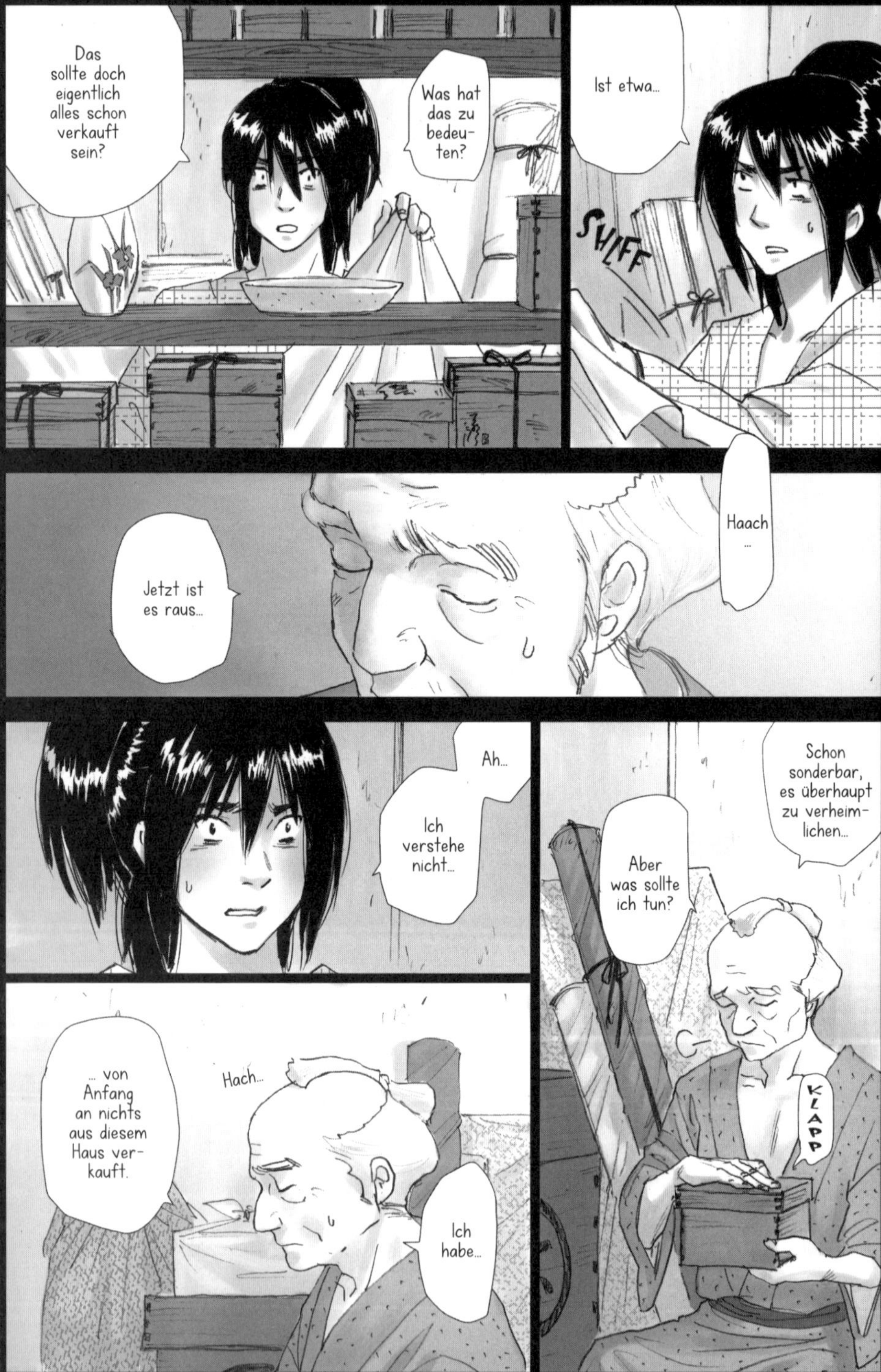
Das sollte doch eigentlich alles schon verkauft sein?
Was hat das zu bedeu-ten?
Ist etwa...
SHIFF
Haach ...
Jetzt ist es raus...
Ah...
Ich verstehe nicht...
Schon sonderbar, es überhaupt zu verheim-lichen...
Aber was sollte ich tun?
KLAPP
Hach...
Ich habe...
... von Anfang an nichts aus diesem Haus ver-kauft.

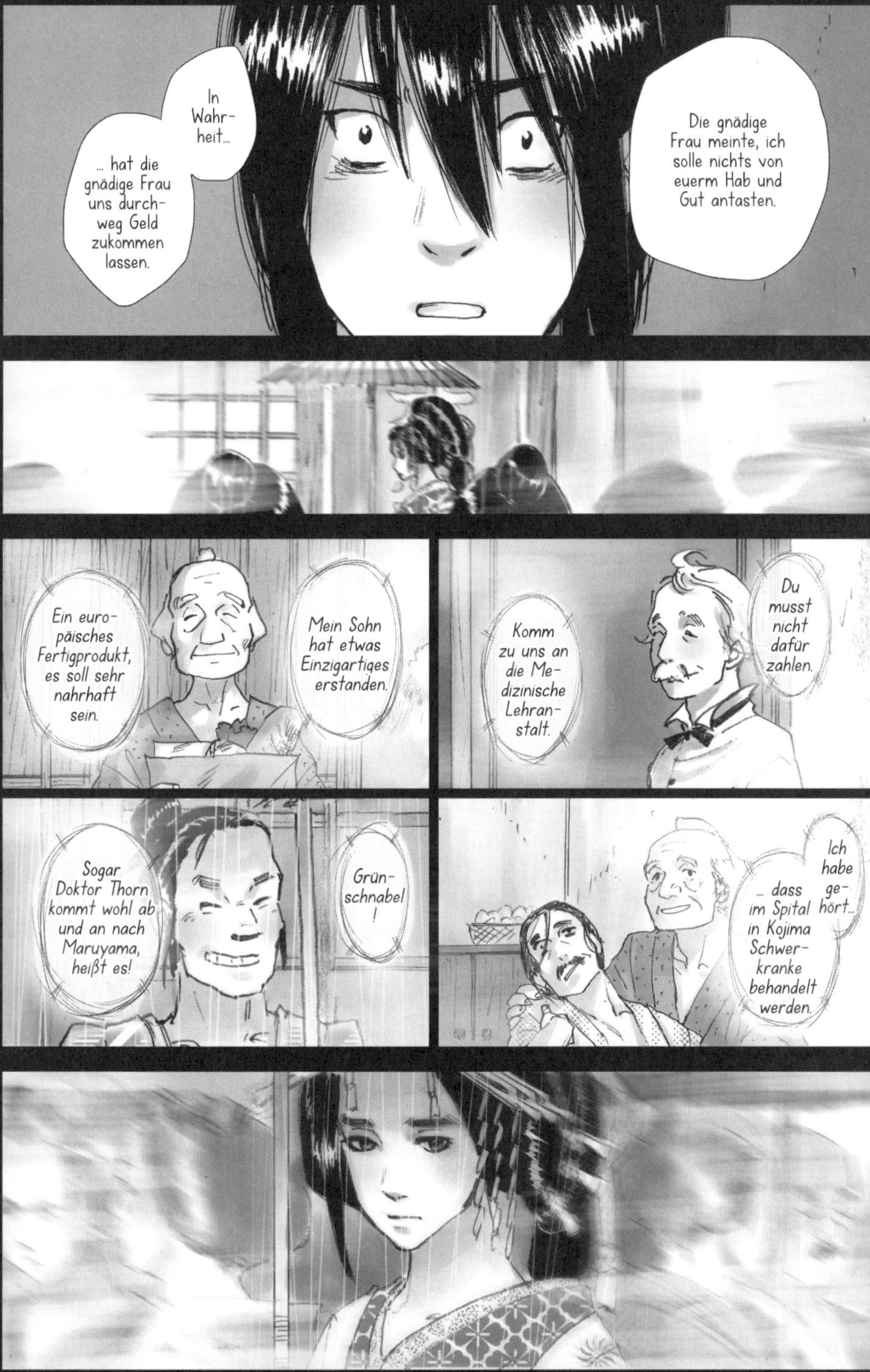
Die gnädige Frau meinte, ich solle nichts von euerm Hab und Gut antasten.
In Wahrheit...
... hat die gnädige Frau uns durchweg Geld zukommen lassen.
Du musst nicht dafür zahlen.
Komm zu uns an die Medizinische Lehranstalt.
Mein Sohn hat etwas Einzigartiges erstanden.
Ein europäisches Fertigprodukt, es soll sehr nahrhaft sein.
Ich habe gehört...
... dass im Spital in Kojima Schwerkranke behandelt werden.
Grünschnabel!
Sogar Doktor Thorn kommt wohl ab und an nach Maruyama, heißt es!

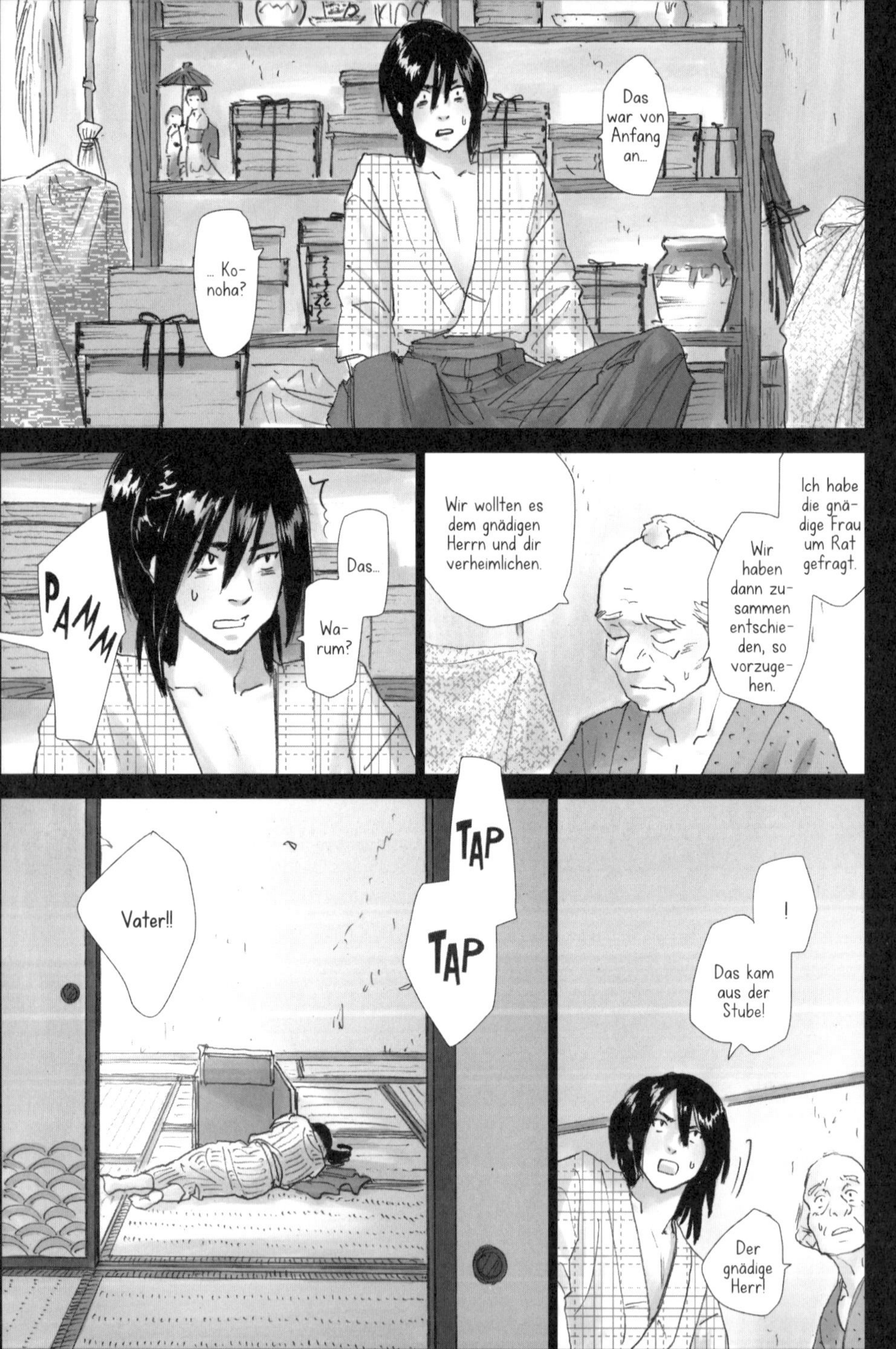
Das war von Anfang an...
... Konoha?
Ich habe die gnädige Frau um Rat gefragt.
Wir haben dann zusammen entschieden, so vorzugehen.
Wir wollten es dem gnädigen Herrn und dir verheimlichen.
PAMM
Das...
Warum?
!
Das kam aus der Stube!
Der gnädige Herr!
TAP
TAP
Vater!!

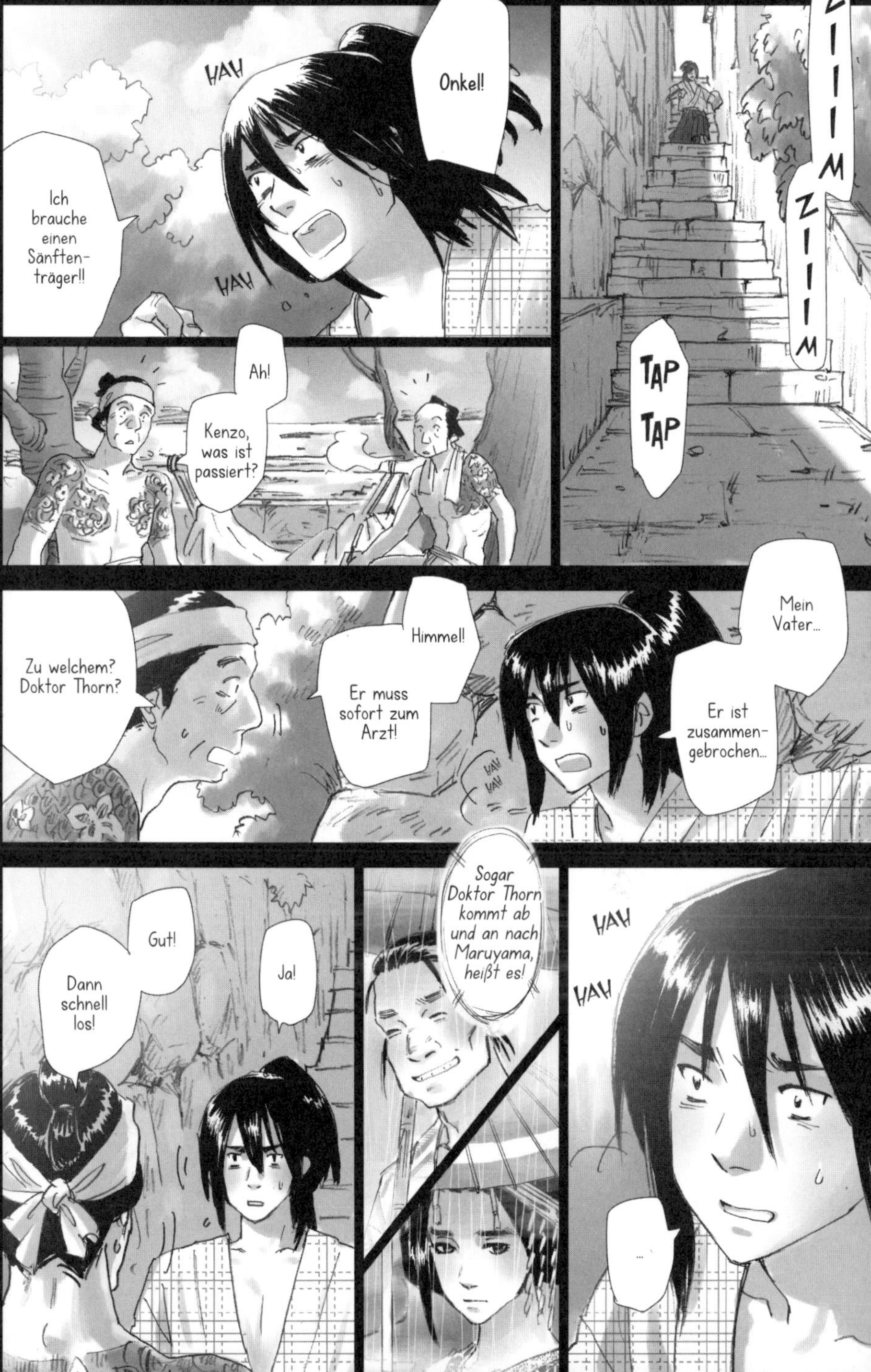

ZIIIM
ZIIIIM
TAP
TAP
Onkel!
HAH
Ich brauche einen Sänften-träger!!
HAH
Ah!
Kenzo, was ist passiert?
Mein Vater...
Er ist zusammen-gebrochen...
HAH
HAH
Himmel!
Er muss sofort zum Arzt!
Zu welchem? Doktor Thorn?
HAH
HAH
...
Sogar Doktor Thorn kommt ab und an nach Maruyama, heißt es!
Ja!
Gut!
Dann schnell los!

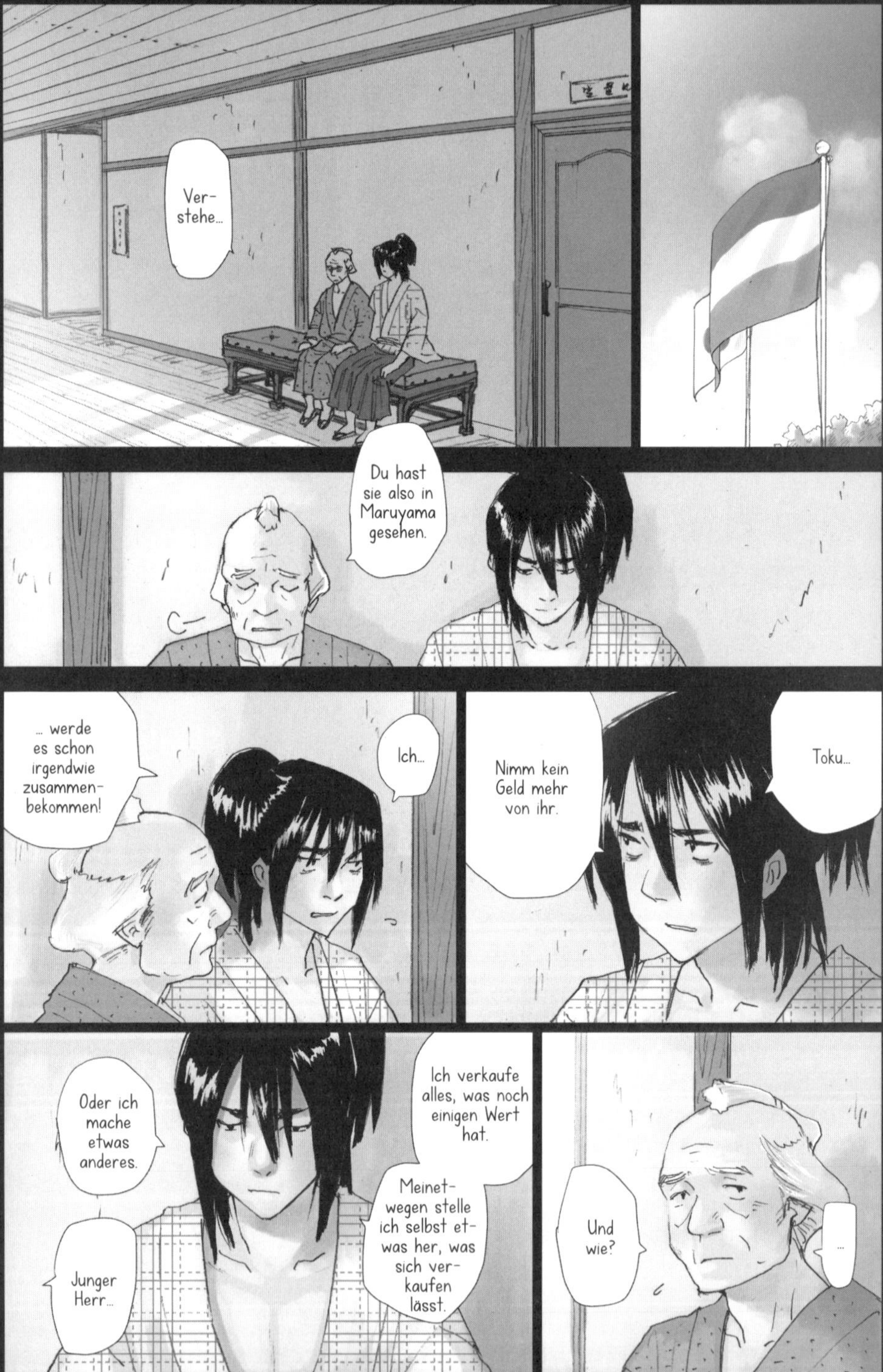
Verstehe...
Du hast sie also in Maruyama gesehen.
Toku...
Nimm kein Geld mehr von ihr.
Ich...
... werde es schon irgendwie zusammenbekommen!
...
Und wie?
Ich verkaufe alles, was noch einigen Wert hat.
Meinetwegen stelle ich selbst etwas her, was sich verkaufen lässt.
Oder ich mache etwas anderes.
Junger Herr...

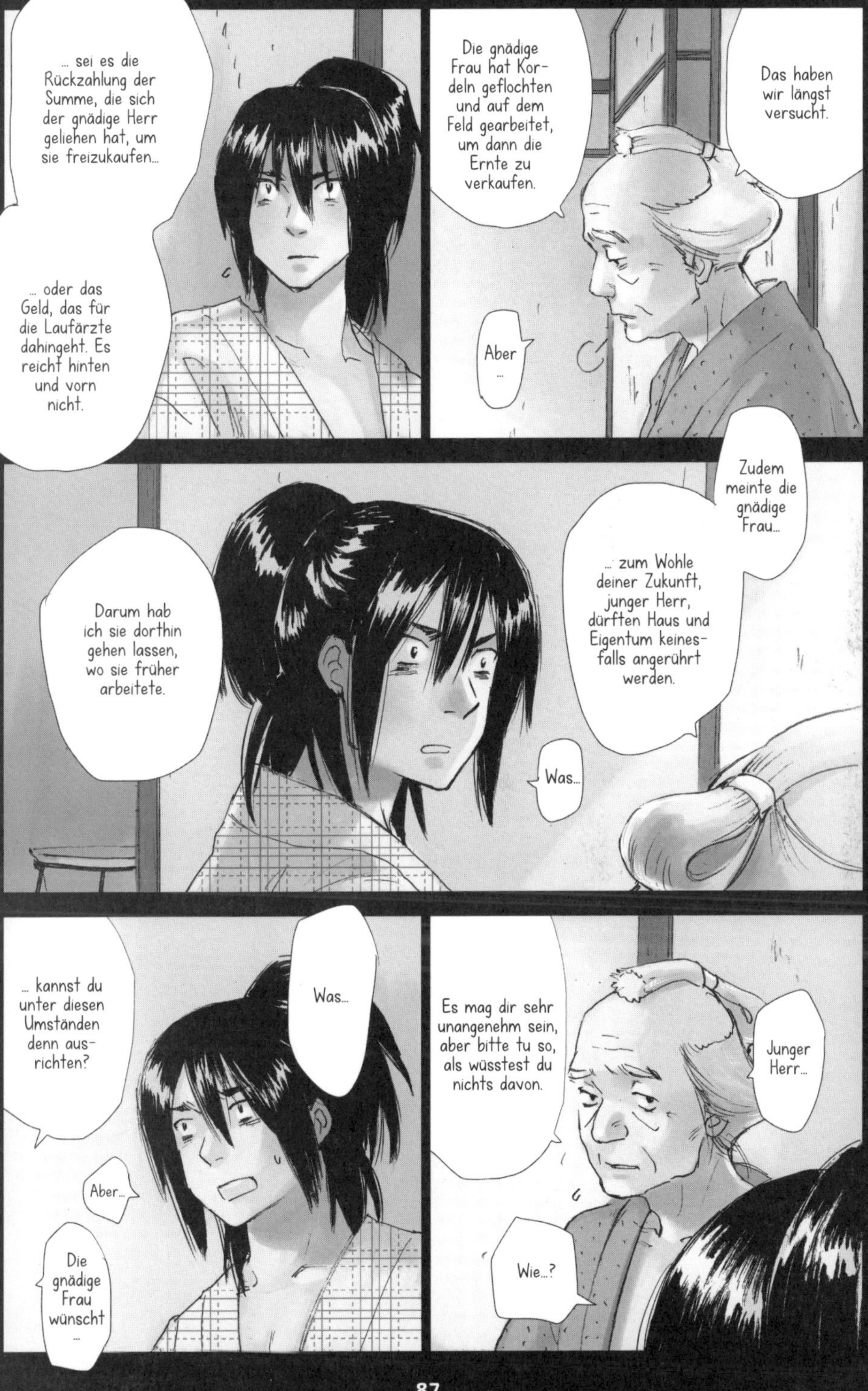
Das haben wir längst versucht.
Die gnädige Frau hat Kordeln geflochten und auf dem Feld gearbeitet, um dann die Ernte zu verkaufen.
Aber ...
... sei es die Rückzahlung der Summe, die sich der gnädige Herr geliehen hat, um sie freizukaufen...
... oder das Geld, das für die Laufärzte dahingeht. Es reicht hinten und vorn nicht.
Zudem meinte die gnädige Frau...
... zum Wohle deiner Zukunft, junger Herr, dürften Haus und Eigentum keinesfalls angerührt werden.
Was...
Darum hab ich sie dorthin gehen lassen, wo sie früher arbeitete.
Junger Herr...
Es mag dir sehr unangenehm sein, aber bitte tu so, als wüsstest du nichts davon.
Wie...?
Was...
... kannst du unter diesen Umständen denn ausrichten?
Aber...
Die gnädige Frau wünscht ...

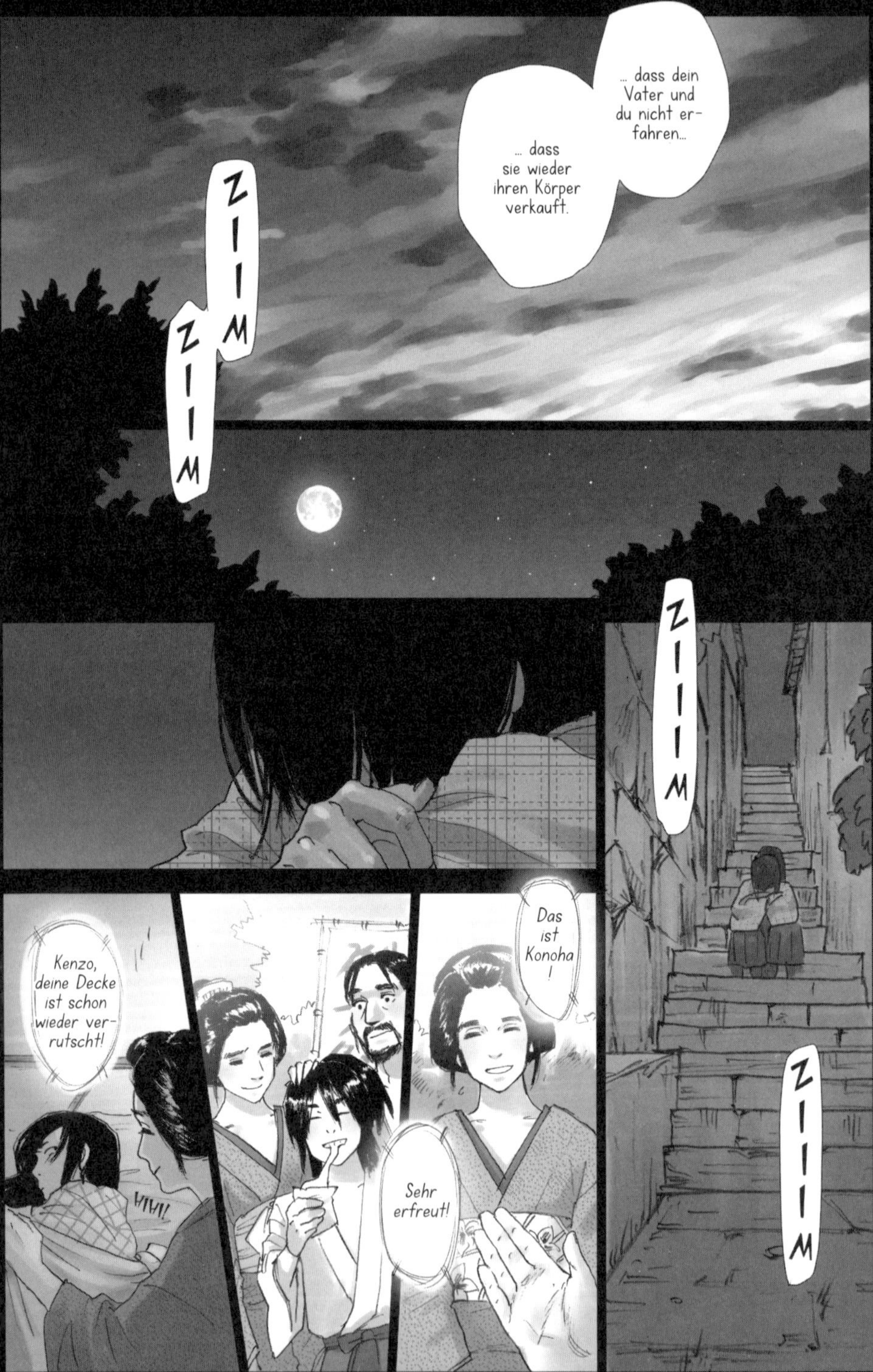

... dass dein Vater und du nicht erfahren...
... dass sie wieder ihren Körper verkauft.
ZIIIM
ZIIIM
ZIIIIM
ZIIIIM
Das ist Konoha!
Sehr erfreut!
Kenzo, deine Decke ist schon wieder verrutscht!
HIHI!

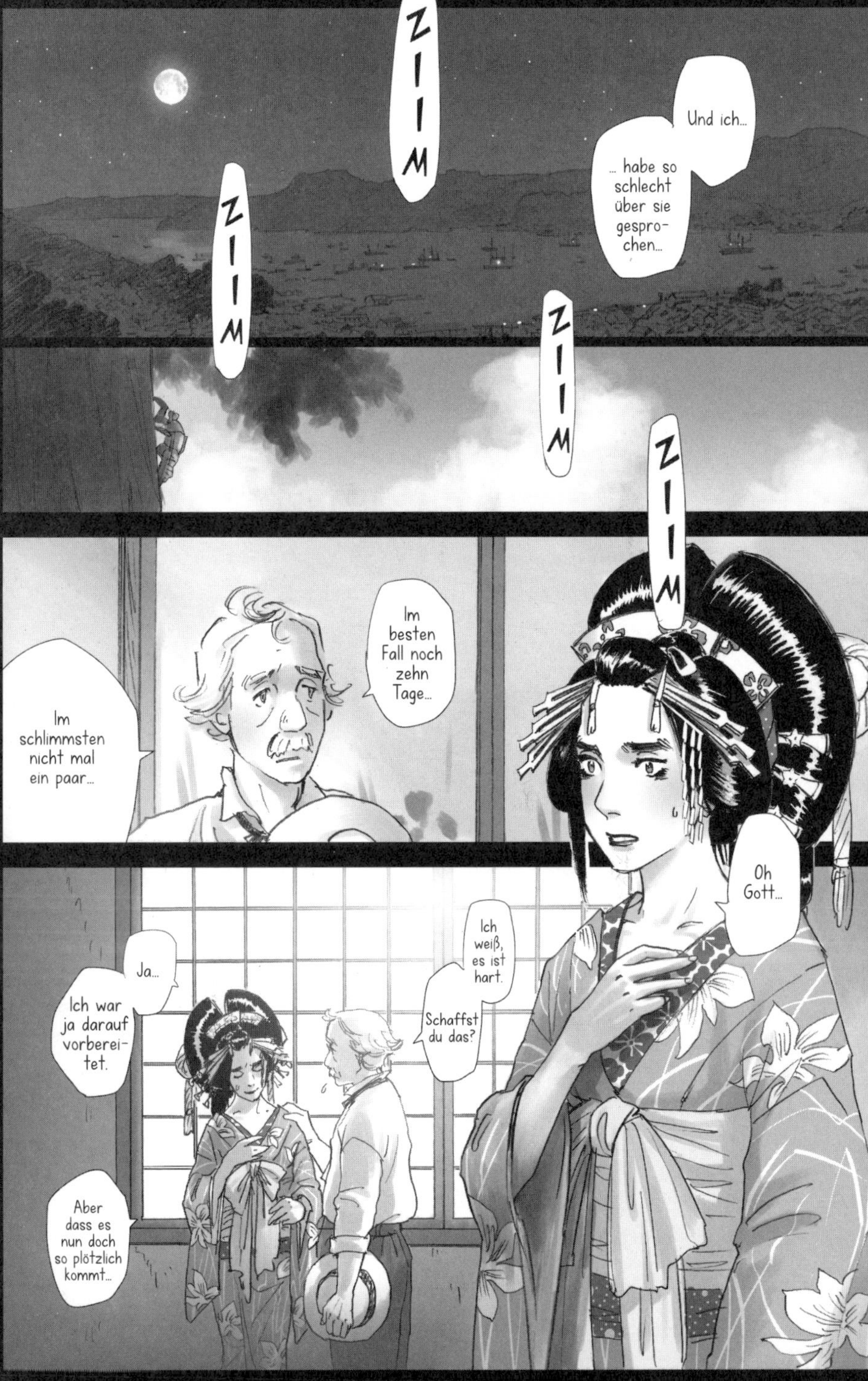
ZIIIM
ZIIIM
Und ich...
... habe so schlecht über sie gesprochen...
ZIIIM
ZIIIM
Im besten Fall noch zehn Tage...
Im schlimmsten nicht mal ein paar...
Oh Gott...
Ich weiß, es ist hart.
Schaffst du das?
Ja...
Ich war ja darauf vorbereitet.
Aber dass es nun doch so plötzlich kommt...

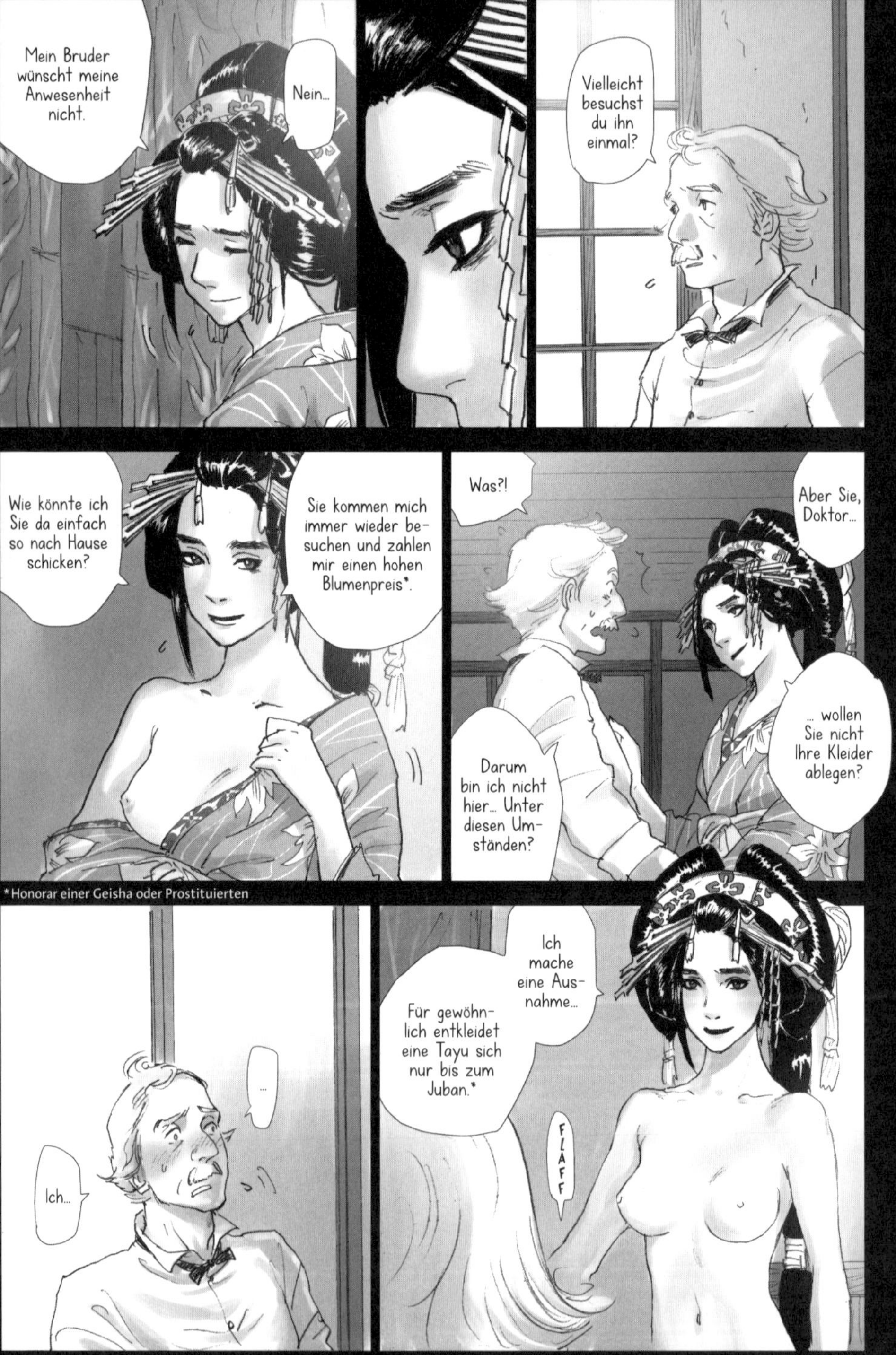

*Honorar einer Geisha oder Prostituierten

*Unterkimono

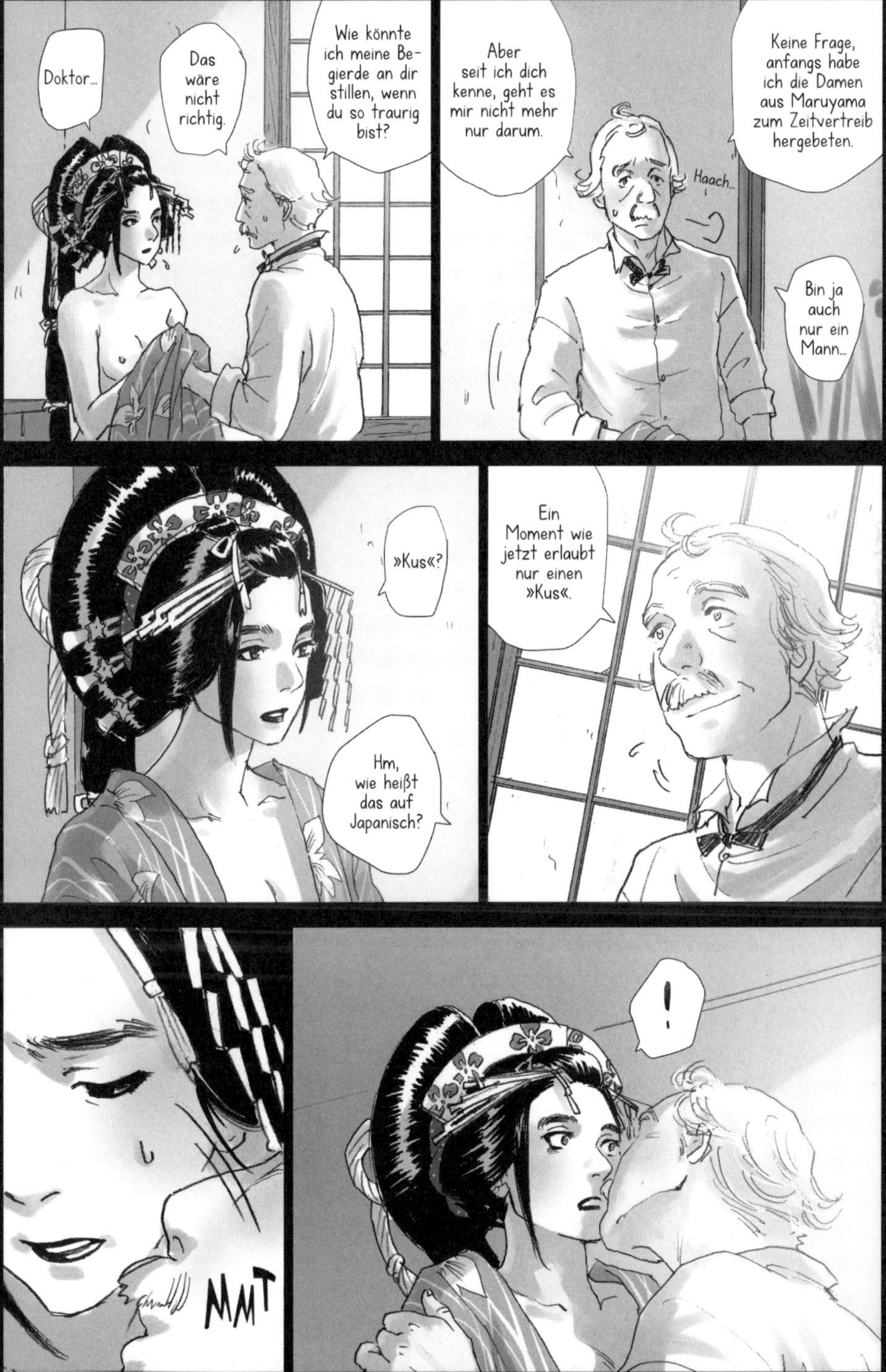
Doktor…
Das wäre nicht richtig.
Wie könnte ich meine Begierde an dir stillen, wenn du so traurig bist?
Keine Frage, anfangs habe ich die Damen aus Maruyama zum Zeitvertreib hergebeten.
Aber seit ich dich kenne, geht es mir nicht mehr nur darum.
Haach…
Bin ja auch nur ein Mann…
»Kus«?
Hm, wie heißt das auf Japanisch?
Ein Moment wie jetzt erlaubt nur einen »Kus«.
!
MMT

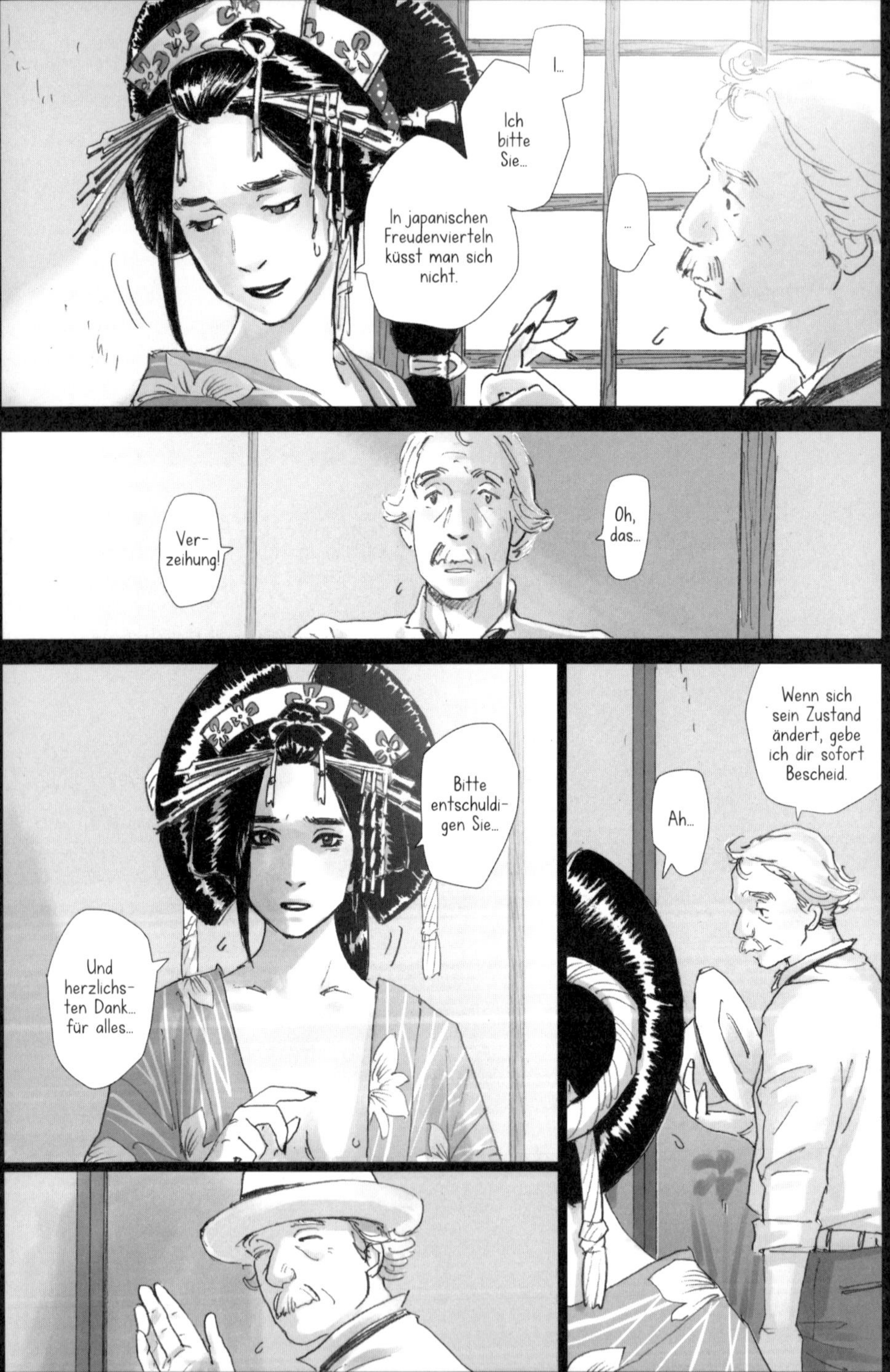
I…
Ich bitte Sie…
In japanischen Freudenvierteln küsst man sich nicht.
…
Oh, das…
Ver-zeihung!
Wenn sich sein Zustand ändert, gebe ich dir sofort Bescheid.
Ah…
Bitte entschuldi-gen Sie…
Und herzlichs-ten Dank… für alles…

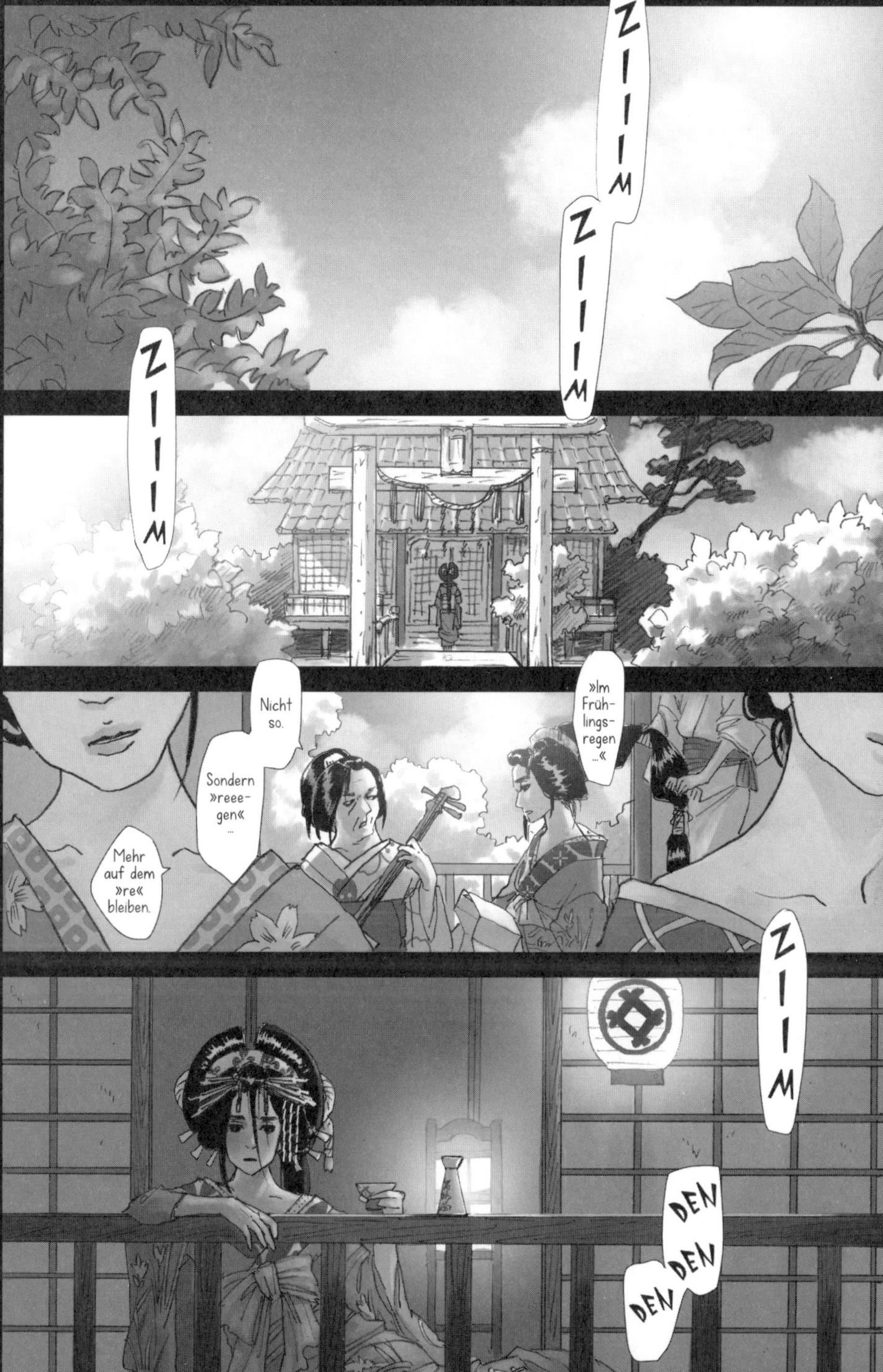
ZIIIIM
ZIIIIIM
ZIIIM
Nicht so.
»Im Frühlingsregen …«
Sondern »reeegen« …
Mehr auf dem »re« bleiben.
ZIIIM
DEN DEN DEN

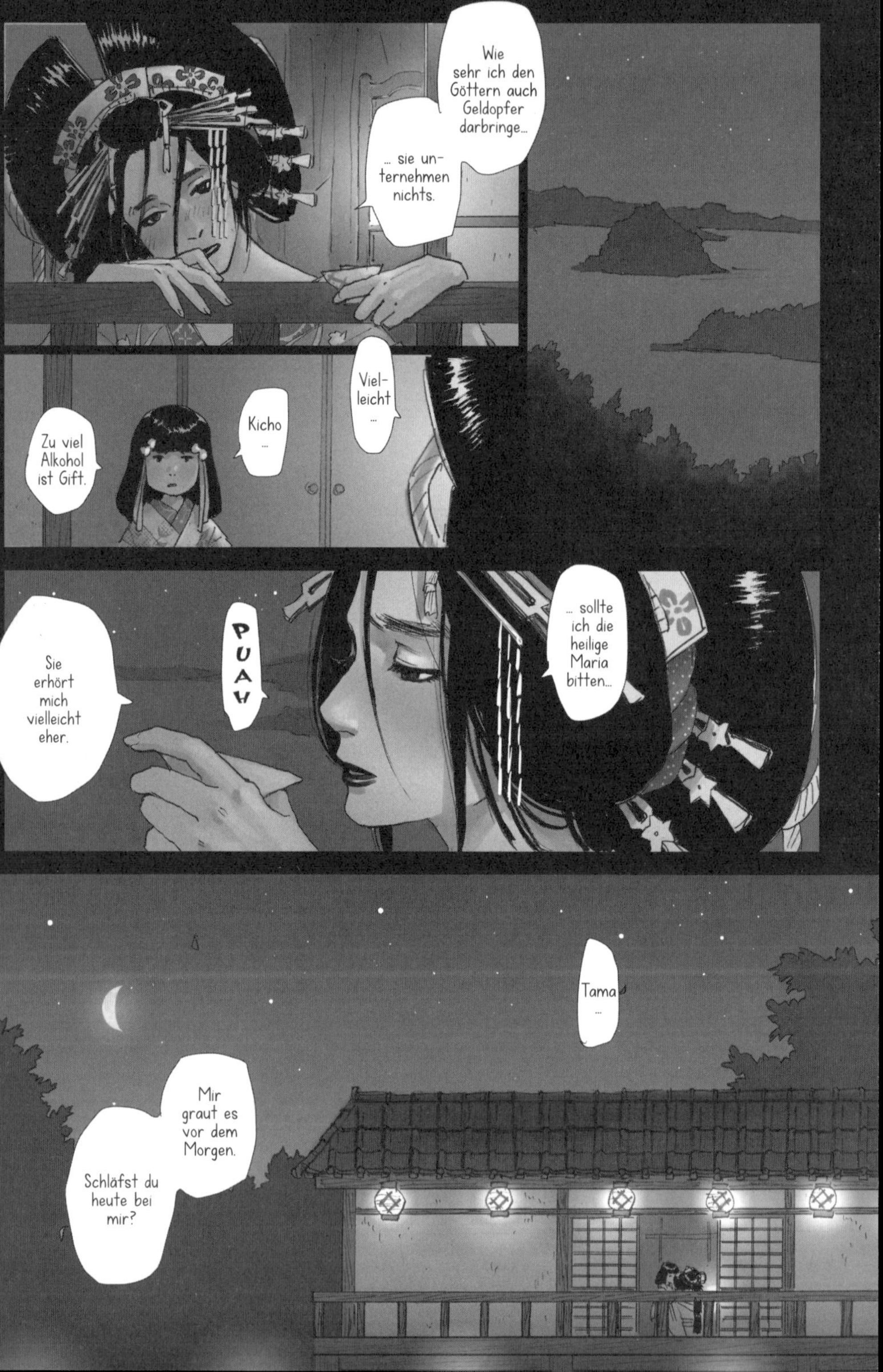
Wie sehr ich den Göttern auch Geldopfer darbringe...
... sie unternehmen nichts.
Vielleicht ...
Kicho ...
Zu viel Alkohol ist Gift.
... sollte ich die heilige Maria bitten...
PUAH
Sie erhört mich vielleicht eher.
Tama ...
Mir graut es vor dem Morgen.
Schläfst du heute bei mir?

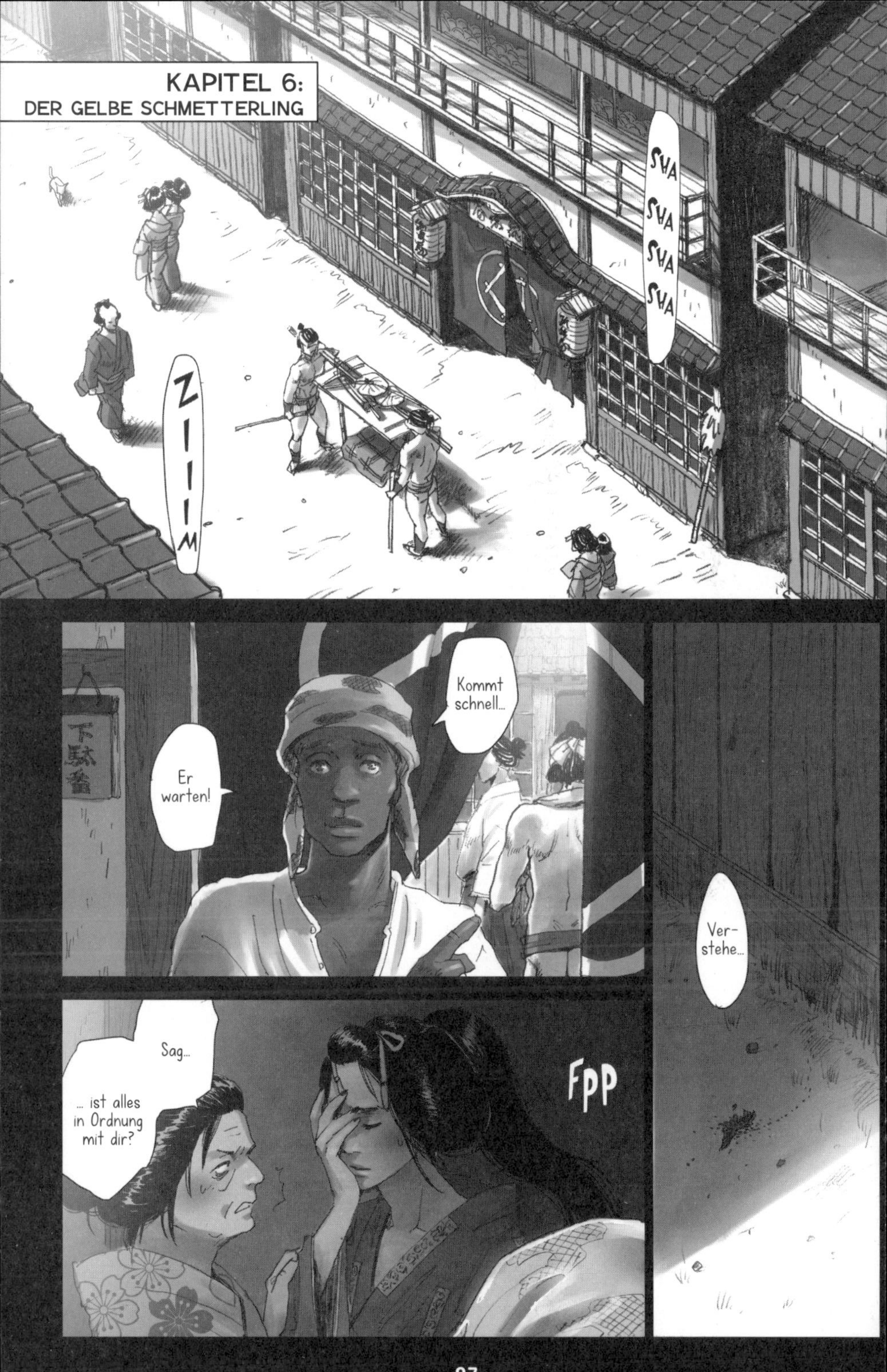

KAPITEL 6:
DER GELBE SCHMETTERLING
ZIIIIM
SHA SHA SHA SHA
Kommt schnell...
Er warten!
Ver-stehe...
Sag...
... ist alles in Ordnung mit dir?
FPP

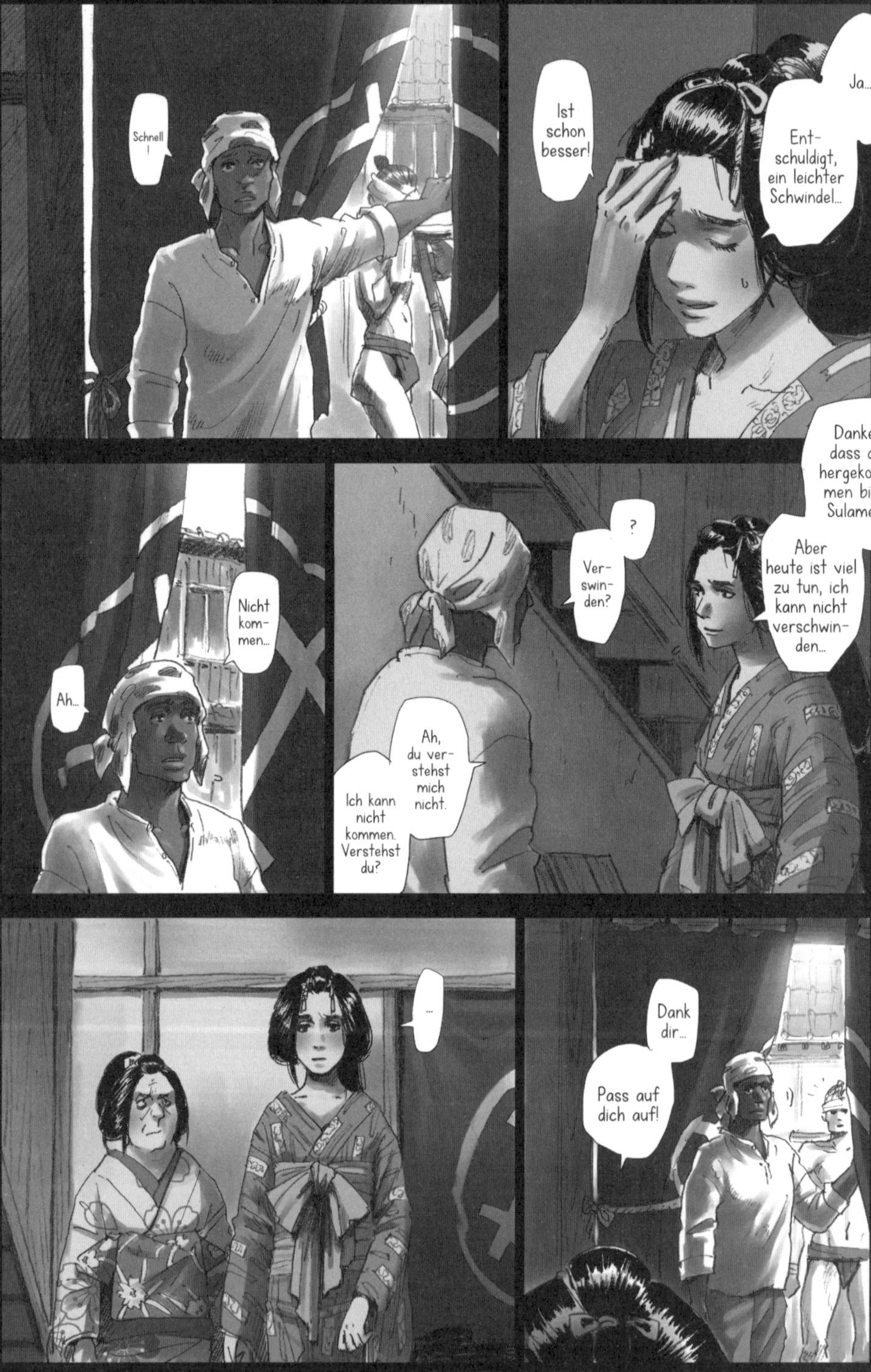
Schnell!
Ist schon besser!
Ja...
Ent-schuldigt, ein leichter Schwindel...
Nicht kom-men...
Ah...
Danke, dass du hergekom-men bist, Sulamet.
Aber heute ist viel zu tun, ich kann nicht verschwin-den...
?
Ver-swin-den?
Ah, du ver-stehst mich nicht.
Ich kann nicht kommen. Verstehst du?
...
Dank dir...
Pass auf dich auf!

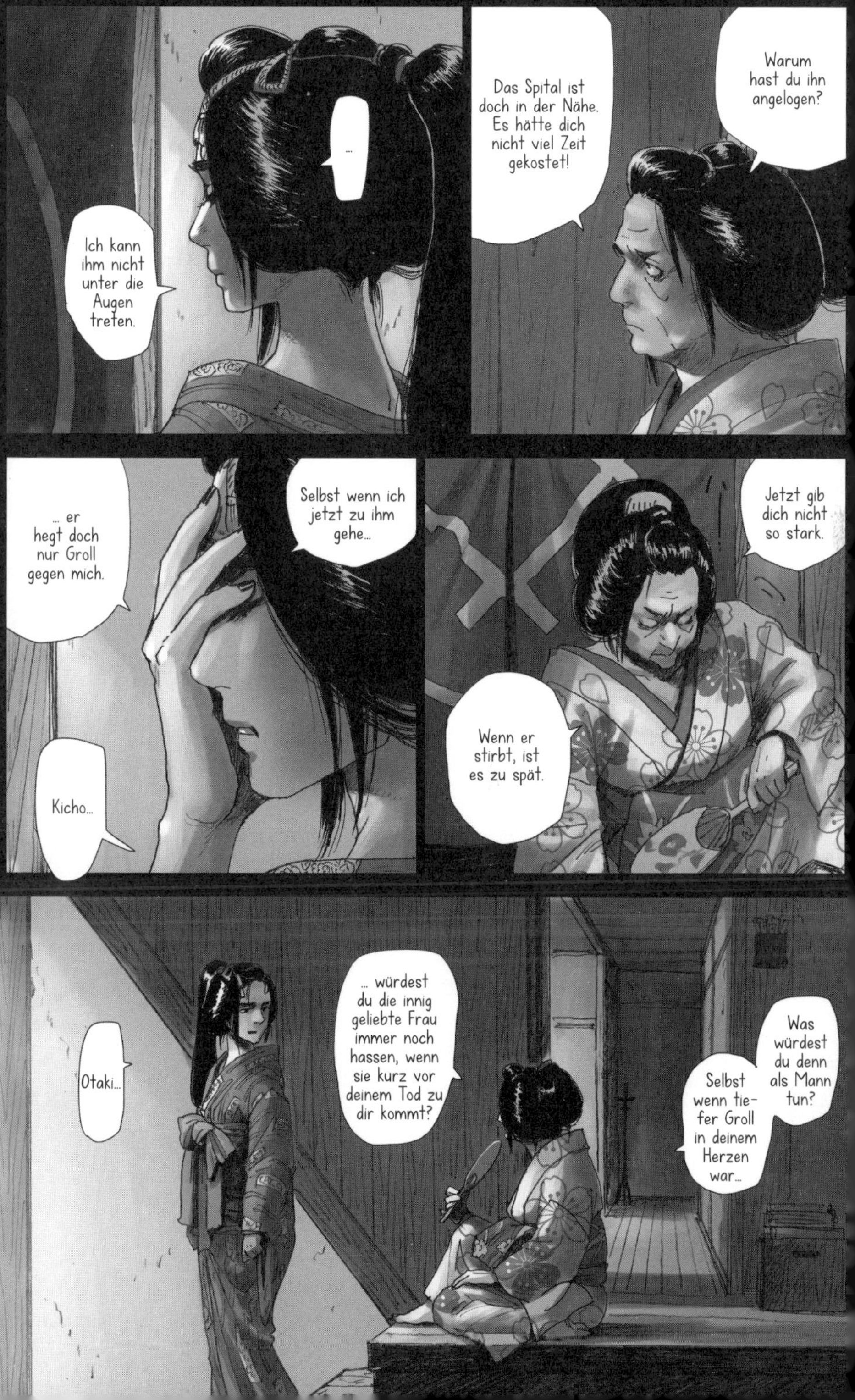

Warum hast du ihn angelogen?
Das Spital ist doch in der Nähe. Es hätte dich nicht viel Zeit gekostet!
...
Ich kann ihm nicht unter die Augen treten.
Jetzt gib dich nicht so stark.
Wenn er stirbt, ist es zu spät.
Selbst wenn ich jetzt zu ihm gehe...
... er hegt doch nur Groll gegen mich.
Kicho...
Was würdest du denn als Mann tun?
Selbst wenn tie-fer Groll in deinem Herzen war...
... würdest du die innig geliebte Frau immer noch hassen, wenn sie kurz vor deinem Tod zu dir kommt?
Otaki...

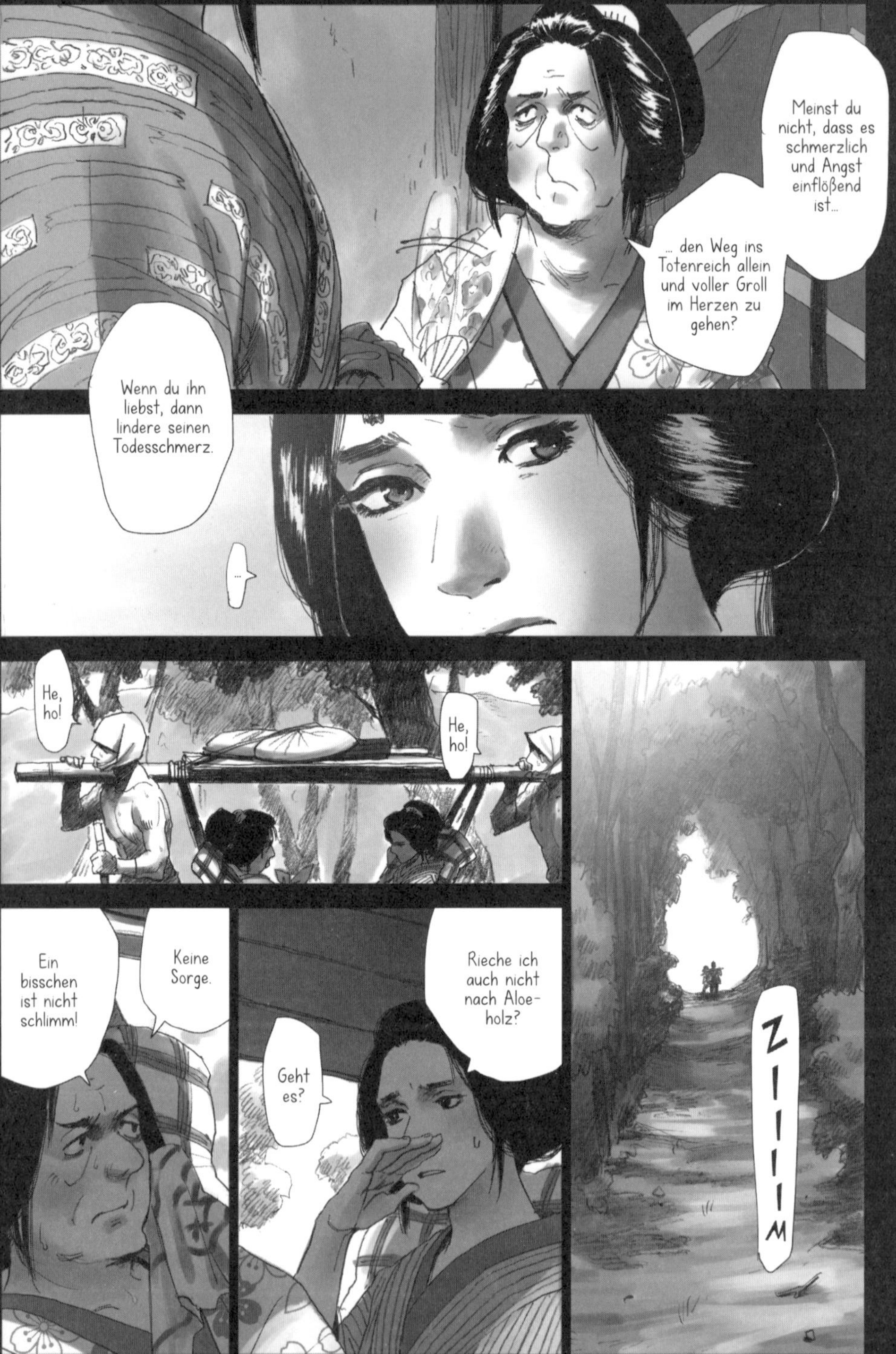
Meinst du nicht, dass es schmerzlich und Angst einflößend ist...
... den Weg ins Totenreich allein und voller Groll im Herzen zu gehen?
Wenn du ihn liebst, dann lindere seinen Todesschmerz.
...
He, ho!
He, ho!
ZIIIIM
Rieche ich auch nicht nach Aloeholz?
Geht es?
Keine Sorge.
Ein bisschen ist nicht schlimm!

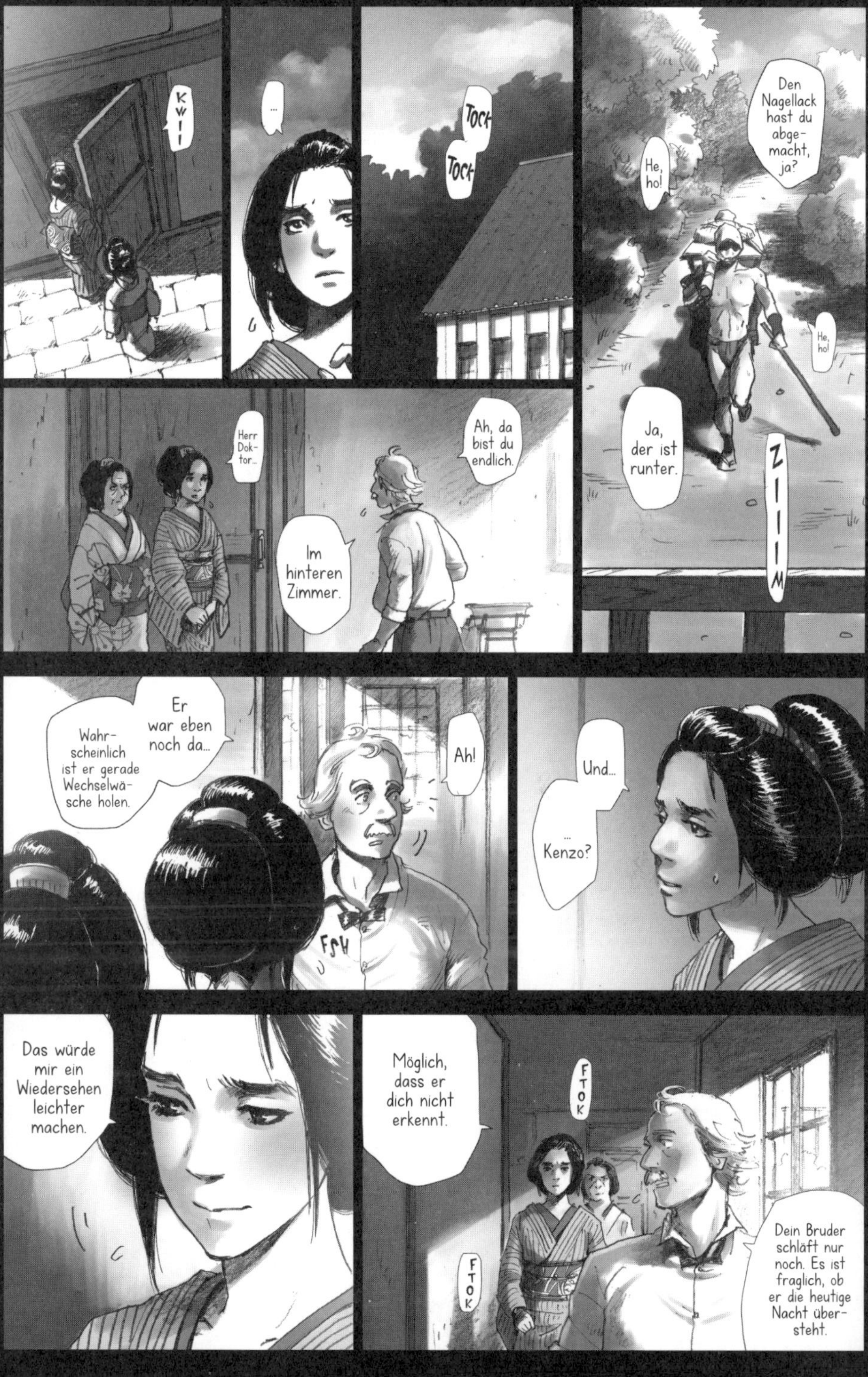
KWII
...
TOCK
TOCK
He, ho!
Den Nagellack hast du abgemacht, ja?
He, ho!
Ja, der ist runter.
ZIIIIM
Herr Doktor...
Ah, da bist du endlich.
Im hinteren Zimmer.
Wahrscheinlich ist er gerade Wechselwäsche holen.
Er war eben noch da...
Ah!
FSH
Und...
... Kenzo?
Das würde mir ein Wiedersehen leichter machen.
Möglich, dass er dich nicht erkennt.
FTOK
FTOK
Dein Bruder schläft nur noch. Es ist fraglich, ob er die heutige Nacht übersteht.

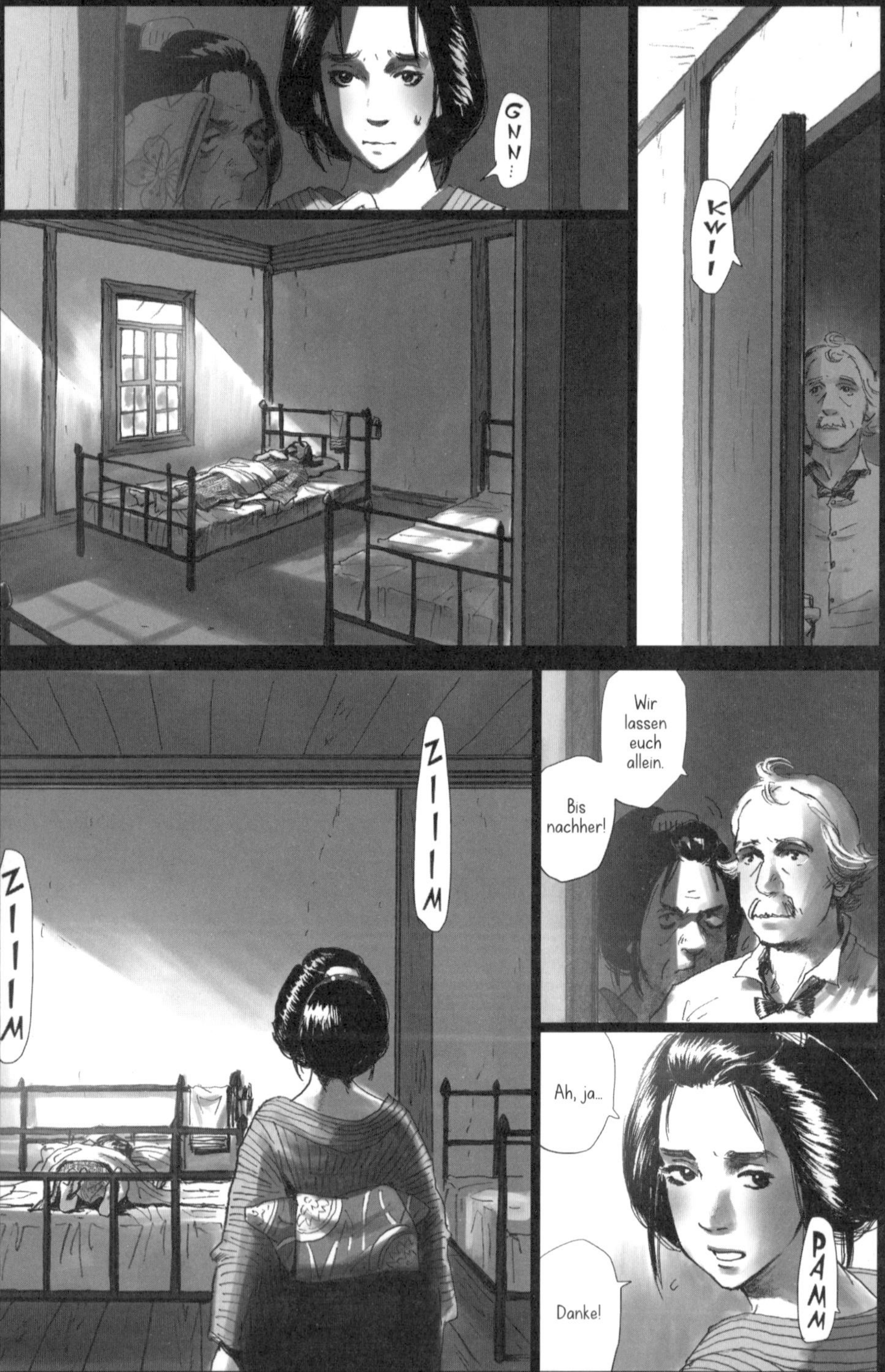
GNN...
KWII
Wir lassen euch allein.
Bis nachher!
ZIIIIM
ZIIIIM
Ah, ja...
Danke!
PAMM

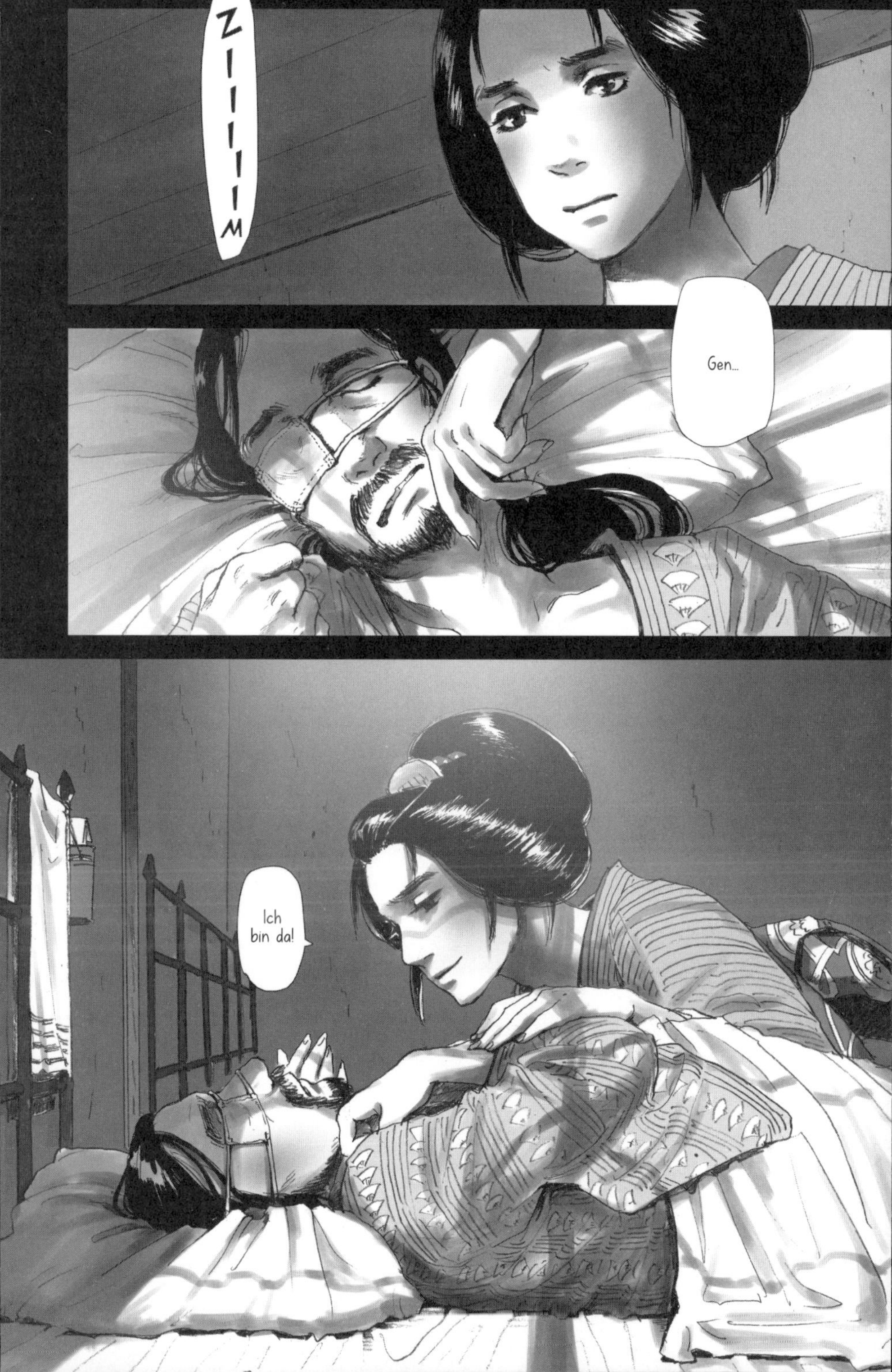
ZIIIIIIM
Gen...
Ich bin da!

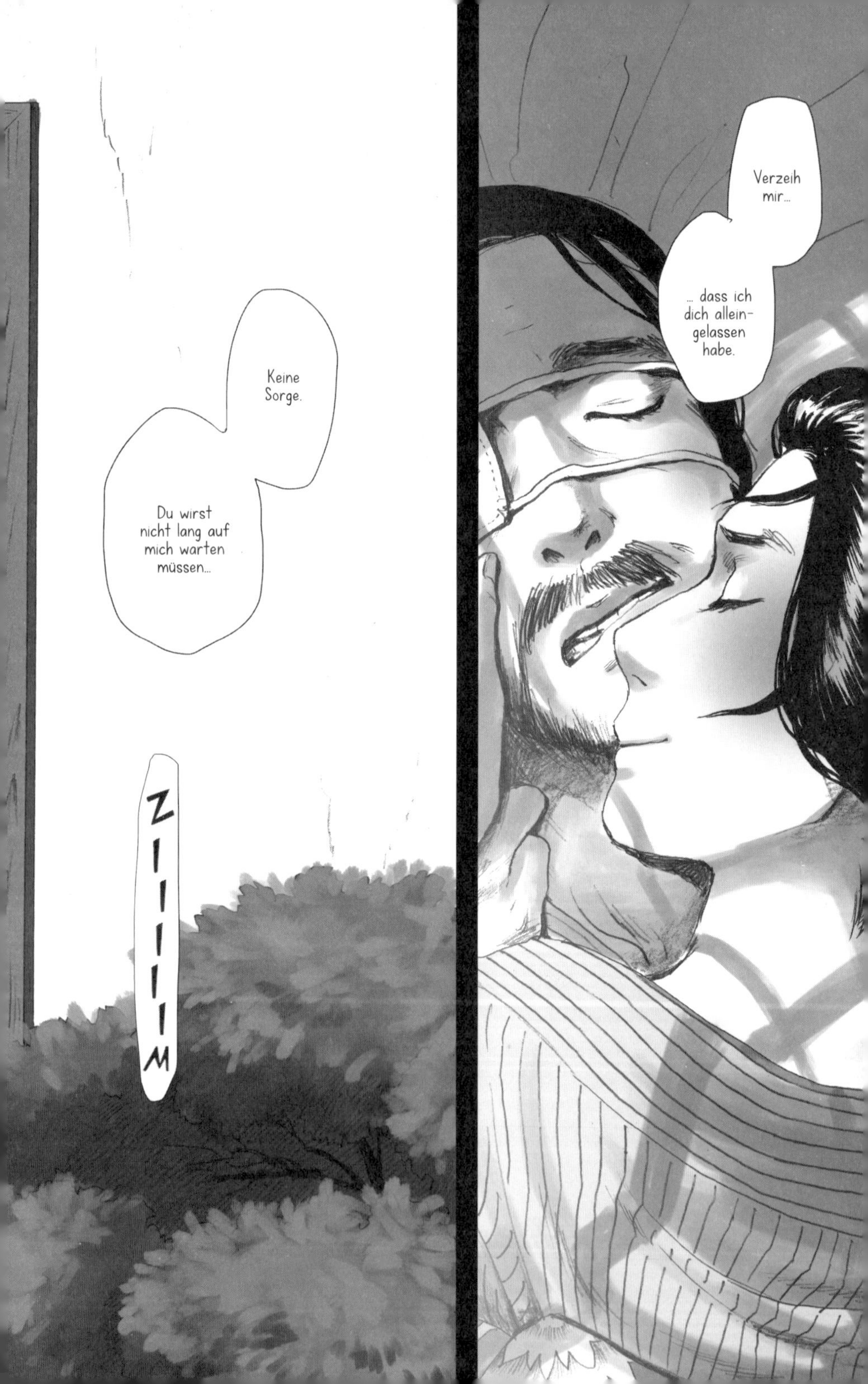
Verzeih mir…
… dass ich dich allein-gelassen habe.
Keine Sorge.
Du wirst nicht lang auf mich warten müssen…
ZIIIIIM

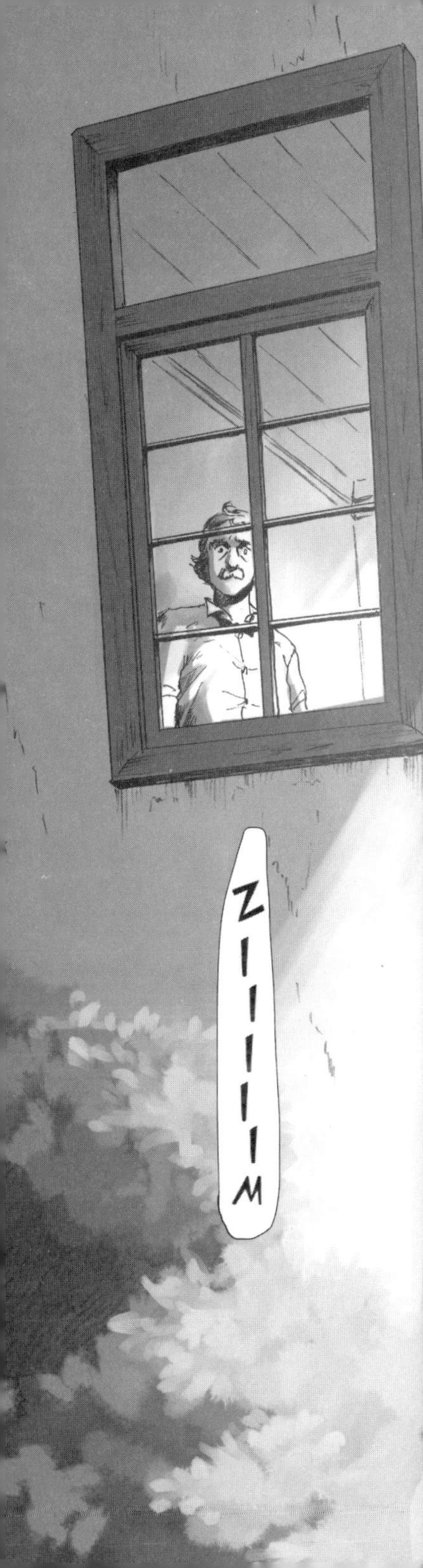
ZIIIIIM
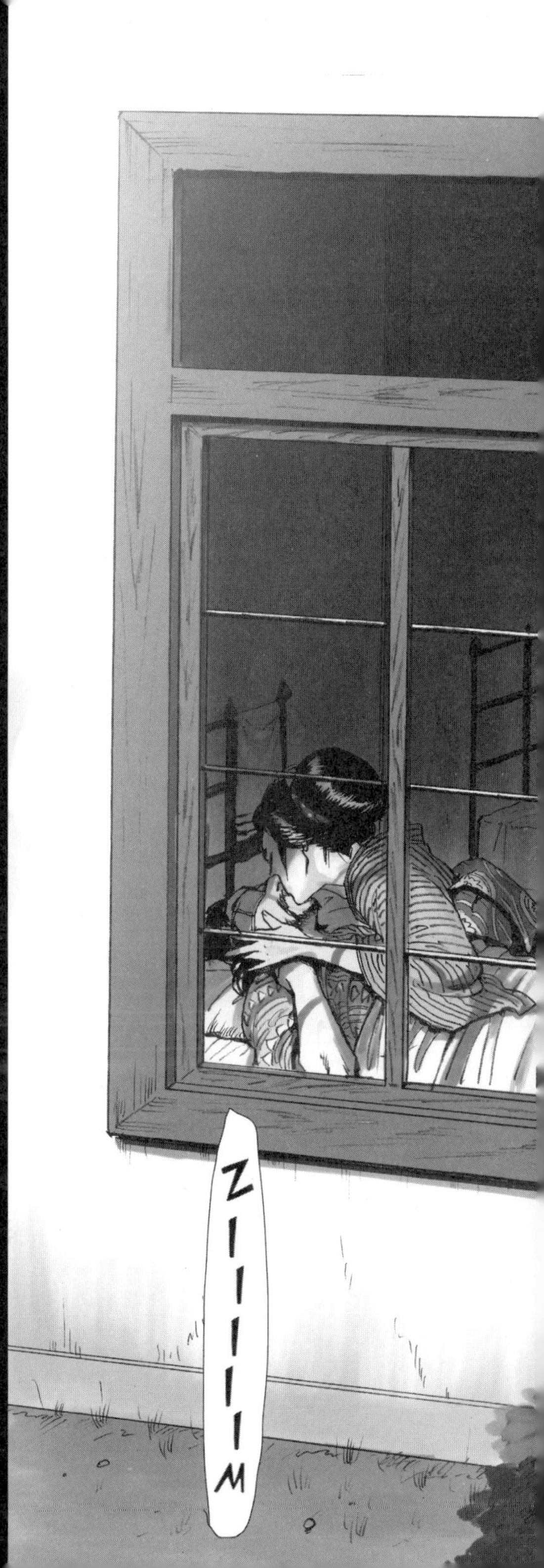
ZIIIIIM

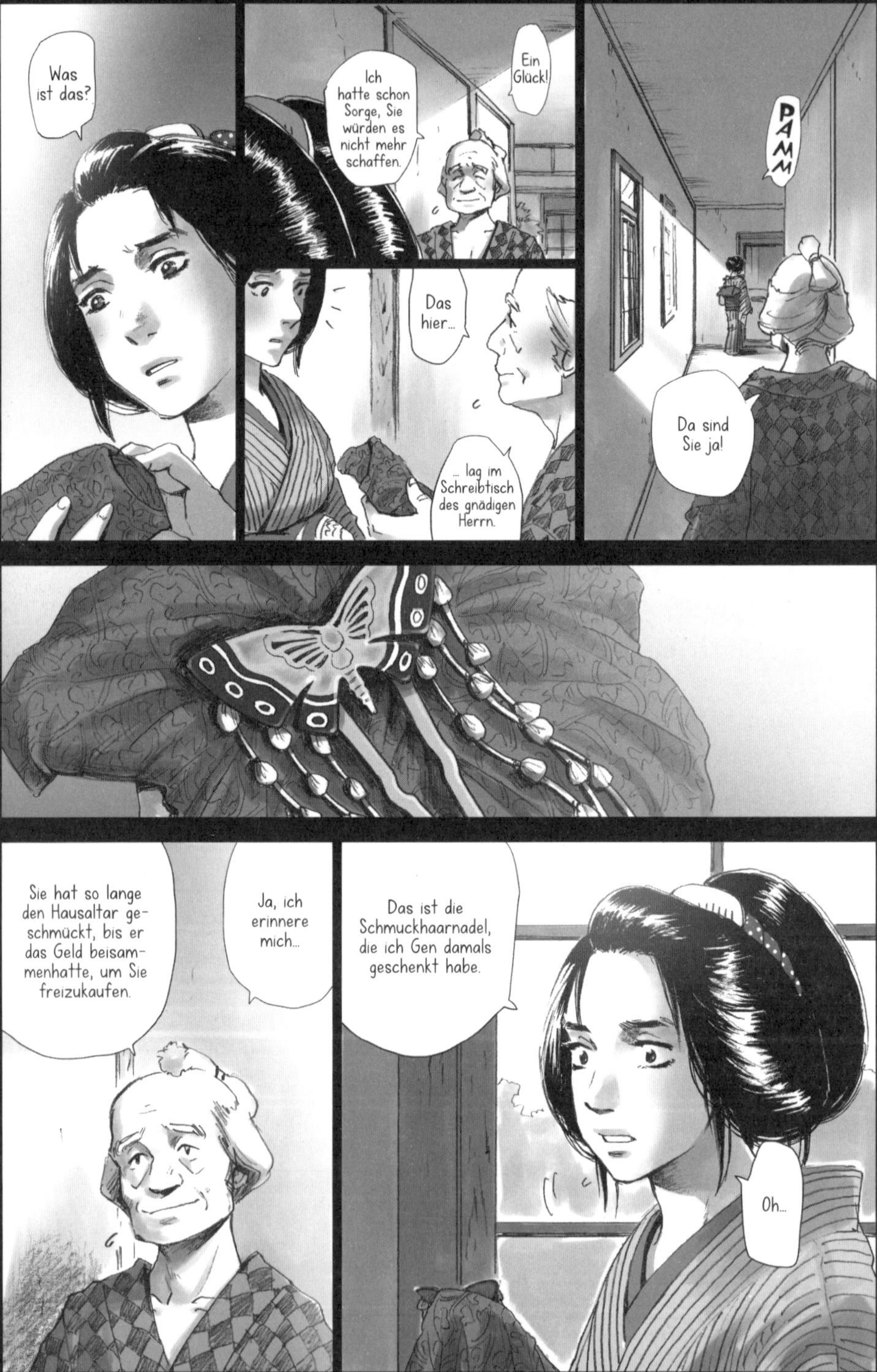
PAMM
Da sind Sie ja!
Ein Glück!
Ich hatte schon Sorge, Sie würden es nicht mehr schaffen.
Das hier...
... lag im Schreibtisch des gnädigen Herrn.
Was ist das?
Das ist die Schmuckhaarnadel, die ich Gen damals geschenkt habe.
Oh...
Ja, ich erinnere mich...
Sie hat so lange den Hausaltar geschmückt, bis er das Geld beisammenhatte, um Sie freizukaufen.

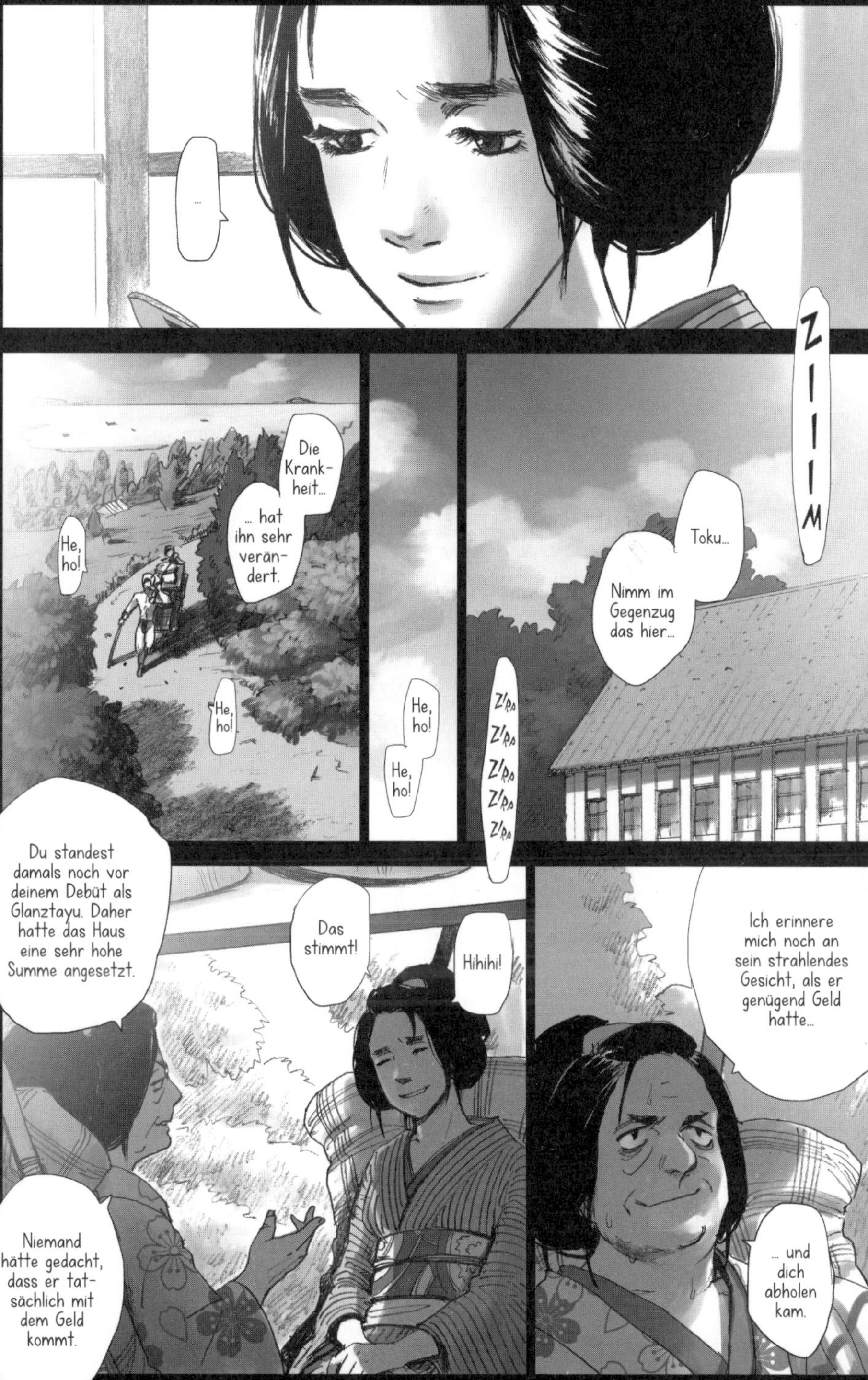
…
ZIIIM
Toku…
Nimm im Gegenzug das hier…
ZIRP ZIRP ZIRP ZIRP ZIRP
He, ho!
He, ho!
Die Krankheit…
… hat ihn sehr verändert.
He, ho!
He, ho!
Ich erinnere mich noch an sein strahlendes Gesicht, als er genügend Geld hatte…
… und dich abholen kam.
Du standest damals noch vor deinem Debüt als Glanztayu. Daher hatte das Haus eine sehr hohe Summe angesetzt.
Das stimmt!
Hihihi!
Niemand hätte gedacht, dass er tatsächlich mit dem Geld kommt.

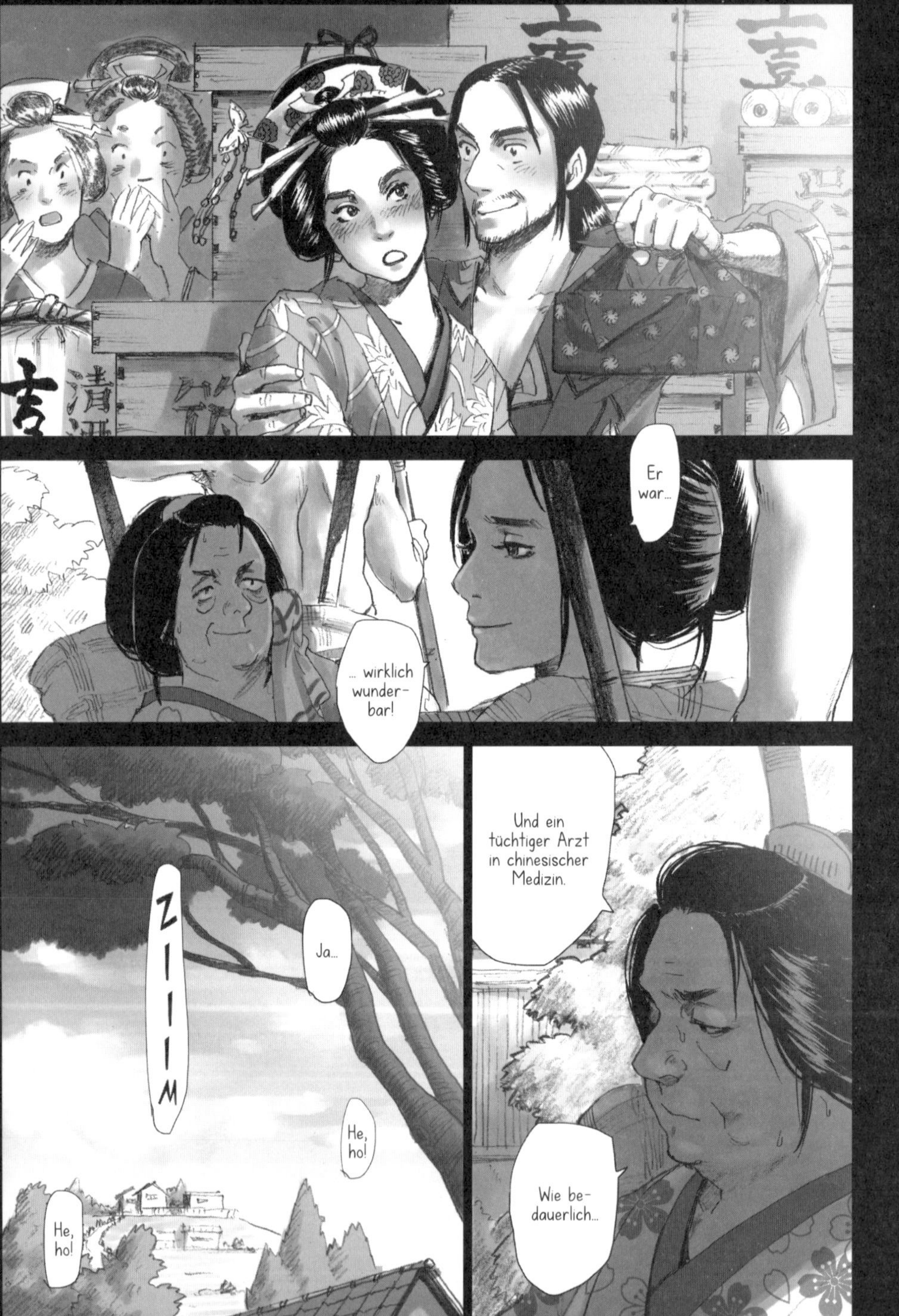
Er war...
... wirklich wunder-bar!
Und ein tüchtiger Arzt in chinesischer Medizin.
Wie be-dauerlich...
Ja...
ZIIIIM
He, ho!
He, ho!

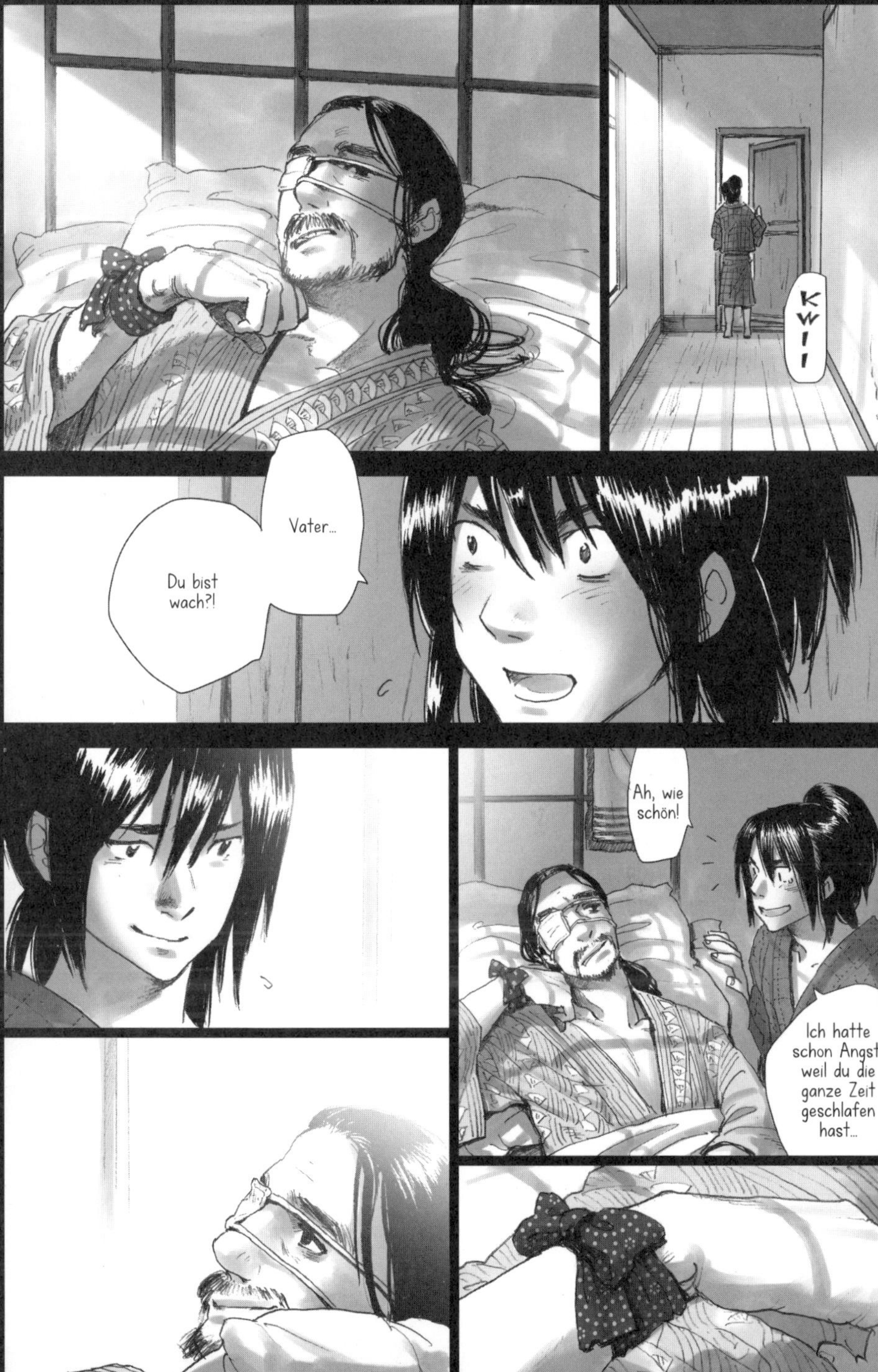
KWII
Vater...
Du bist wach?!
Ah, wie schön!
Ich hatte schon Angst, weil du die ganze Zeit geschlafen hast...

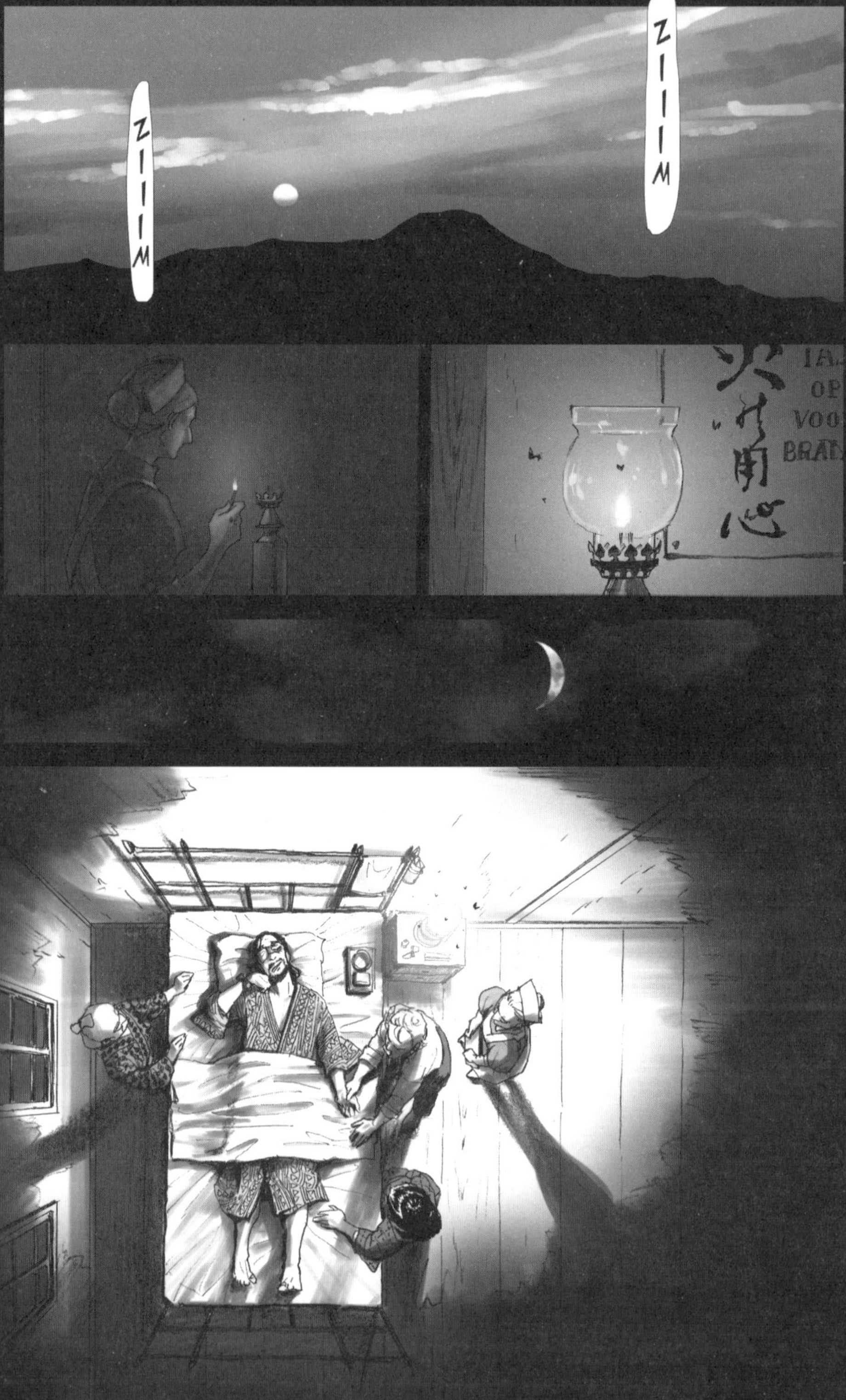
ZIIIIM
ZIIIIM

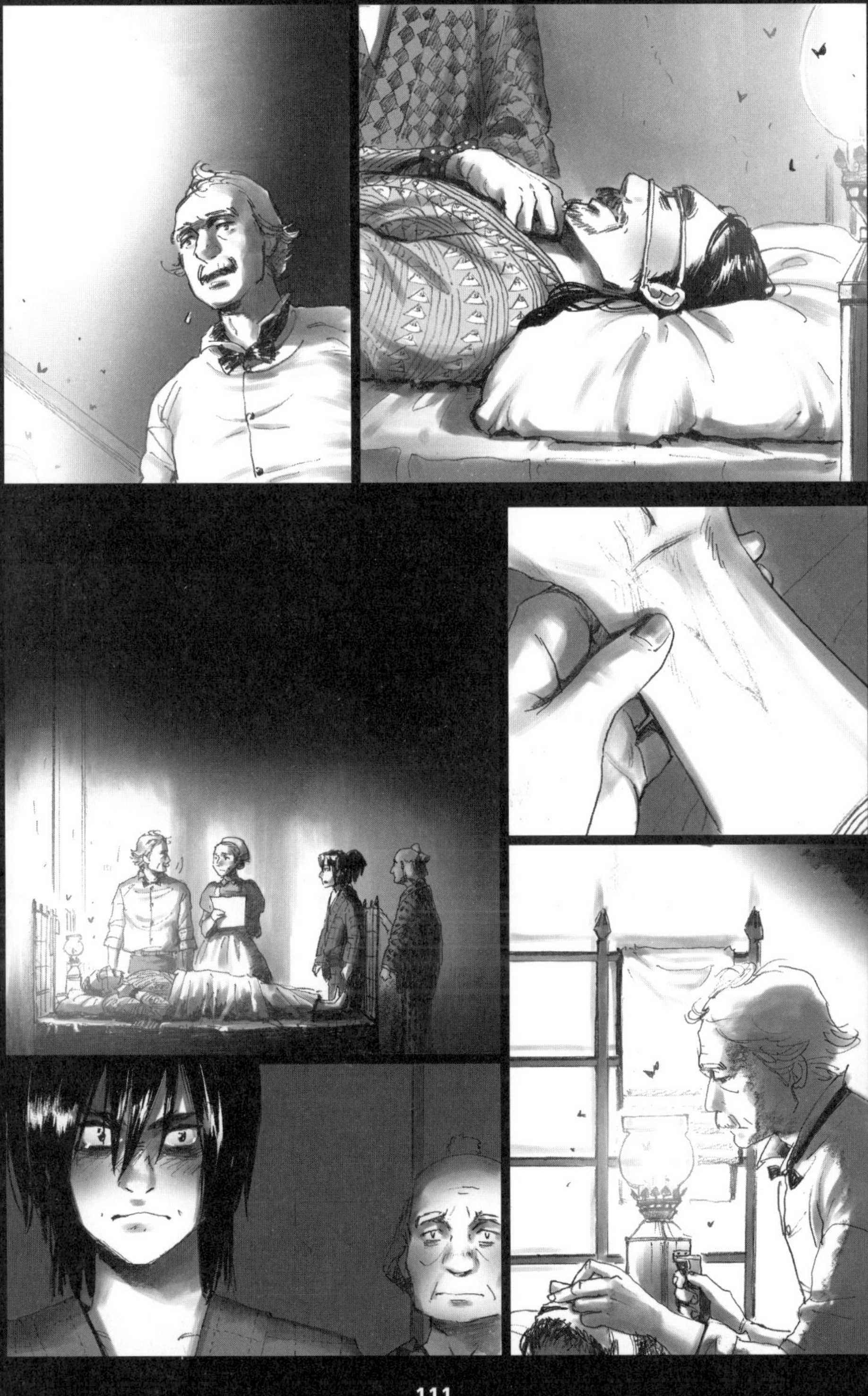

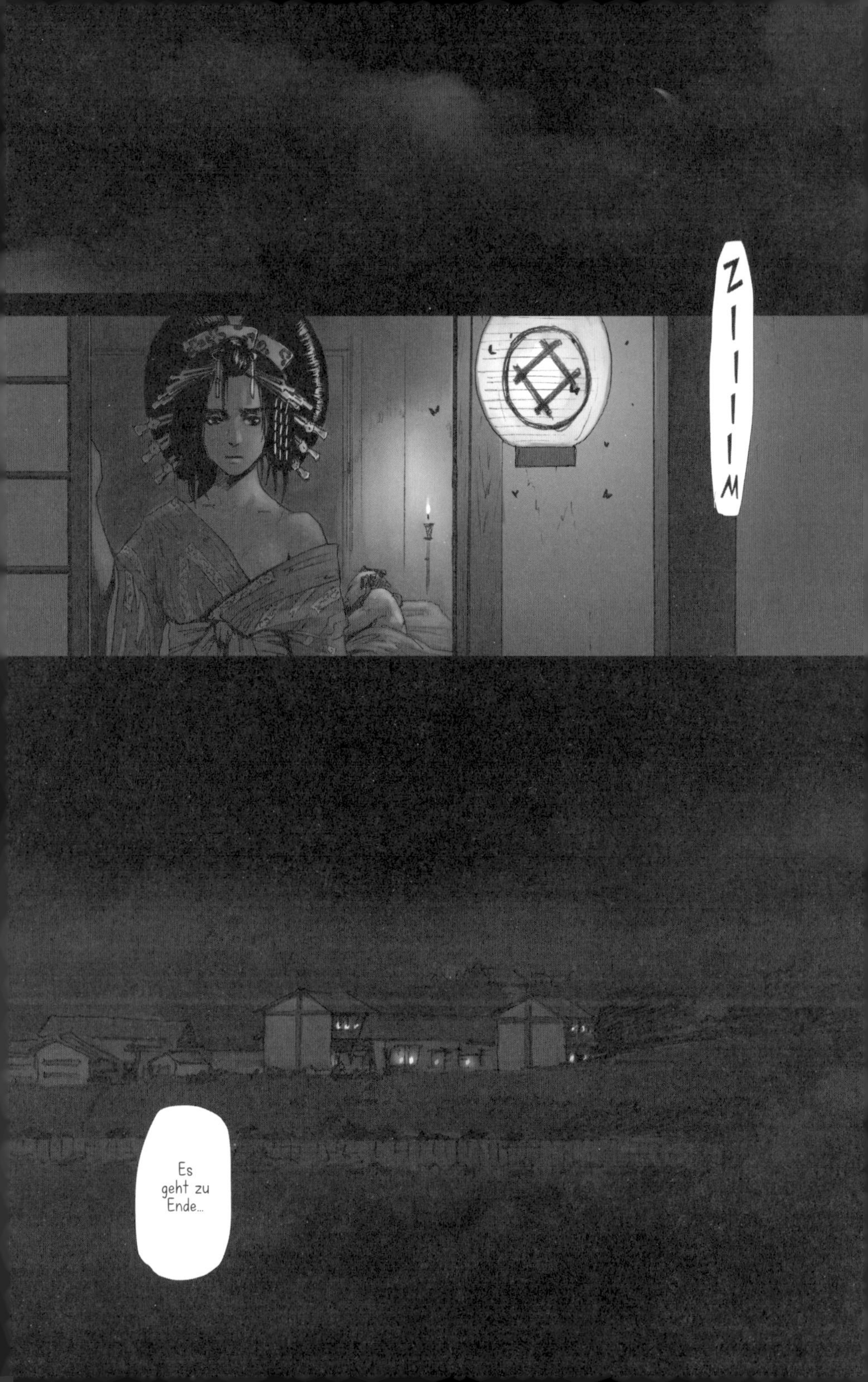
ZIIIIM
Es geht zu Ende...

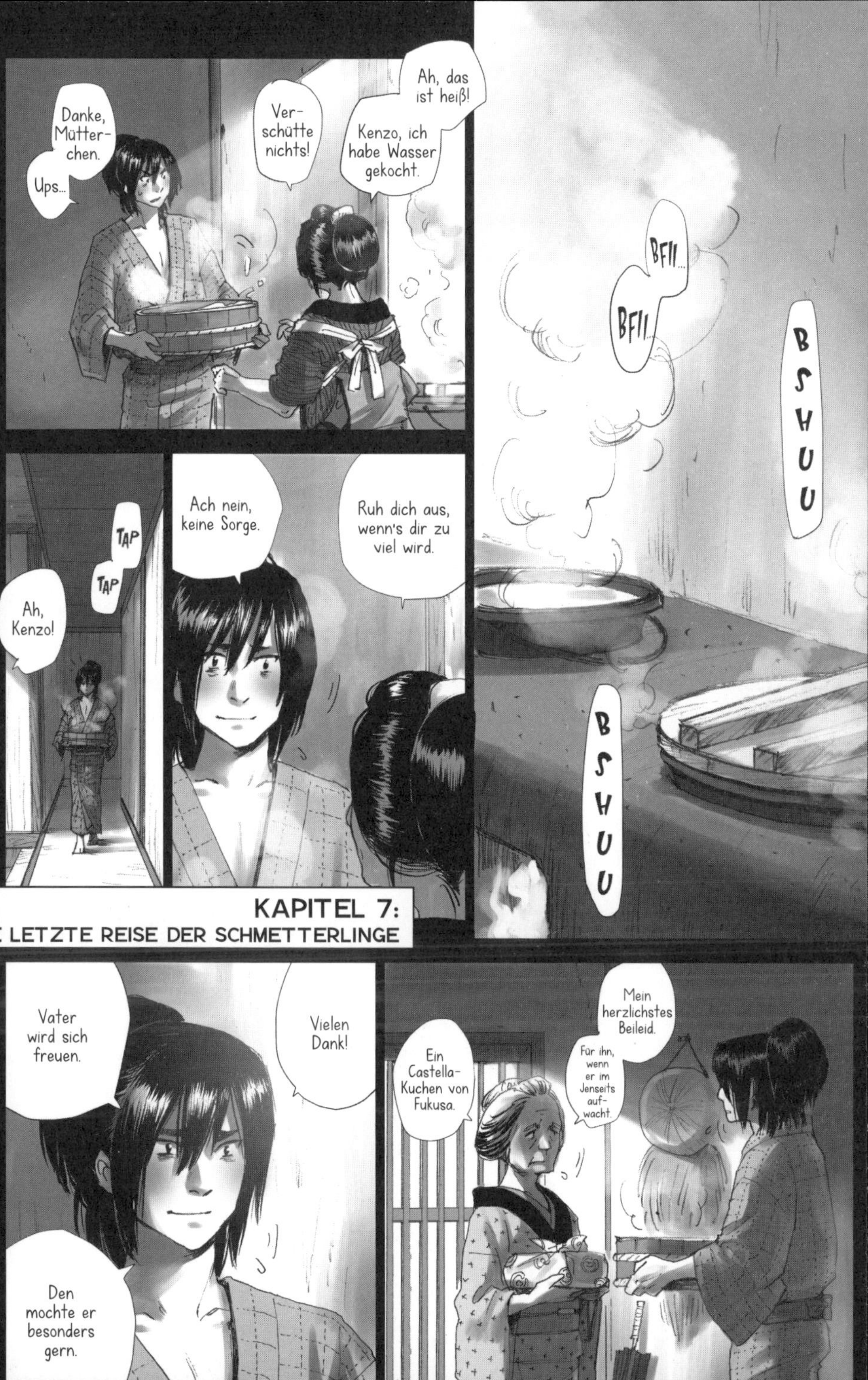

KAPITEL 7:
DIE LETZTE REISE DER SCHMETTERLINGE

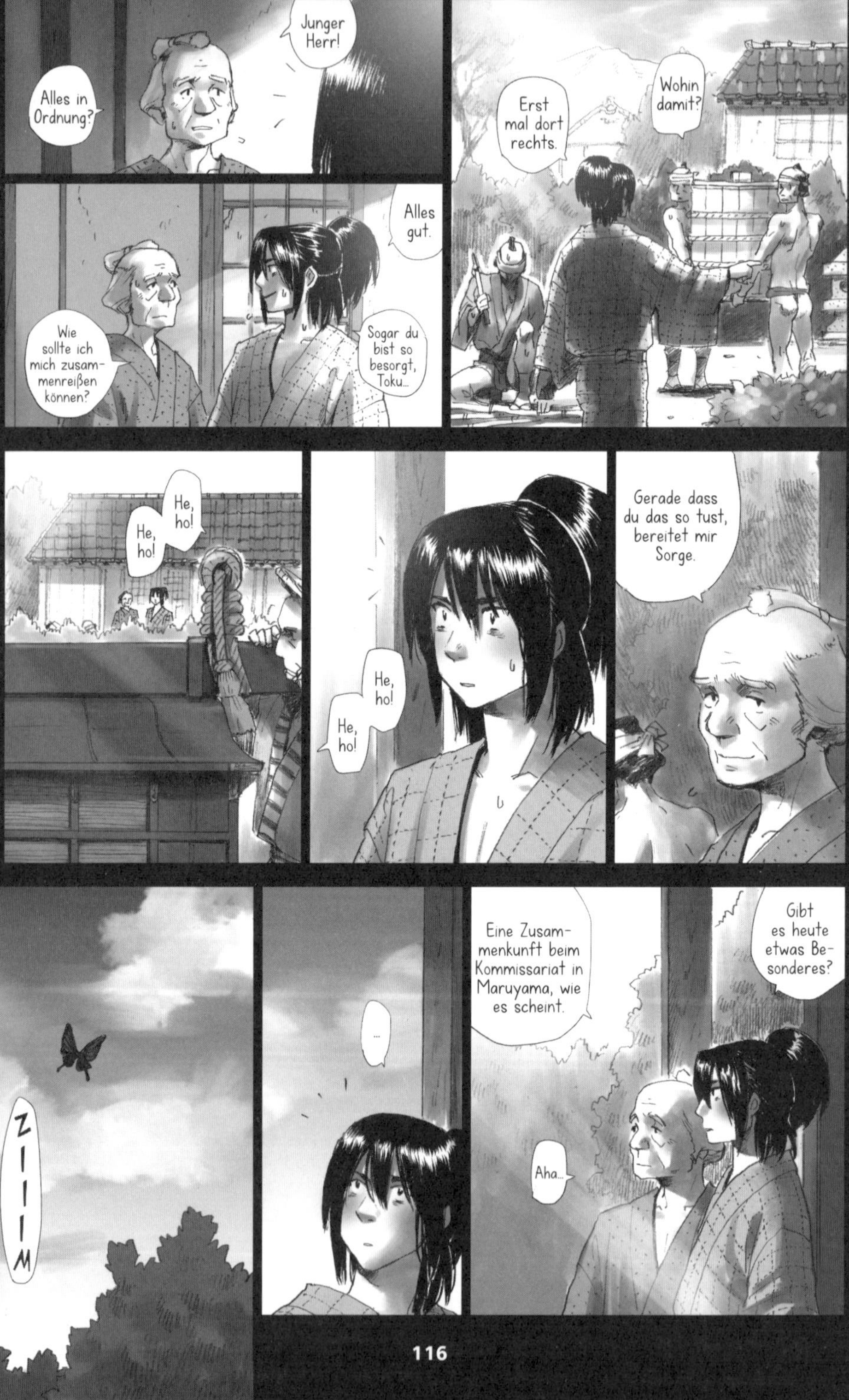

Wohin damit?
Erst mal dort rechts.
Junger Herr!
Alles in Ordnung?
Alles gut.
Sogar du bist so besorgt, Toku...
Wie sollte ich mich zusammenreißen können?
Gerade dass du das so tust, bereitet mir Sorge.
He, ho!
He, ho!
He, ho!
He, ho!
Gibt es heute etwas Besonderes?
Eine Zusammenkunft beim Kommissariat in Maruyama, wie es scheint.
Aha...
...
ZIIIIM

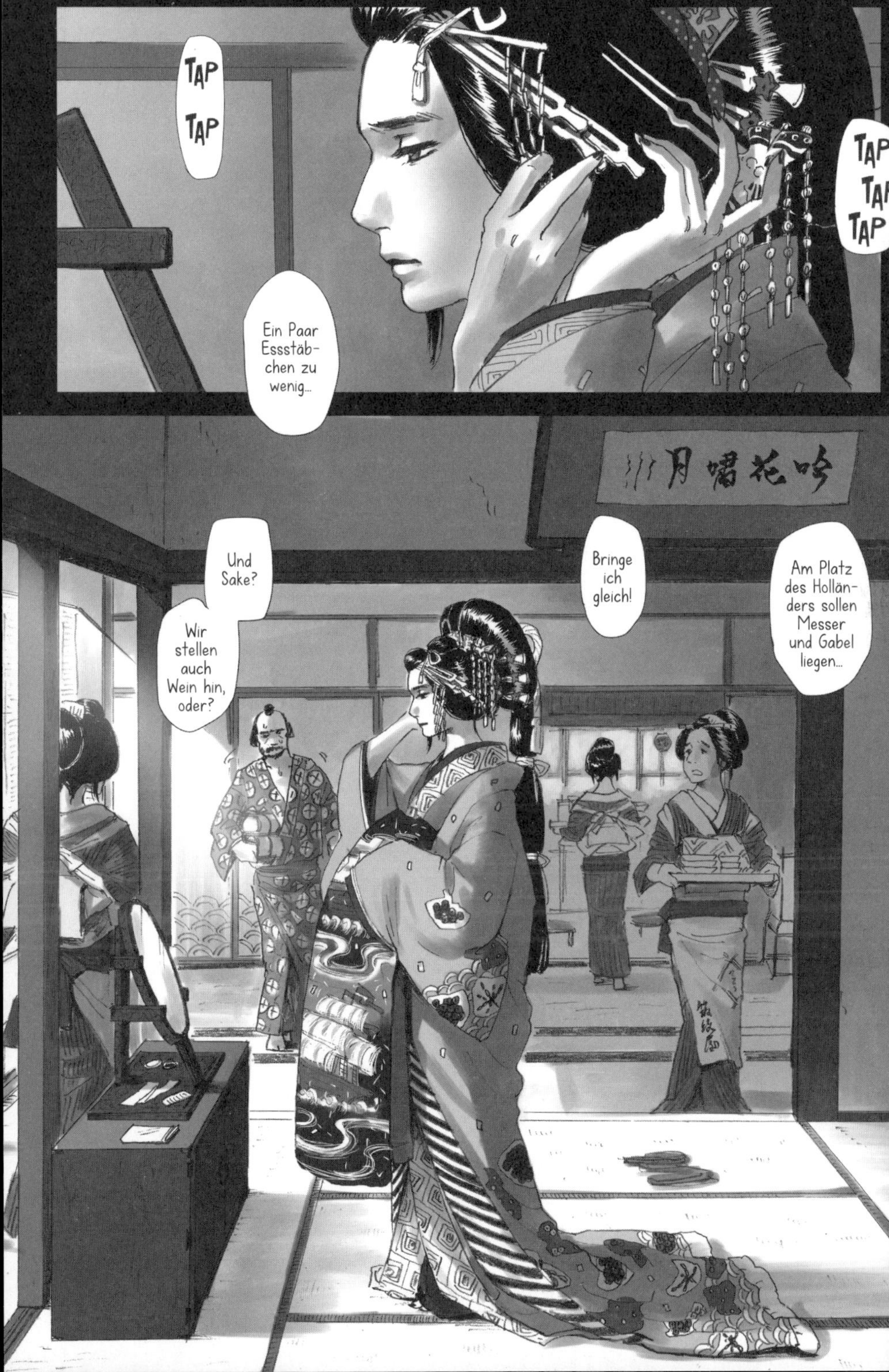
TAP TAP TAP
TAP TAP
Ein Paar Essstäbchen zu wenig...
吟花嘯月
Am Platz des Holländers sollen Messer und Gabel liegen...
Bringe ich gleich!
Und Sake?
Wir stellen auch Wein hin, oder?

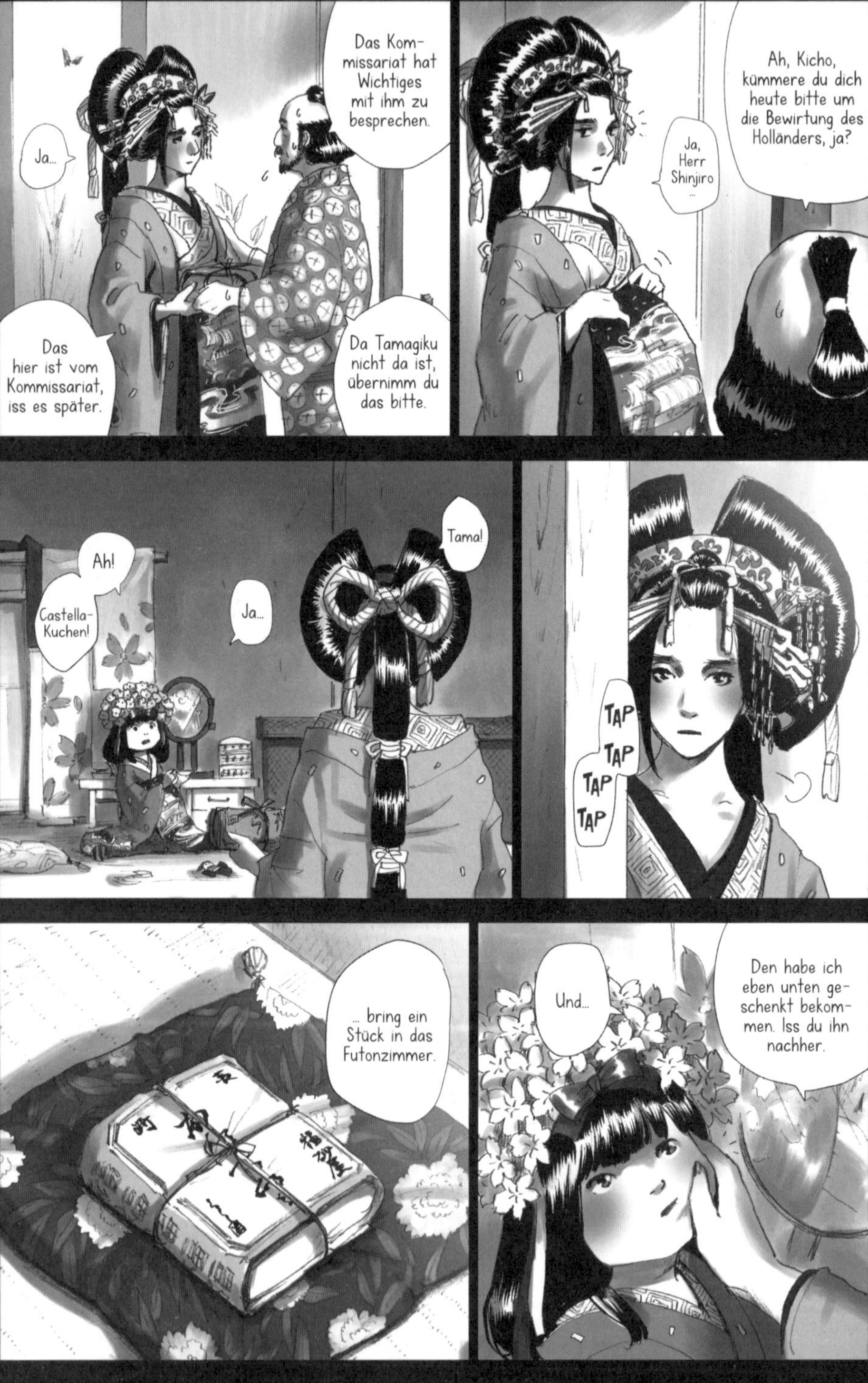
Ah, Kicho, kümmere du dich heute bitte um die Bewirtung des Holländers, ja?
Ja, Herr Shinjiro ...
Das Kommissariat hat Wichtiges mit ihm zu besprechen.
Ja...
Da Tamagiku nicht da ist, übernimm du das bitte.
Das hier ist vom Kommissariat, iss es später.
TAP
TAP
TAP
TAP
Tama!
Ja...
Ah!
Castella-Kuchen!
Den habe ich eben unten geschenkt bekommen. Iss du ihn nachher.
Und...
... bring ein Stück in das Futonzimmer.

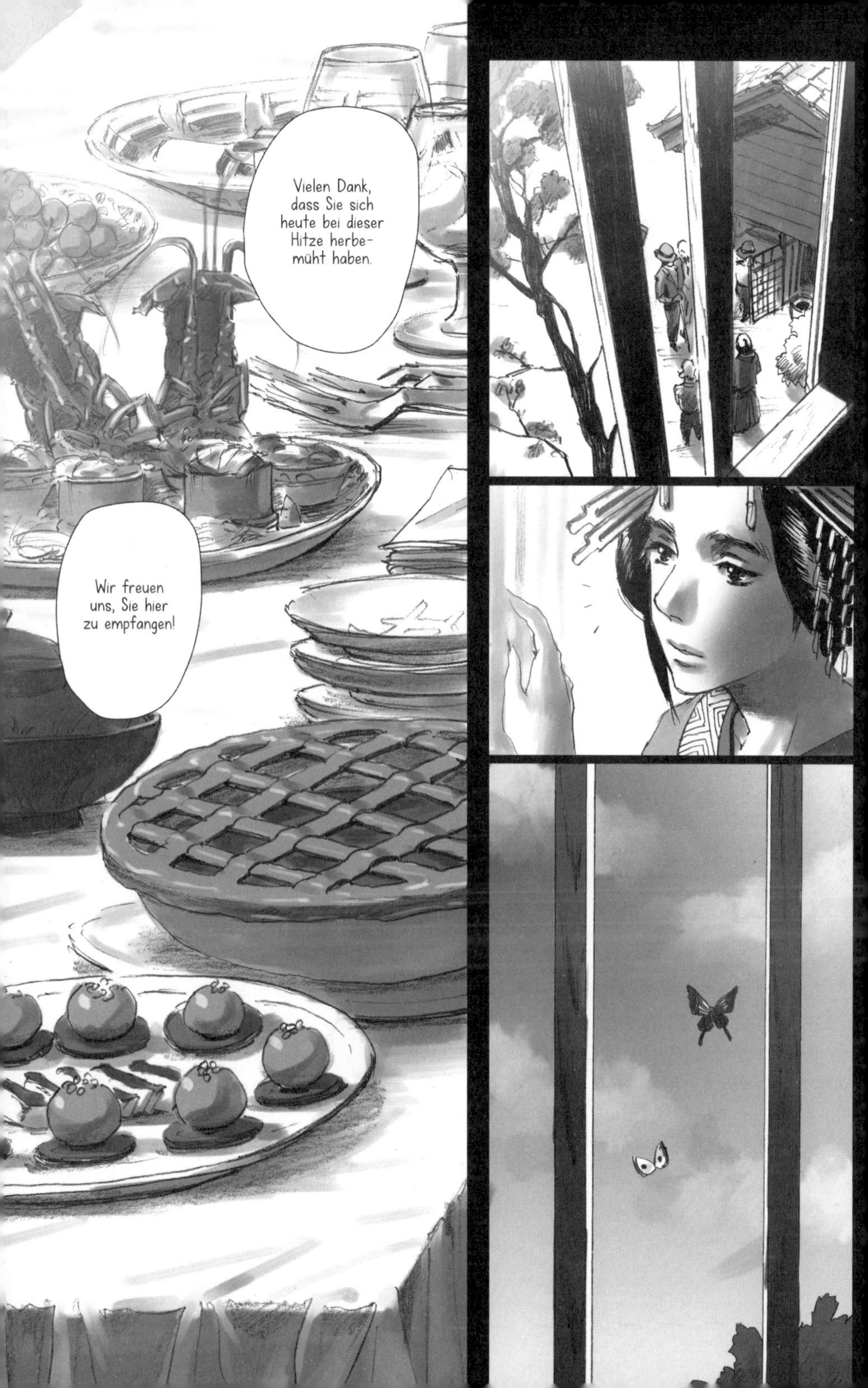
Vielen Dank, dass Sie sich heute bei dieser Hitze herbemüht haben.
Wir freuen uns, Sie hier zu empfangen!

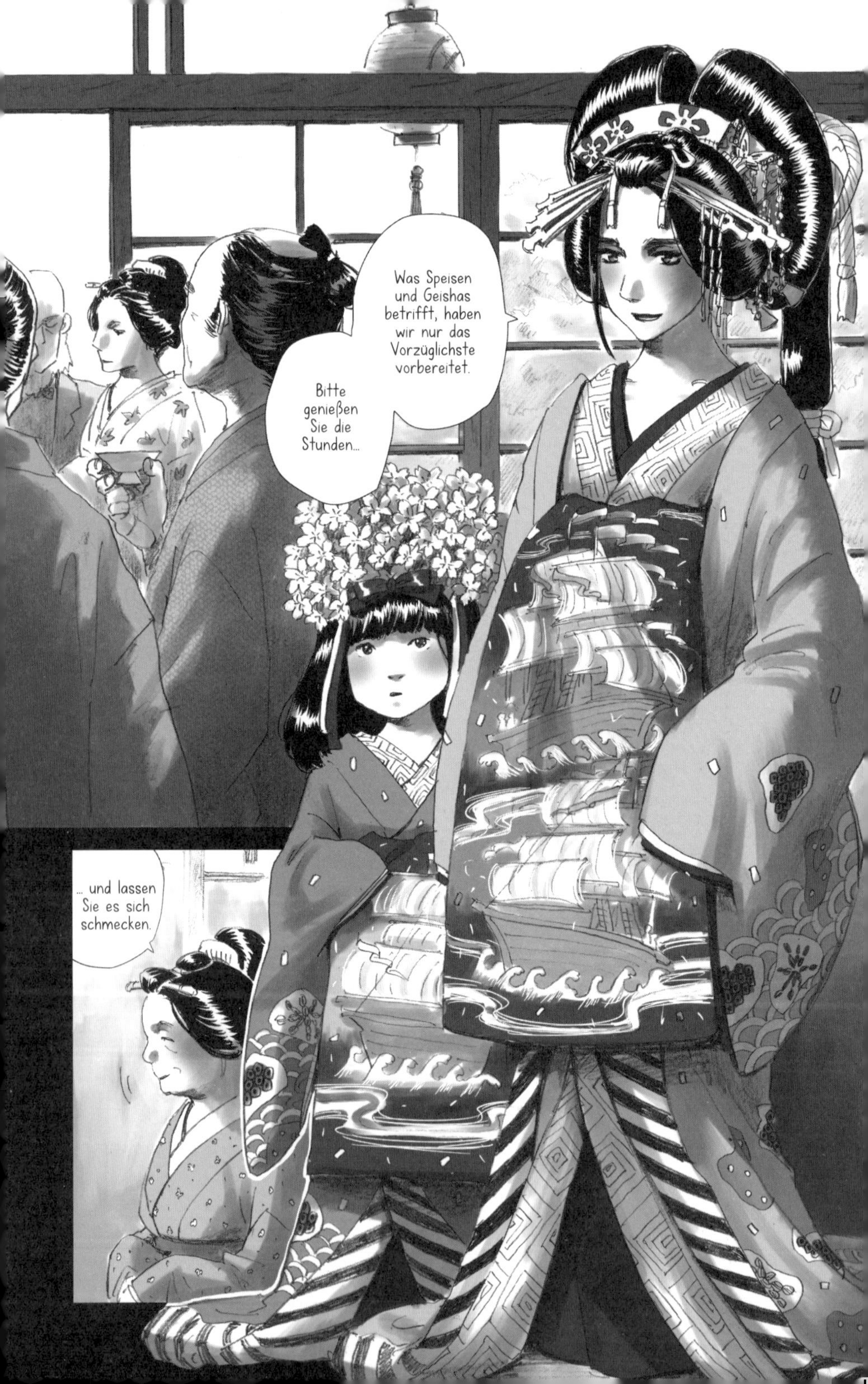
Was Speisen und Geishas betrifft, haben wir nur das Vorzüglichste vorbereitet.
Bitte genießen Sie die Stunden...
... und lassen Sie es sich schmecken.

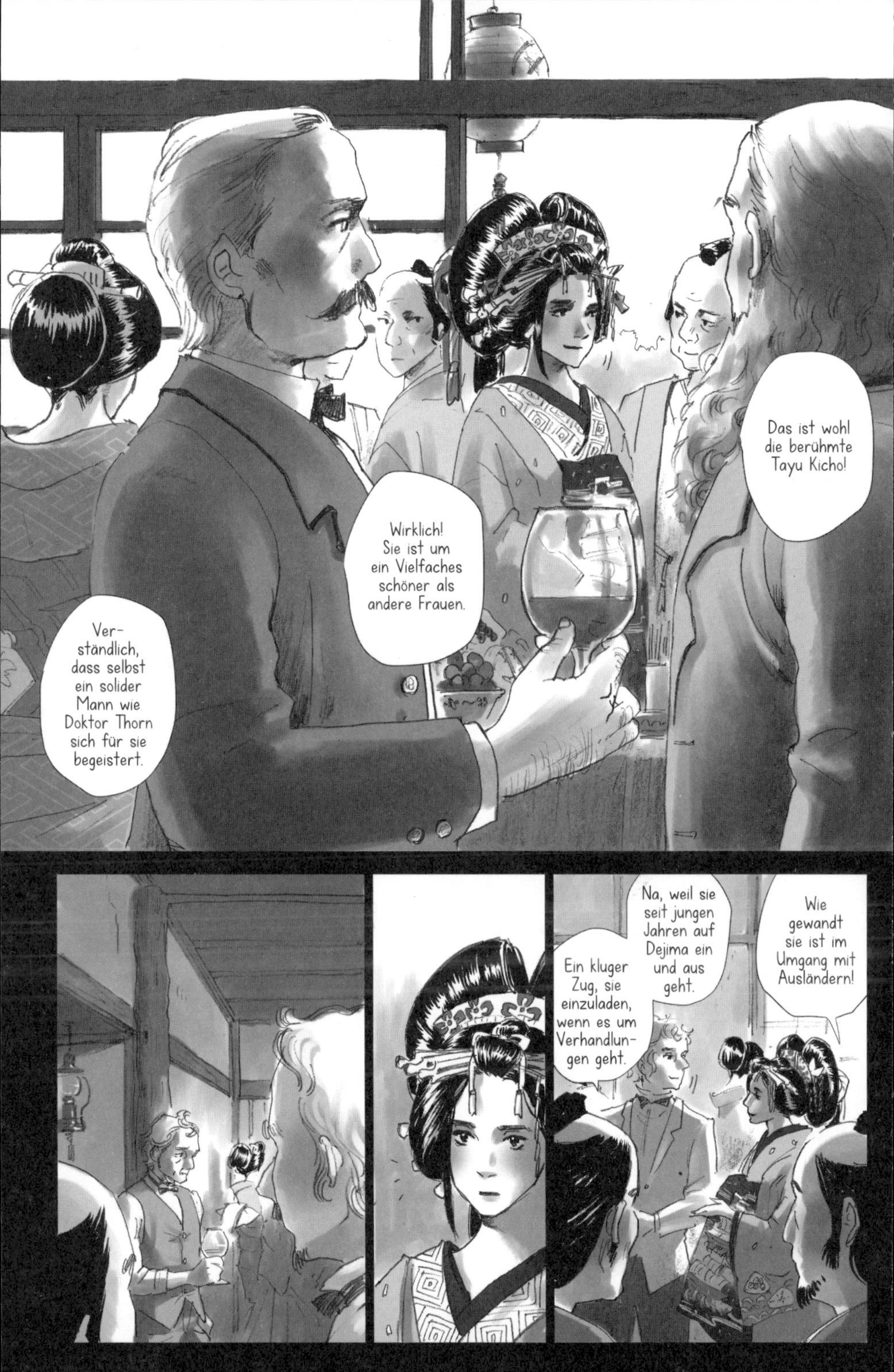
Das ist wohl die berühmte Tayu Kicho!
Wirklich! Sie ist um ein Vielfaches schöner als andere Frauen.
Ver-ständlich, dass selbst ein solider Mann wie Doktor Thorn sich für sie begeistert.
Wie gewandt sie ist im Umgang mit Ausländern!
Na, weil sie seit jungen Jahren auf Dejima ein und aus geht.
Ein kluger Zug, sie einzuladen, wenn es um Verhandlun-gen geht.

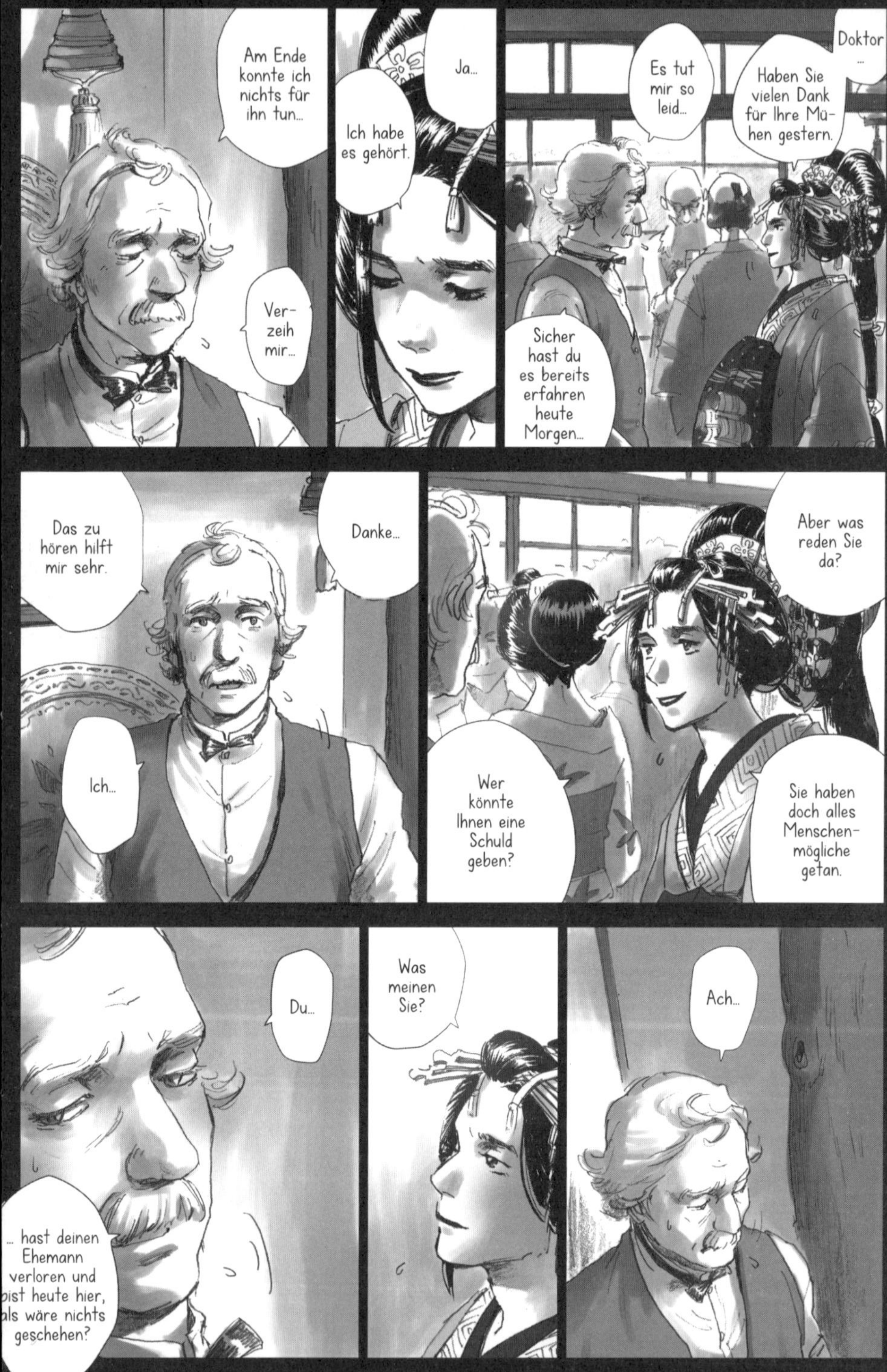
Doktor ...
Haben Sie vielen Dank für Ihre Mühen gestern.
Es tut mir so leid...
Sicher hast du es bereits erfahren heute Morgen...
Ja...
Ich habe es gehört.
Am Ende konnte ich nichts für ihn tun...
Verzeih mir...
Aber was reden Sie da?
Sie haben doch alles Menschenmögliche getan.
Wer könnte Ihnen eine Schuld geben?
Danke...
Das zu hören hilft mir sehr.
Ich...
Ach...
Was meinen Sie?
Du...
... hast deinen Ehemann verloren und bist heute hier, als wäre nichts geschehen?

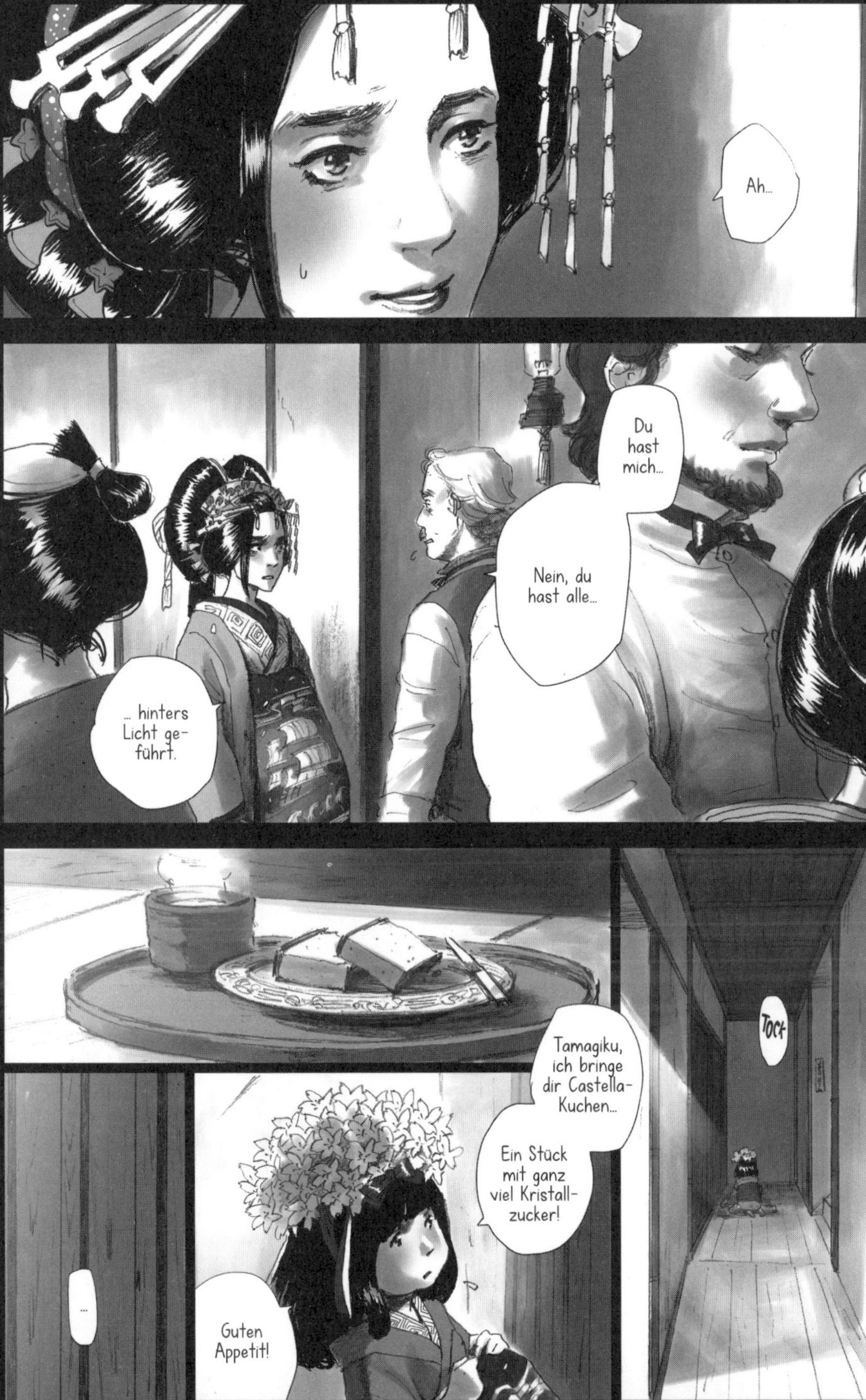
Ah...
Du hast mich...
Nein, du hast alle...
... hinters Licht geführt.
TOCK
Tamagiku, ich bringe dir Castella-Kuchen...
Ein Stück mit ganz viel Kristallzucker!
Guten Appetit!
...

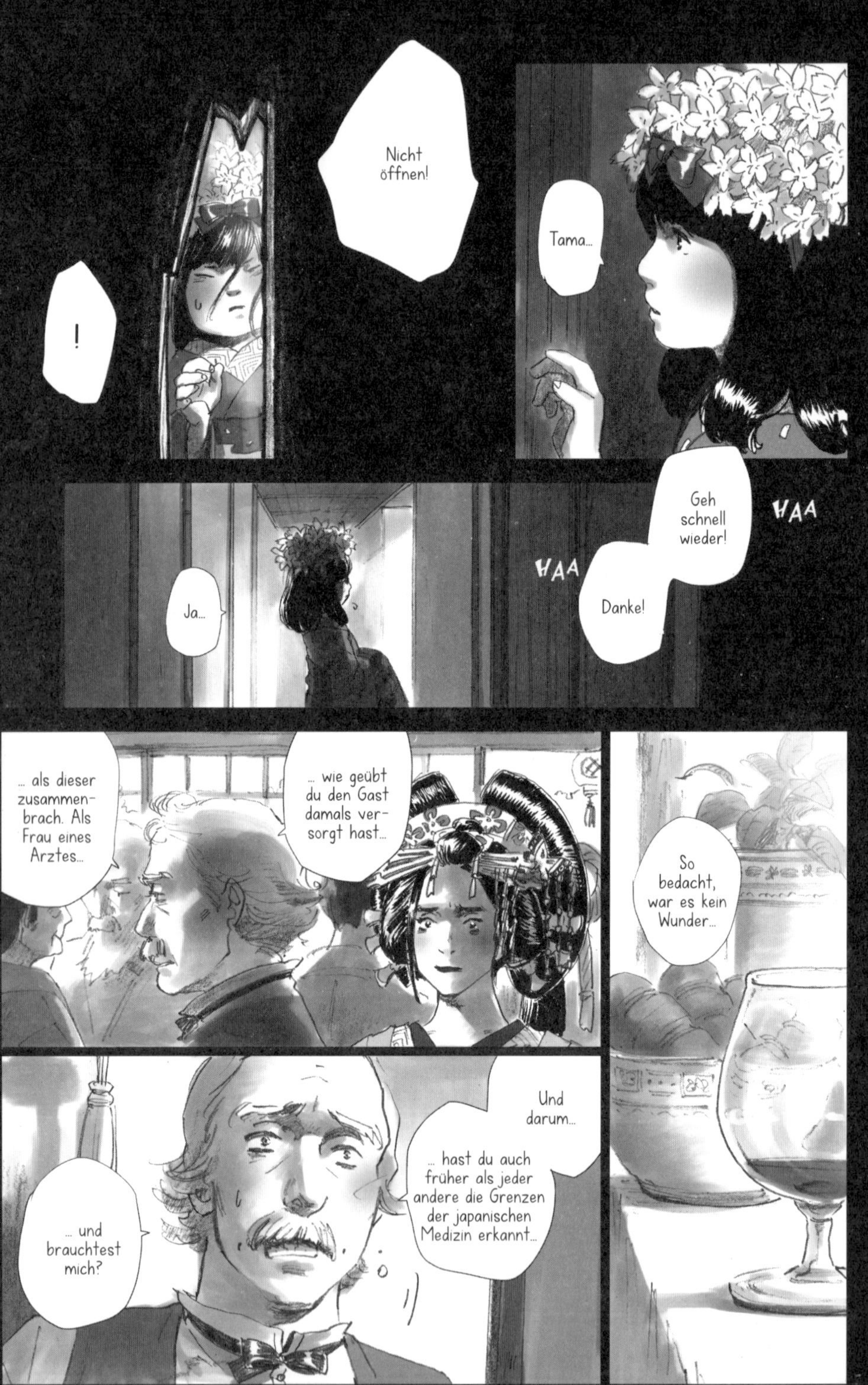
Tama...
Nicht öffnen!
!
Geh schnell wieder!
HAA
Danke!
HAA
Ja...
So bedacht, war es kein Wunder...
... wie geübt du den Gast damals versorgt hast...
... als dieser zusammenbrach. Als Frau eines Arztes...
Und darum...
... hast du auch früher als jeder andere die Grenzen der japanischen Medizin erkannt...
... und brauchtest mich?

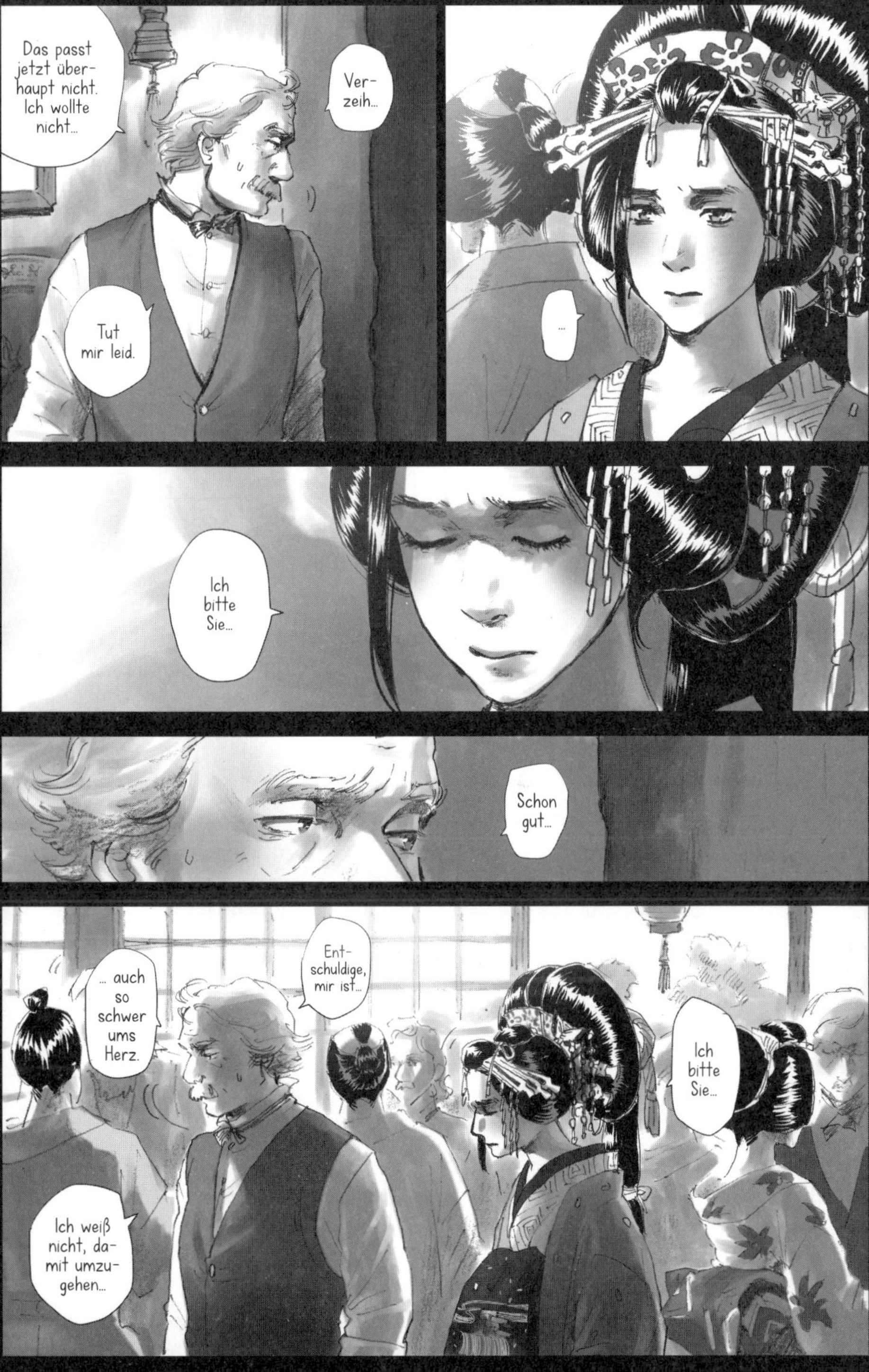
Das passt jetzt überhaupt nicht. Ich wollte nicht...
Verzeih...
Tut mir leid.
...
Ich bitte Sie...
Schon gut...
Entschuldige, mir ist...
... auch so schwer ums Herz.
Ich bitte Sie...
Ich weiß nicht, damit umzugehen...

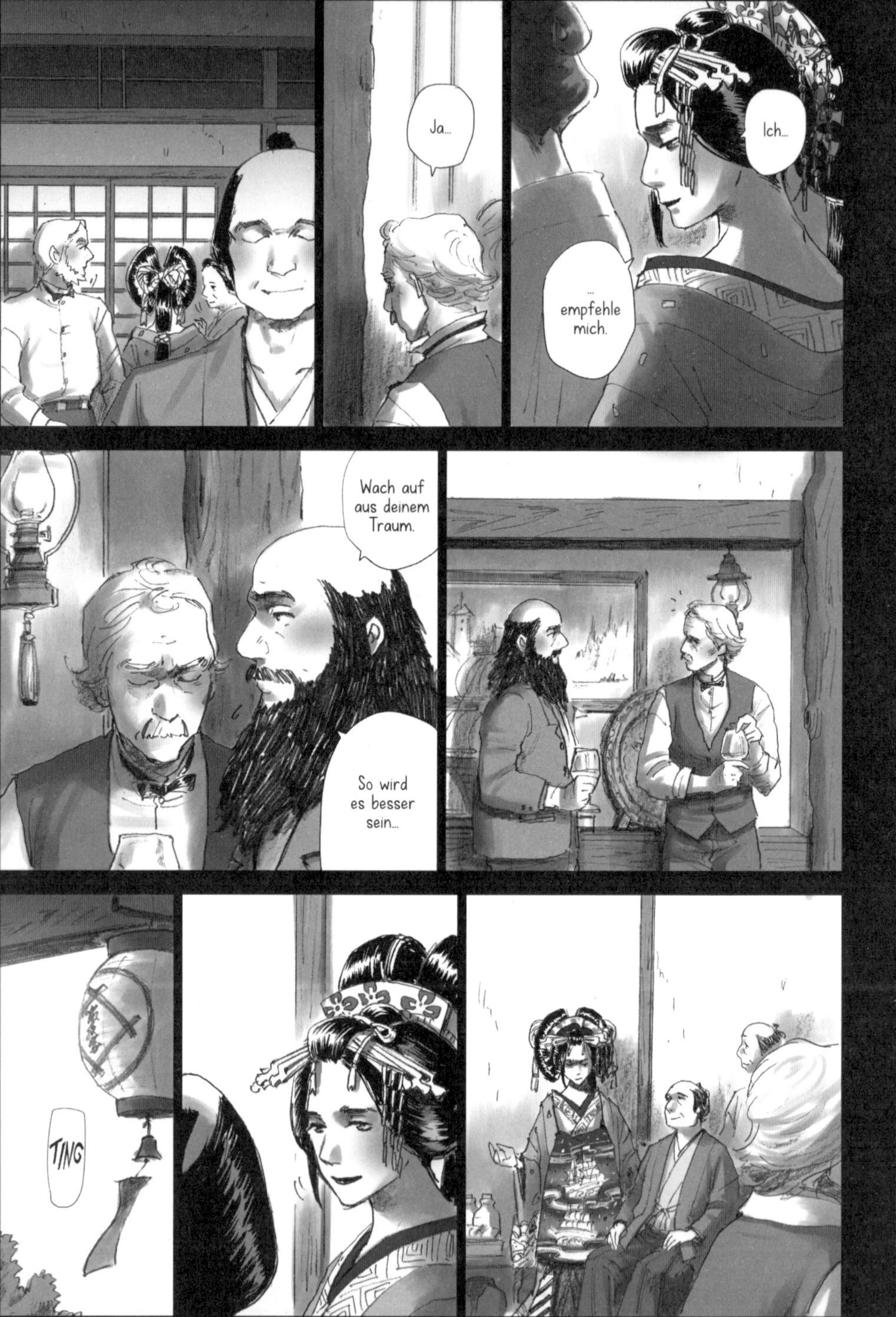

Ich...
... empfehle mich.
Ja...
Wach auf aus deinem Traum.
So wird es besser sein...
TING

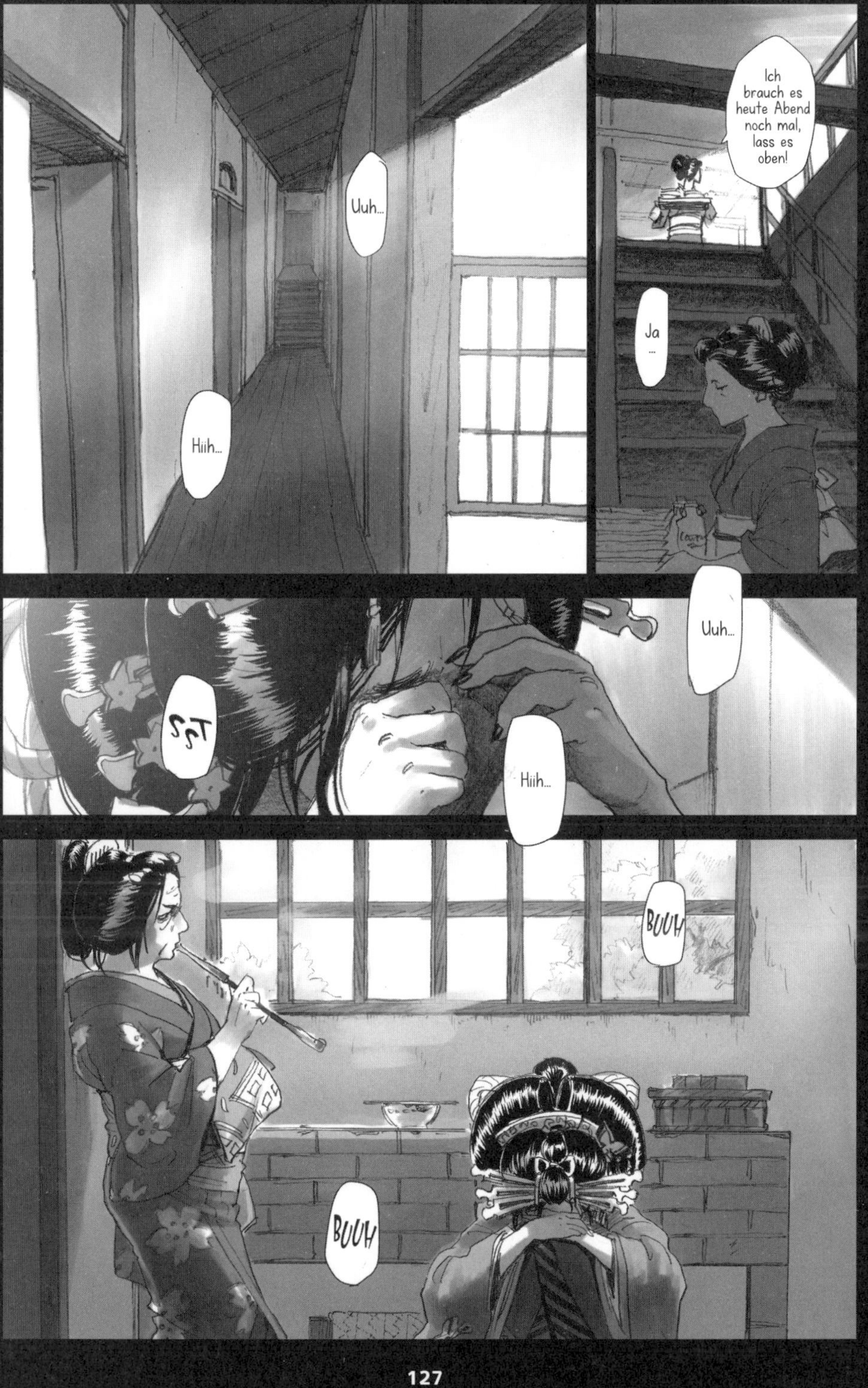
Ich brauch es heute Abend noch mal, lass es oben!
Ja ...
Uuh...
Hiih...
Uuh...
SST
Hiih...
BUUH
BUUH

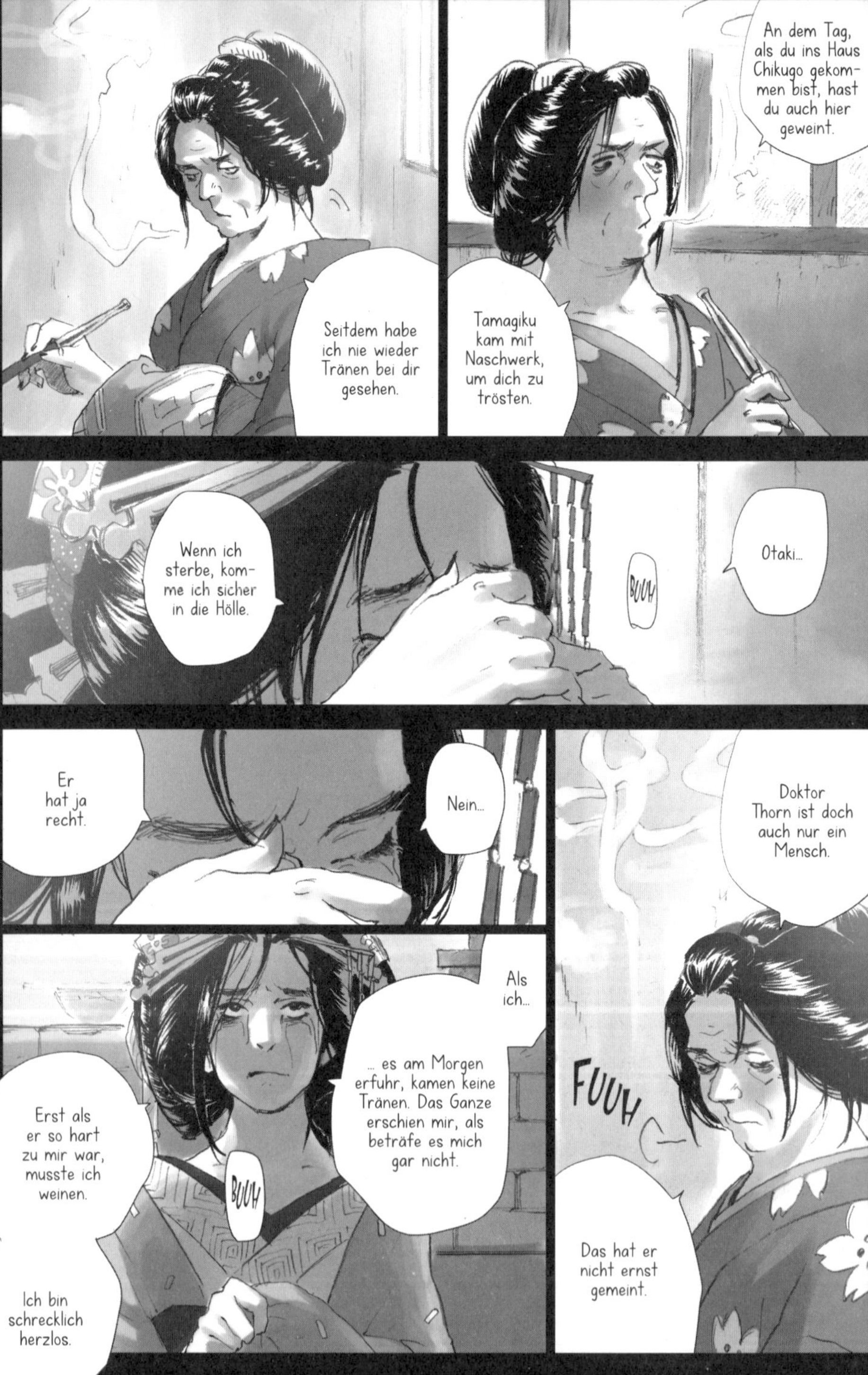

An dem Tag, als du ins Haus Chikugo gekommen bist, hast du auch hier geweint.
Tamagiku kam mit Naschwerk, um dich zu trösten.
Seitdem habe ich nie wieder Tränen bei dir gesehen.
Otaki...
BUUH
Wenn ich sterbe, komme ich sicher in die Hölle.
Doktor Thorn ist doch auch nur ein Mensch.
FUUH
Das hat er nicht ernst gemeint.
Nein...
Er hat ja recht.
Als ich...
... es am Morgen erfuhr, kamen keine Tränen. Das Ganze erschien mir, als beträfe es mich gar nicht.
BUUH
Erst als er so hart zu mir war, musste ich weinen.
Ich bin schrecklich herzlos.

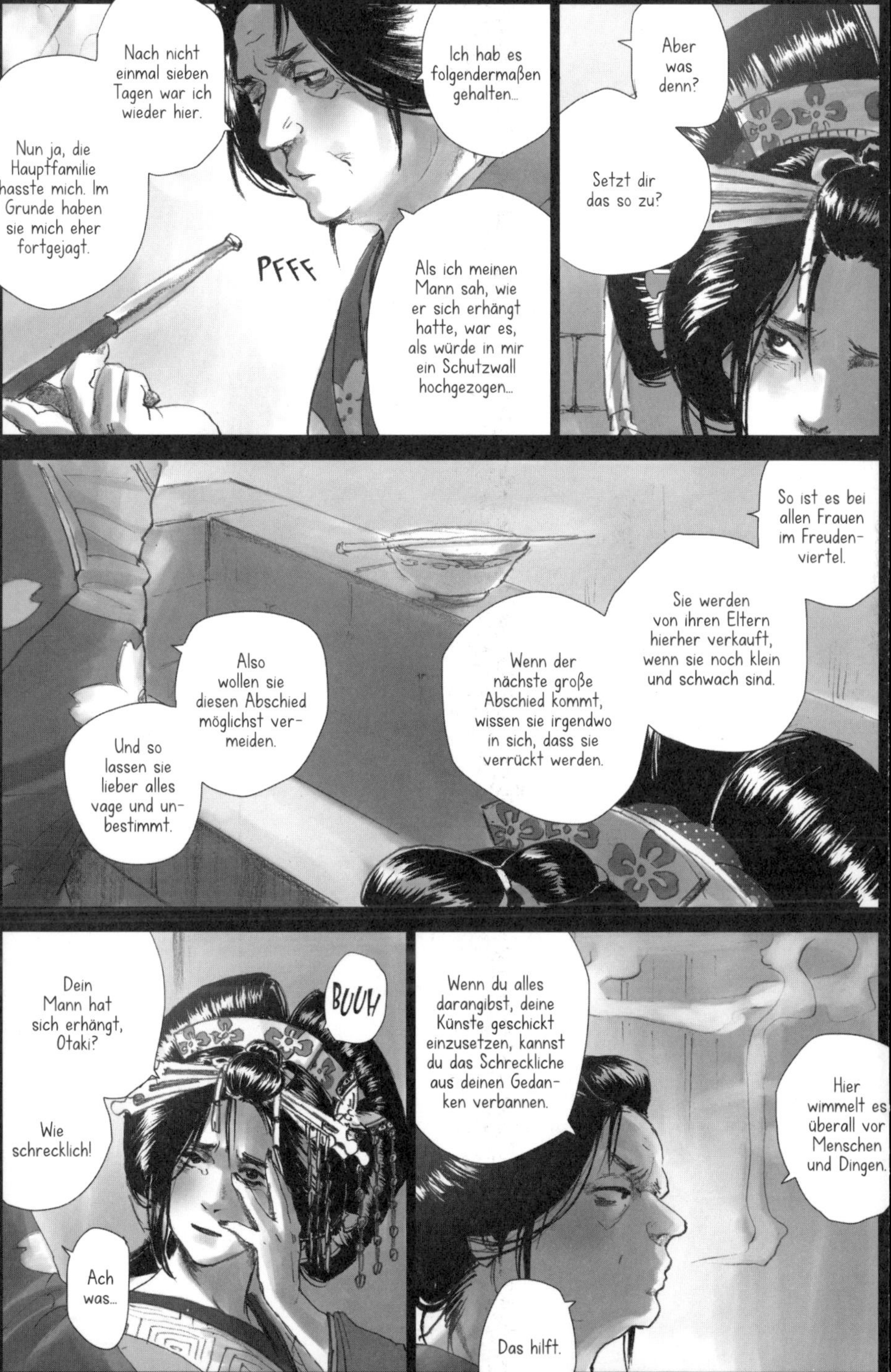
Nach nicht einmal sieben Tagen war ich wieder hier.
Nun ja, die Hauptfamilie hasste mich. Im Grunde haben sie mich eher fortgejagt.
PFFF
Ich hab es folgendermaßen gehalten...
Als ich meinen Mann sah, wie er sich erhängt hatte, war es, als würde in mir ein Schutzwall hochgezogen...
Aber was denn?
Setzt dir das so zu?
So ist es bei allen Frauen im Freuden-viertel.
Sie werden von ihren Eltern hierher verkauft, wenn sie noch klein und schwach sind.
Wenn der nächste große Abschied kommt, wissen sie irgendwo in sich, dass sie verrückt werden.
Also wollen sie diesen Abschied möglichst ver-meiden.
Und so lassen sie lieber alles vage und un-bestimmt.
Dein Mann hat sich erhängt, Otaki?
BUUH
Wie schrecklich!
Ach was...
Wenn du alles darangibst, deine Künste geschickt einzusetzen, kannst du das Schreckliche aus deinen Gedan-ken verbannen.
Hier wimmelt es überall vor Menschen und Dingen.
Das hilft.

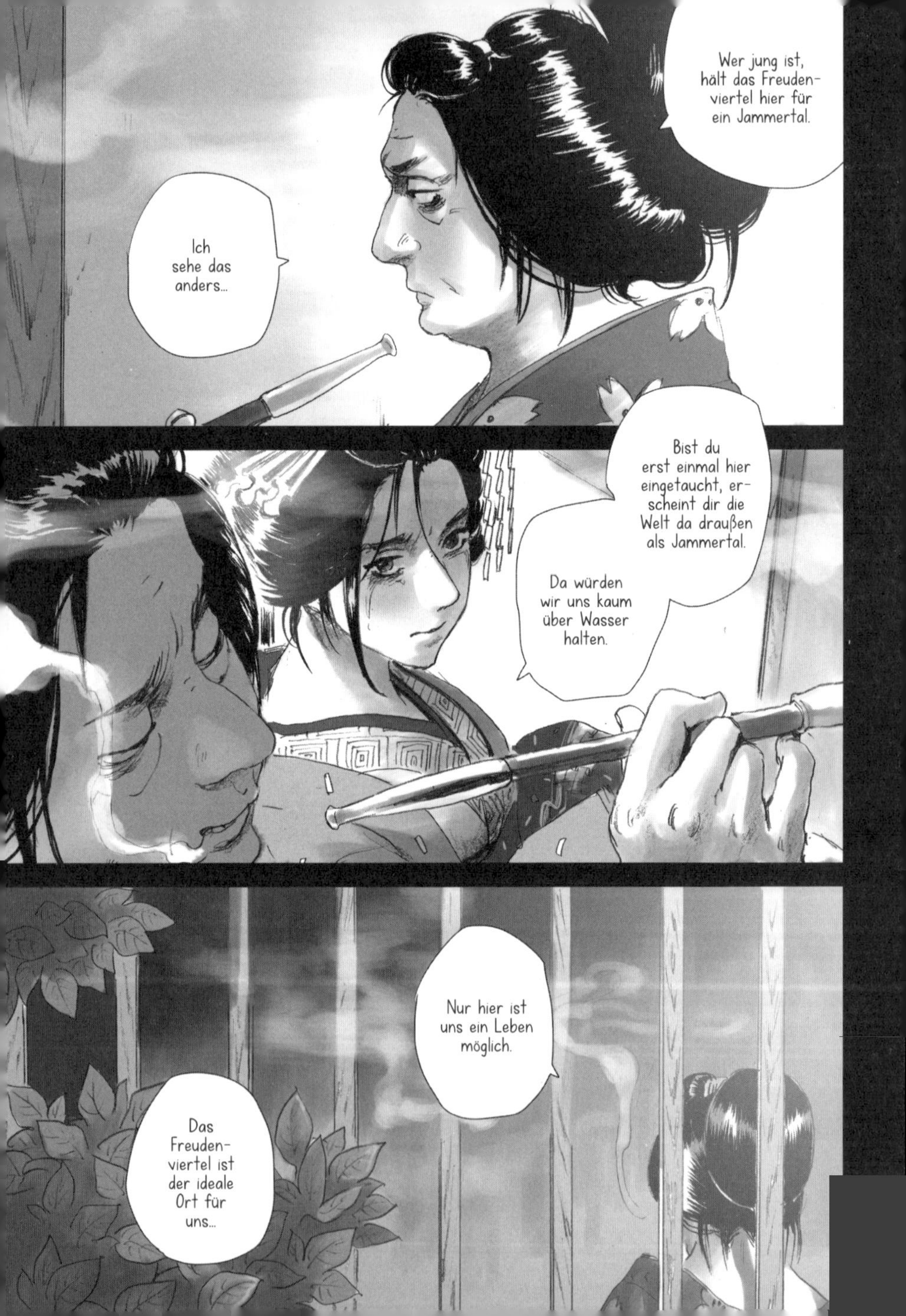
Wer jung ist, hält das Freuden-viertel hier für ein Jammertal.
Ich sehe das anders...
Bist du erst einmal hier eingetaucht, er-scheint dir die Welt da draußen als Jammertal.
Da würden wir uns kaum über Wasser halten.
Nur hier ist uns ein Leben möglich.
Das Freuden-viertel ist der ideale Ort für uns...

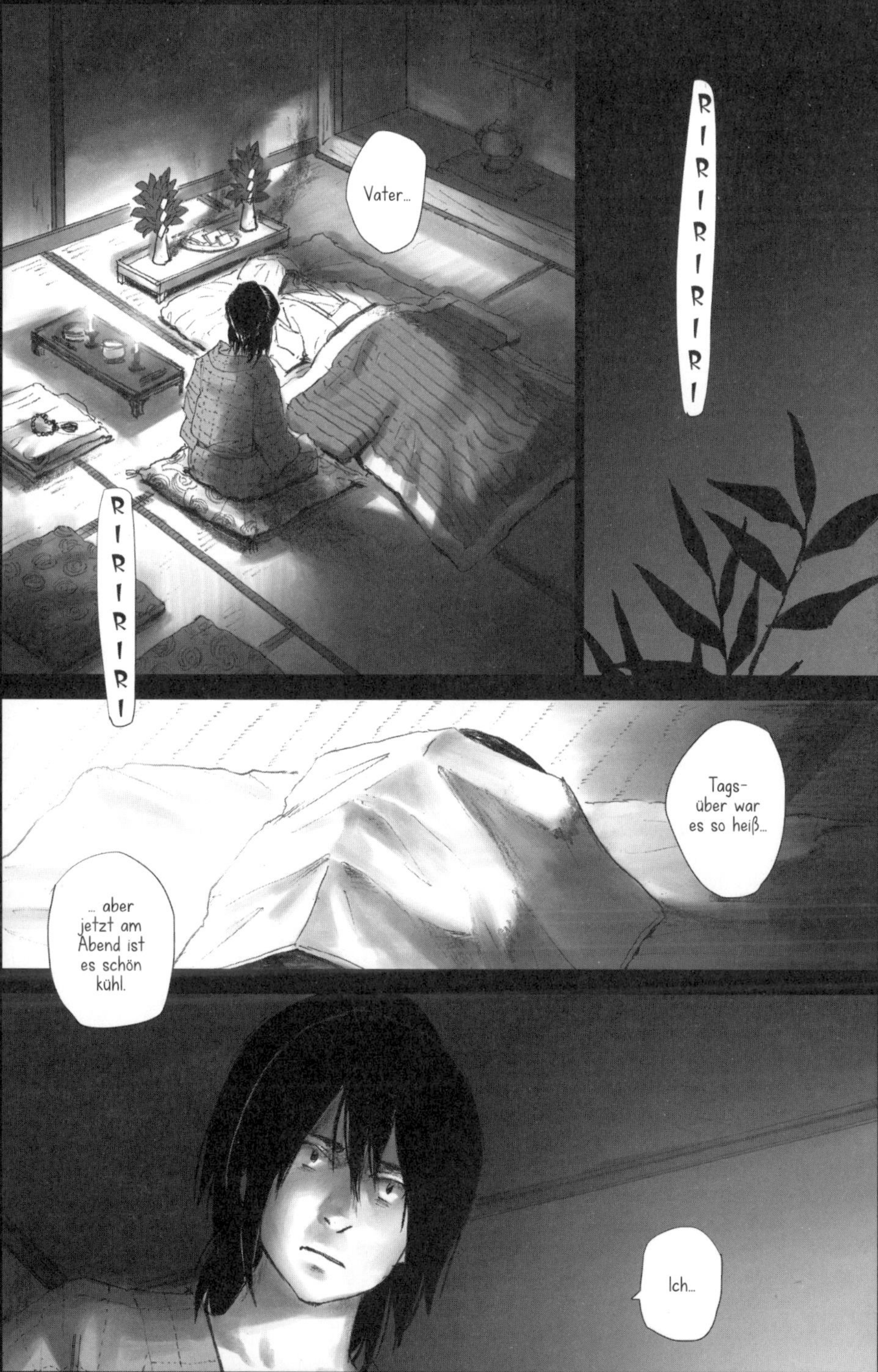
RIRIRIRIRI
Vater…
RIRIRIRIRI
Tags-über war es so heiß…
… aber jetzt am Abend ist es schön kühl.
Ich…

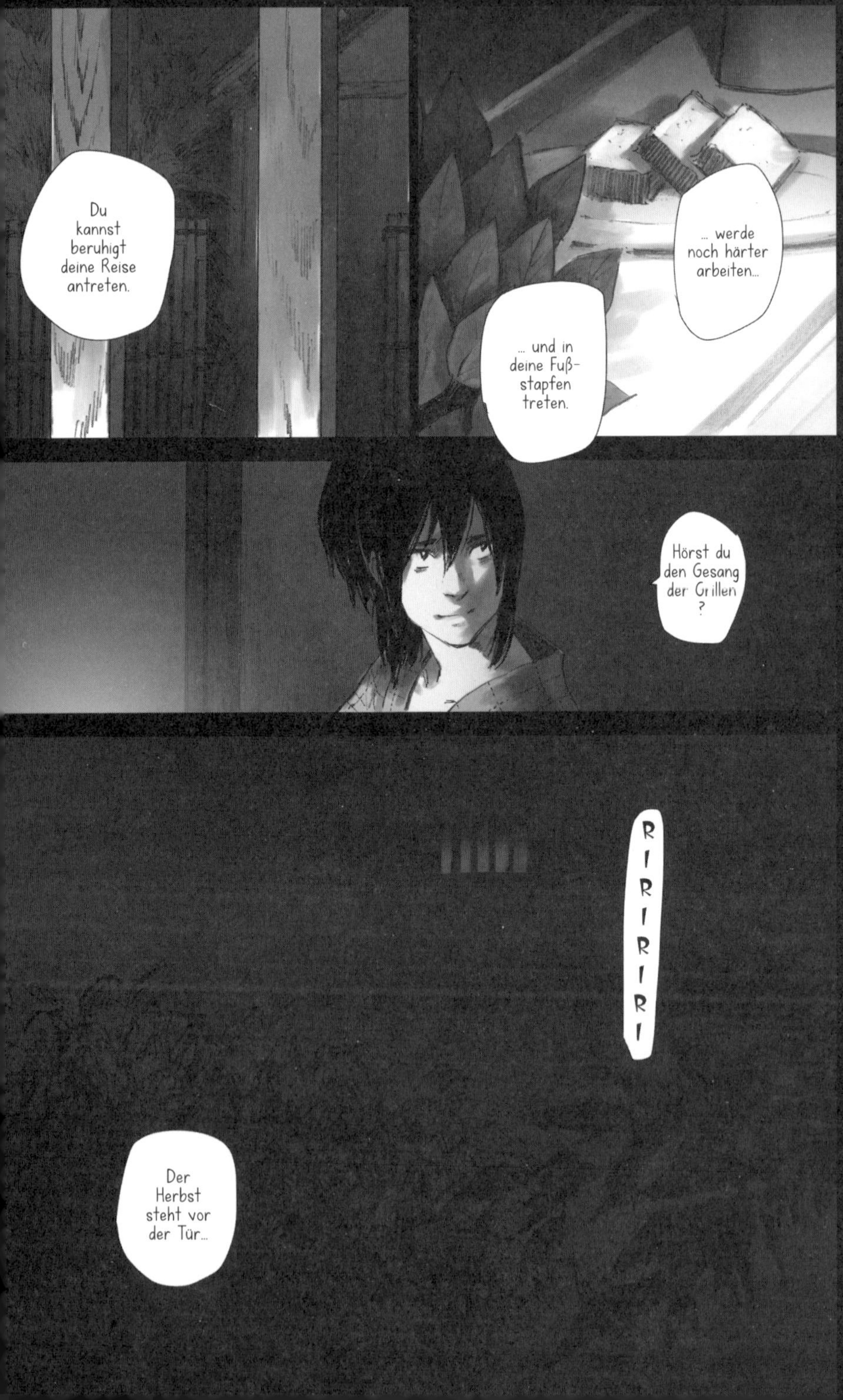
Du kannst beruhigt deine Reise antreten.
... werde noch härter arbeiten...
... und in deine Fuß-stapfen treten.
Hörst du den Gesang der Grillen ?
RIRIRIRI
Der Herbst steht vor der Tür...

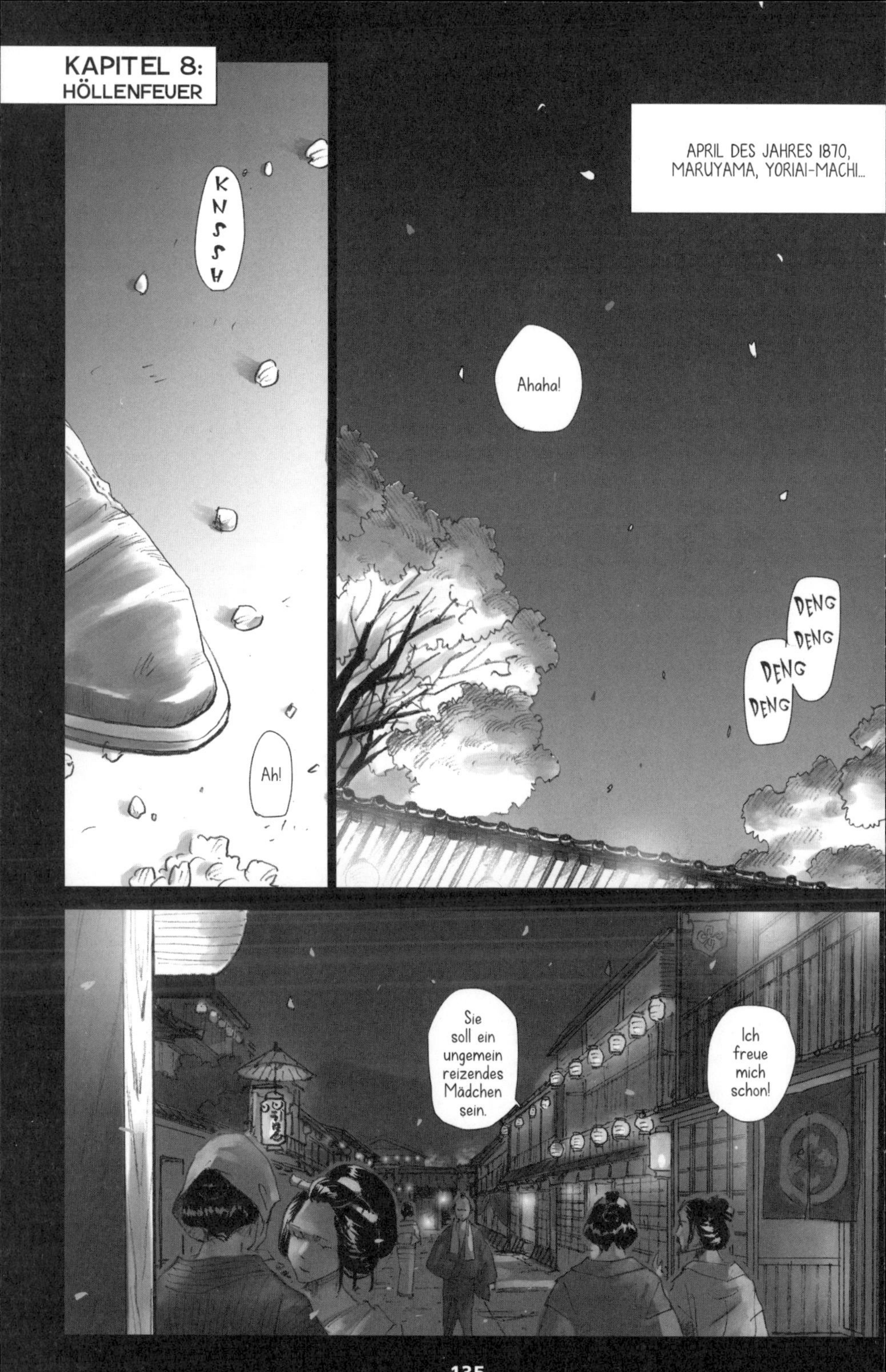
KAPITEL 8:
HÖLLENFEUER
APRIL DES JAHRES 1870, MARUYAMA, YORIAI-MACHI...
KNSSH
Ah!
Ahaha!
DENG DENG DENG DENG
Ich freue mich schon!
Sie soll ein ungemein reizendes Mädchen sein.

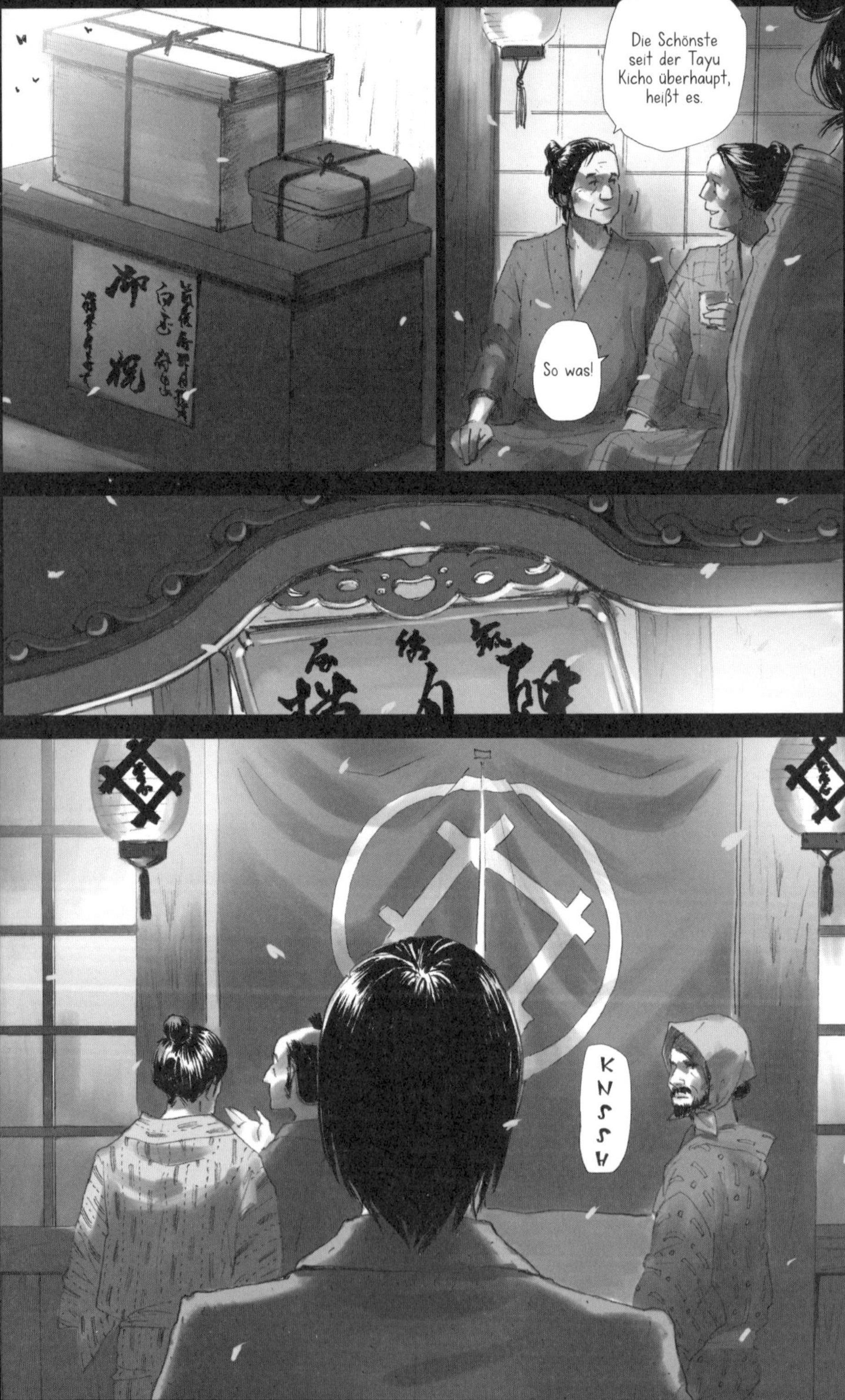
Die Schönste seit der Tayu Kicho überhaupt, heißt es.
So was!
KNSSH

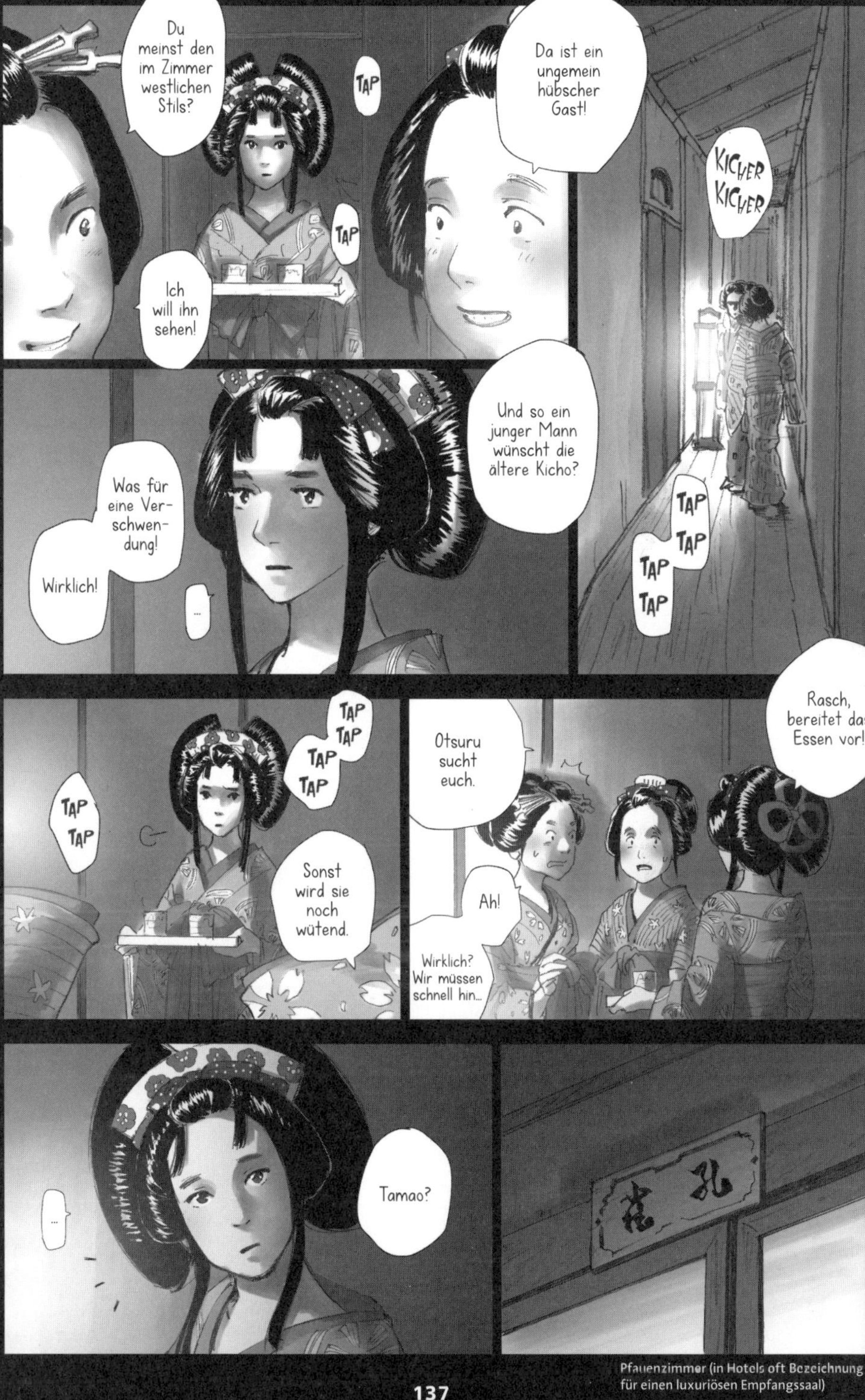

Pfauenzimmer (in Hotels oft Bezeichnung für einen luxuriösen Empfangssaal)

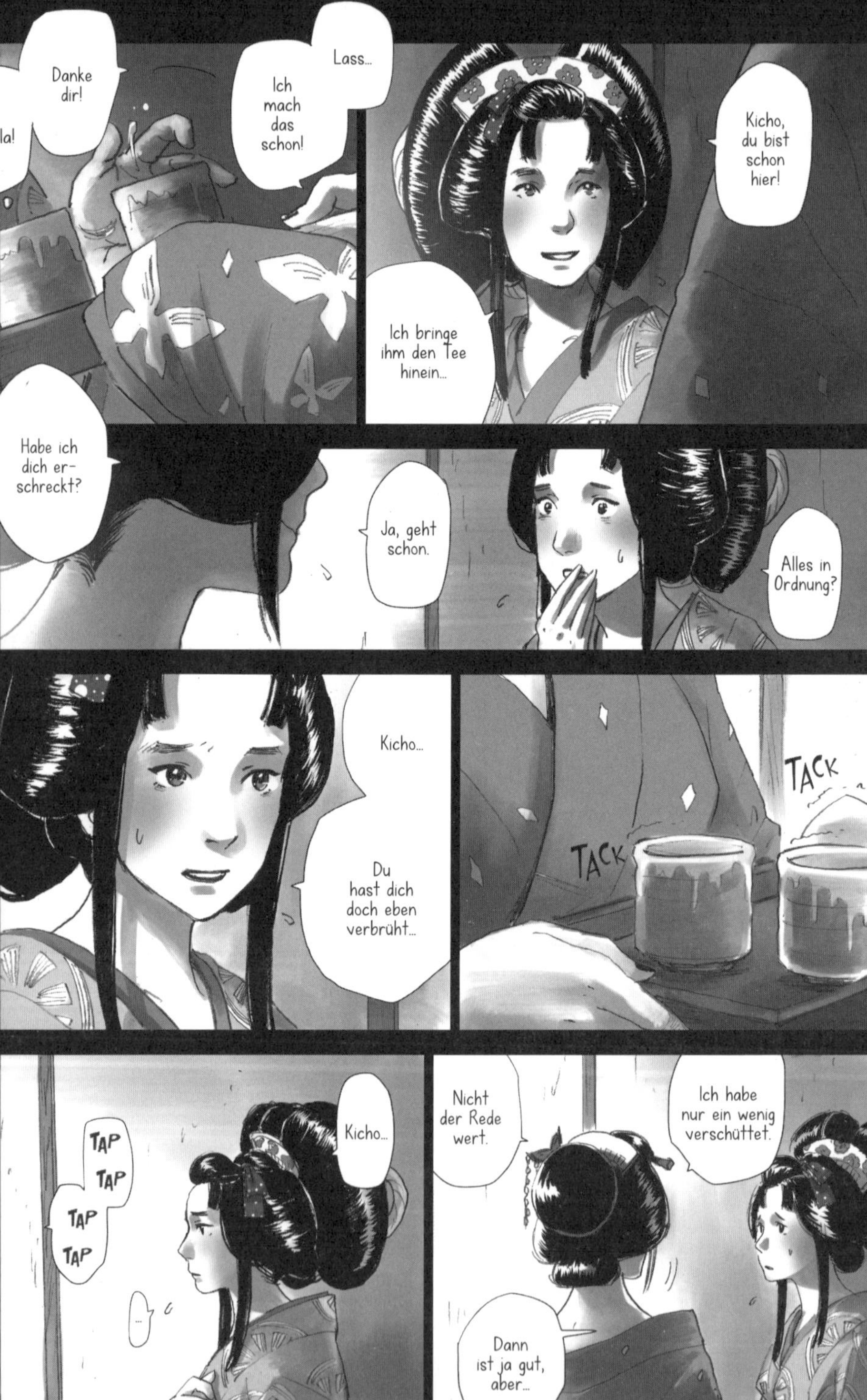

Kicho, du bist schon hier!
Ich bringe ihm den Tee hinein...
Lass...
Ich mach das schon!
Danke dir!
Alles in Ordnung?
Ja, geht schon.
Habe ich dich erschreckt?
TACK
TACK
Kicho...
Du hast dich doch eben verbrüht...
Ich habe nur ein wenig verschüttet.
Nicht der Rede wert.
Dann ist ja gut, aber...
Kicho...
TAP
TAP
TAP
TAP
...

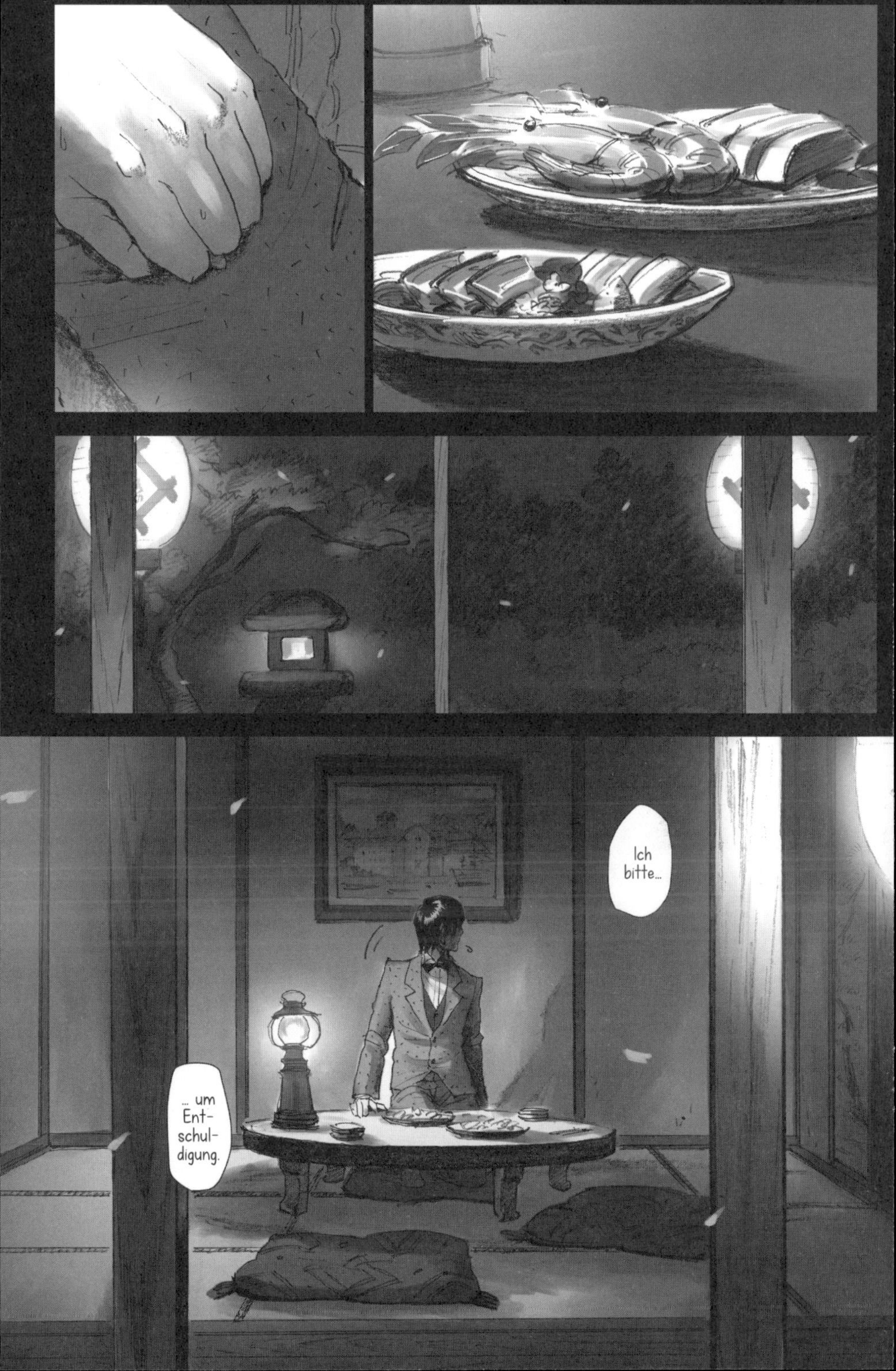
Ich bitte…
… um Ent-schul-digung.

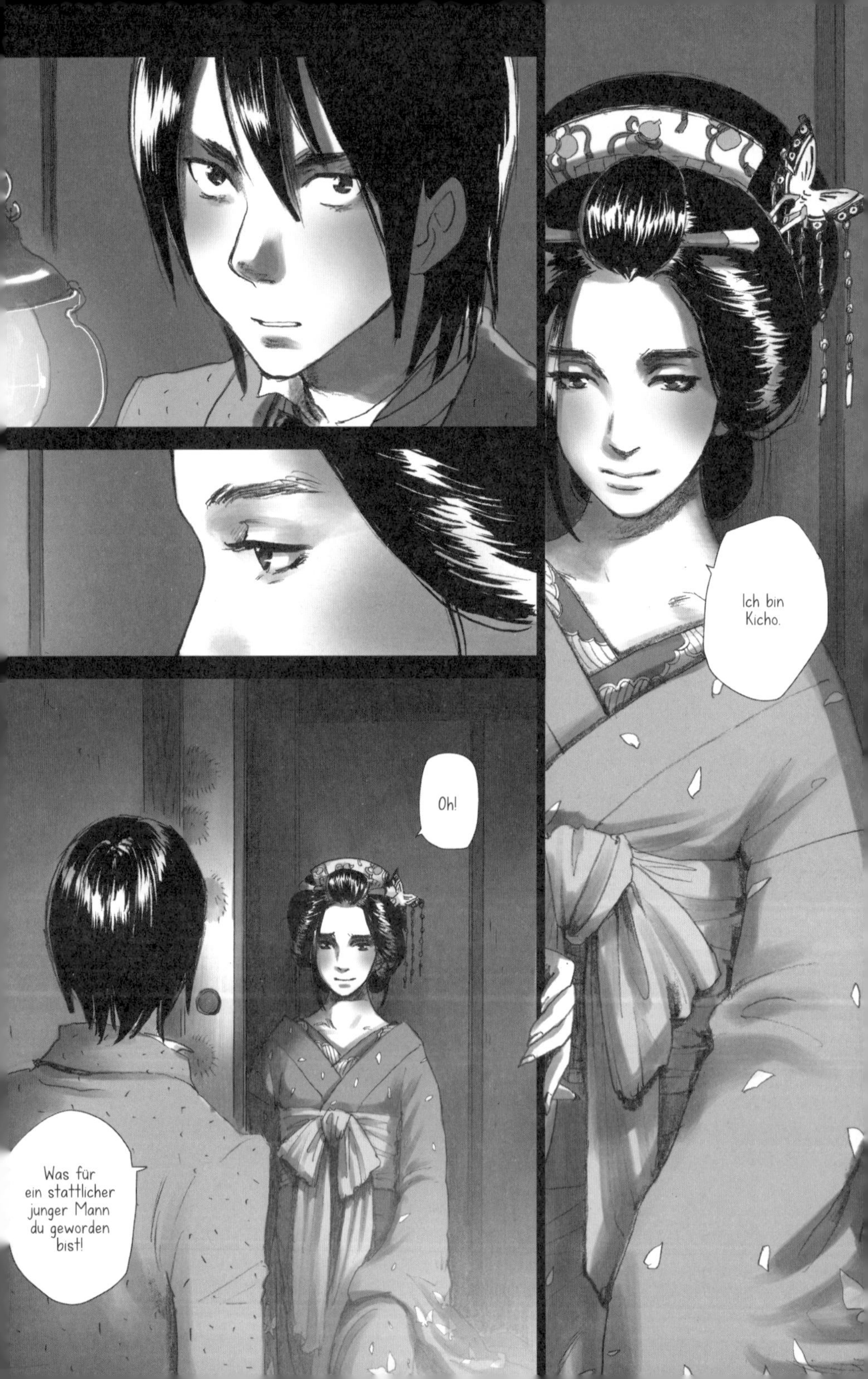
Oh!
Was für ein stattlicher junger Mann du geworden bist!
Ich bin Kicho.

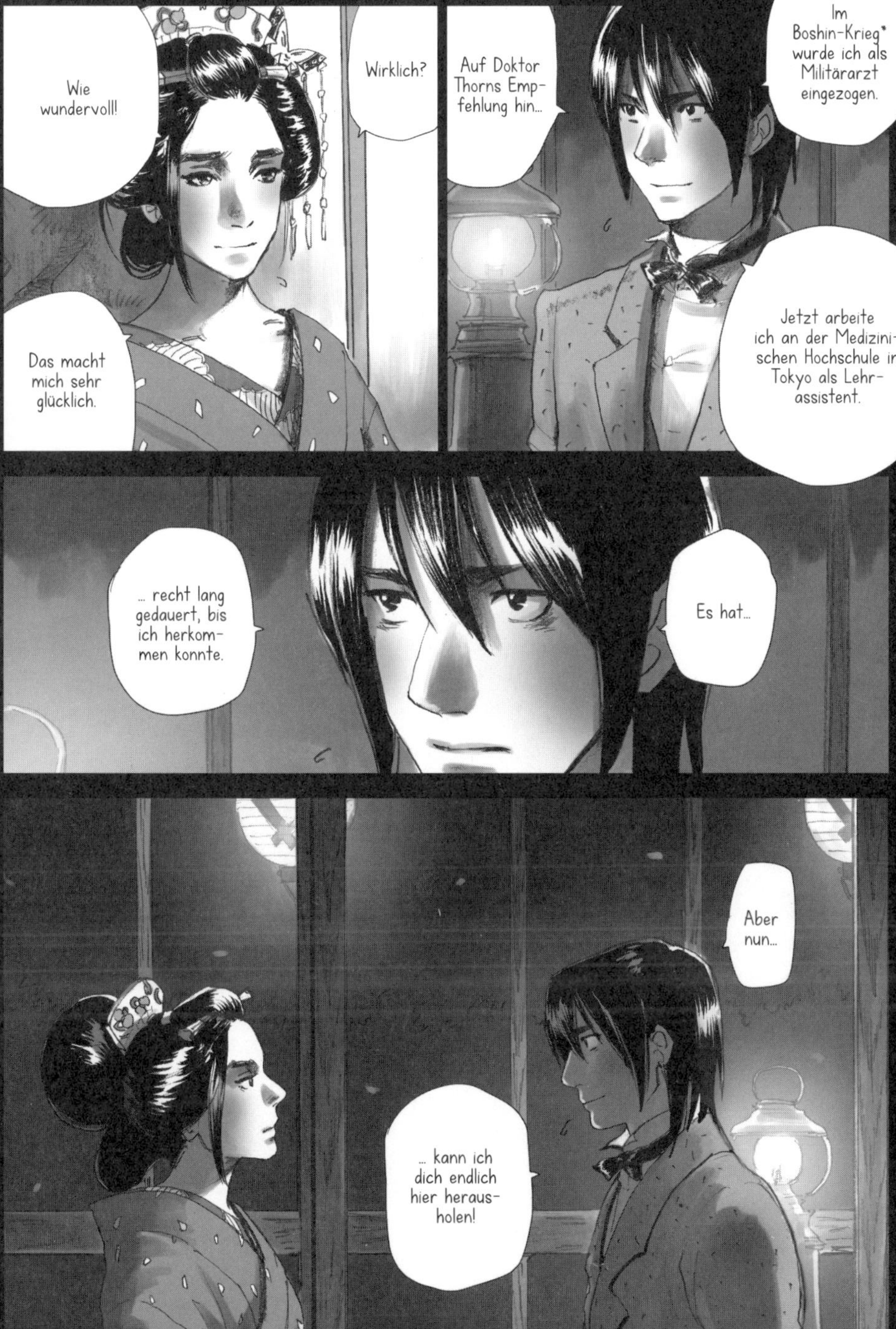

* 1868–69, Krieg zwischen dem Tokugawa-Shogunat und den kaiserlichen Truppen Japans. Die Niederlage des Shogunats ebnete den Weg für die Meiji-Restauration.

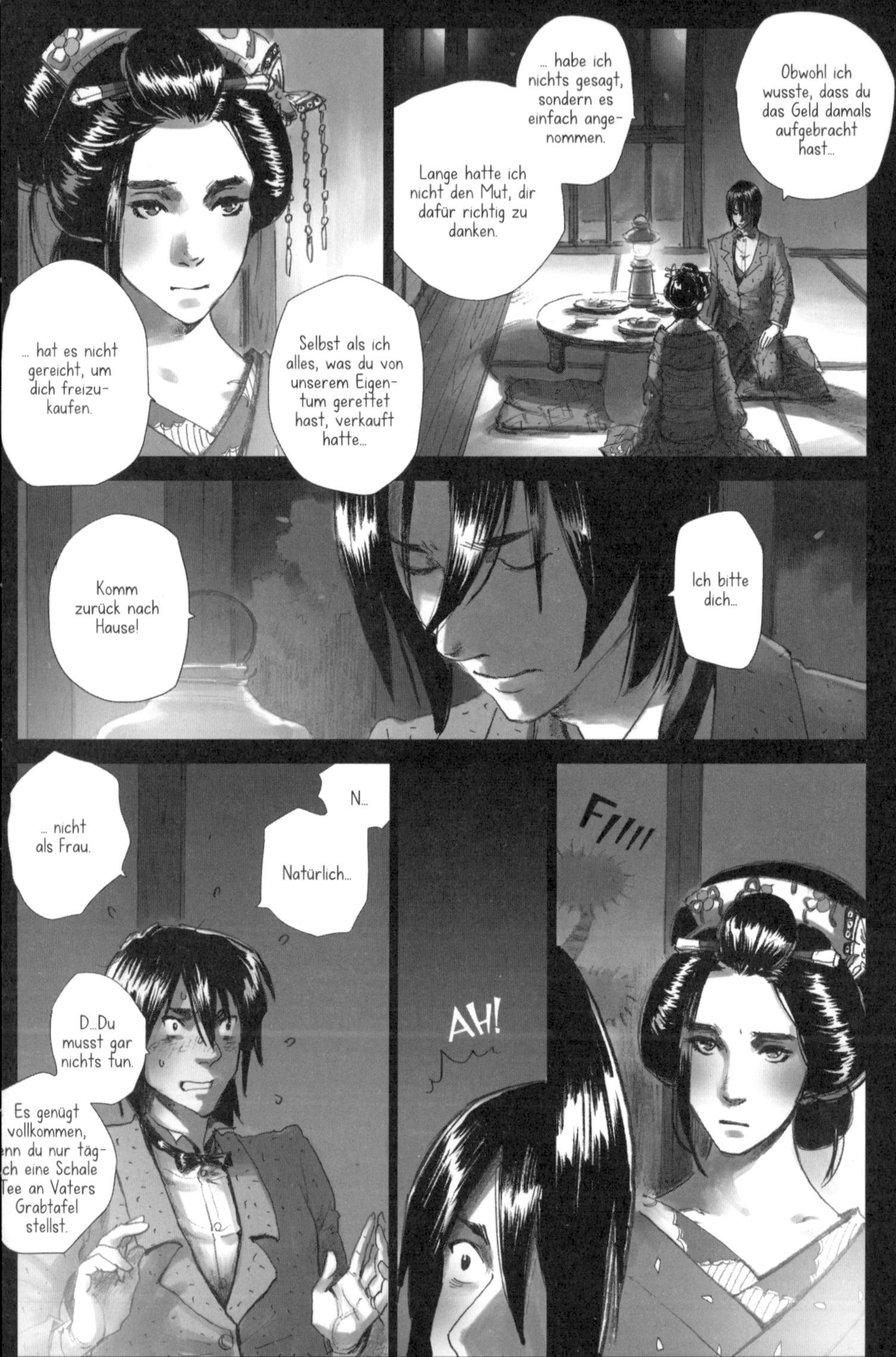
Obwohl ich wusste, dass du das Geld damals aufgebracht hast...
... habe ich nichts gesagt, sondern es einfach angenommen.
Lange hatte ich nicht den Mut, dir dafür richtig zu danken.
Selbst als ich alles, was du von unserem Eigentum gerettet hast, verkauft hatte...
... hat es nicht gereicht, um dich freizukaufen.
Ich bitte dich...
Komm zurück nach Hause!
FIIII
AH!
N...
Natürlich...
... nicht als Frau.
D...Du musst gar nichts tun.
Es genügt vollkommen, nn du nur täg-ch eine Schale Tee an Vaters Grabtafel stellst.

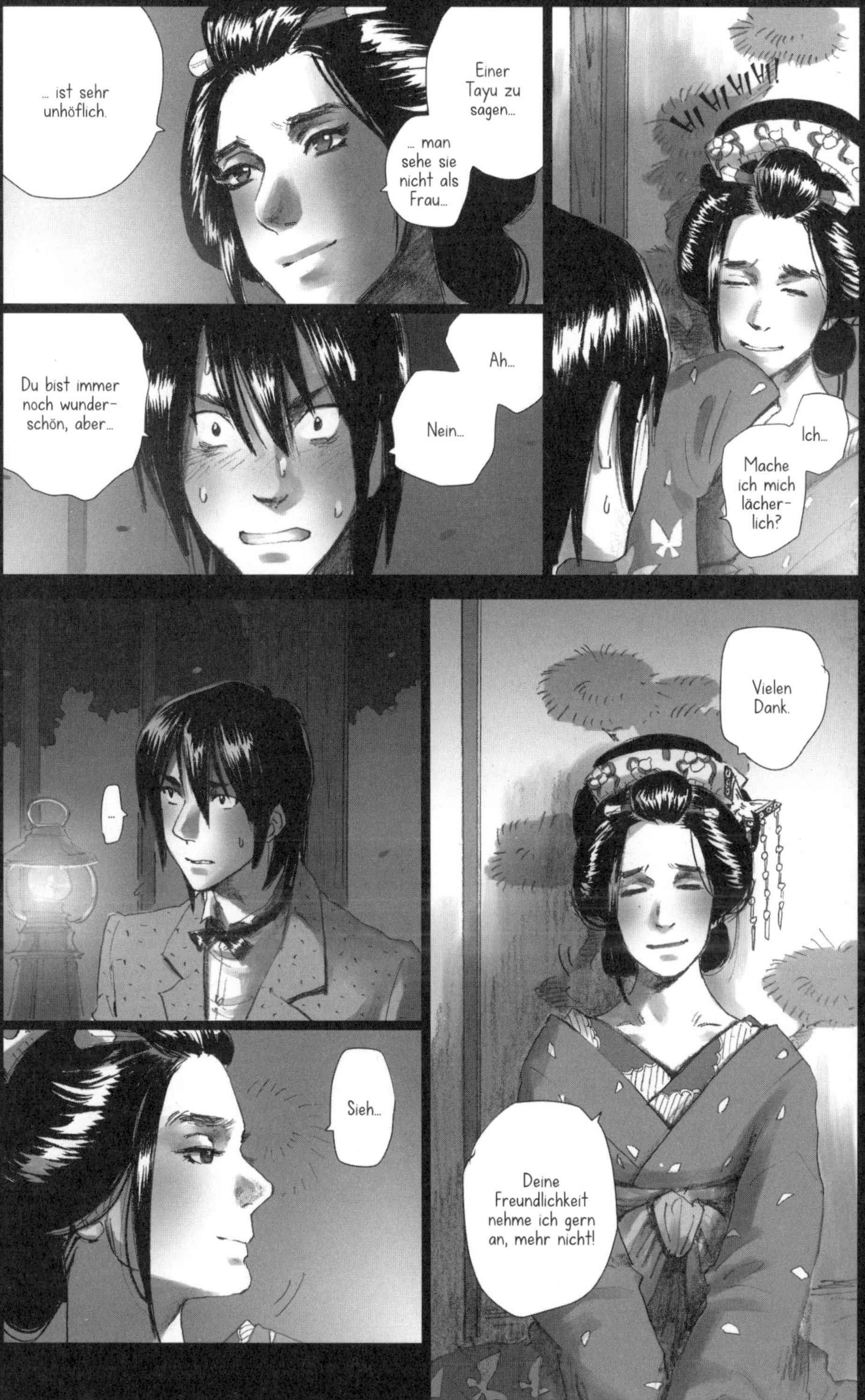
HAHAHAHA!
Ich...
Mache ich mich lächerlich?
Einer Tayu zu sagen...
... man sehe sie nicht als Frau...
... ist sehr unhöflich.
Ah...
Nein...
Du bist immer noch wunderschön, aber...
Vielen Dank.
Deine Freundlichkeit nehme ich gern an, mehr nicht!
...
Sieh...

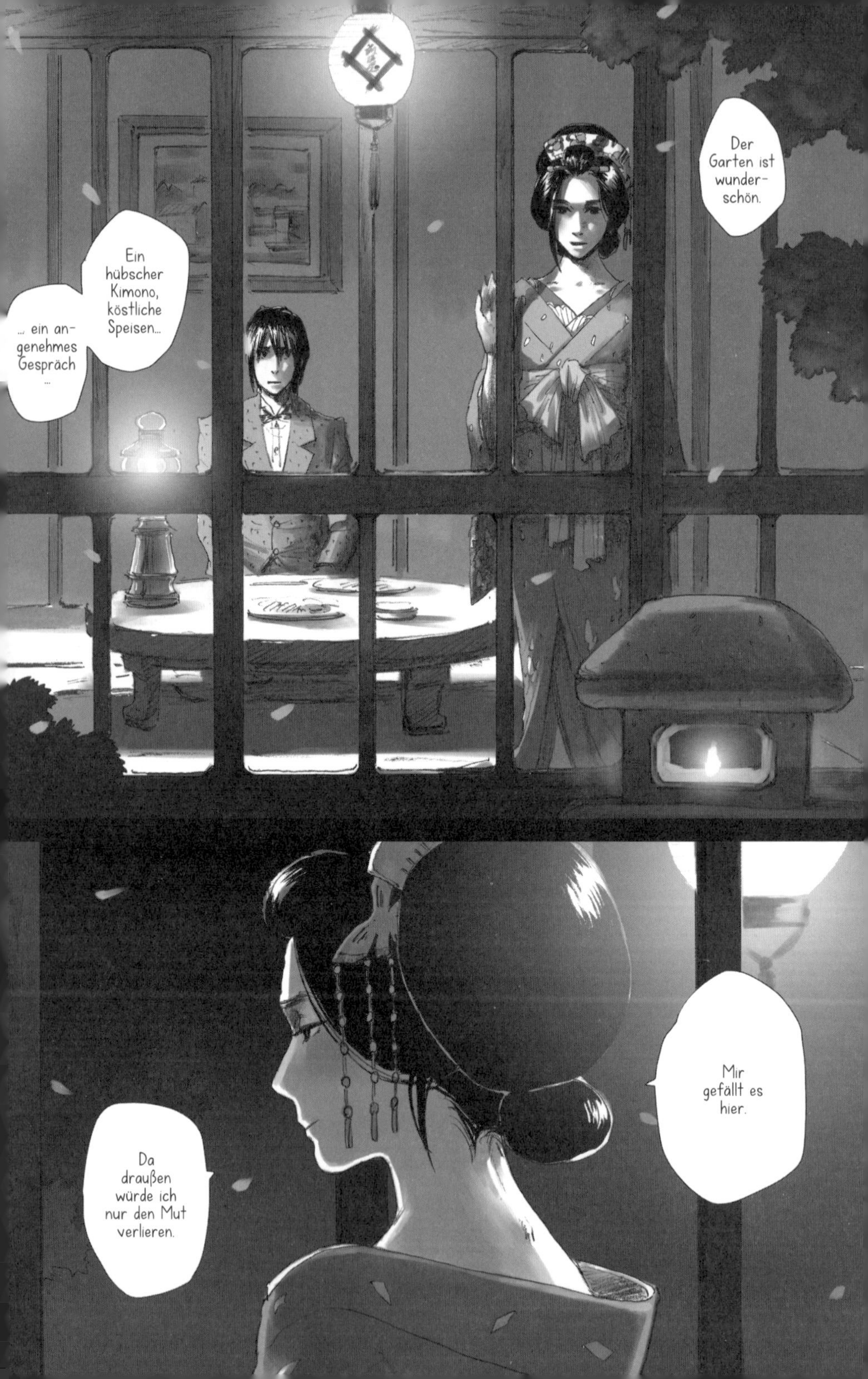
Der Garten ist wunderschön.
Ein hübscher Kimono, köstliche Speisen...
... ein angenehmes Gespräch ...
Mir gefällt es hier.
Da draußen würde ich nur den Mut verlieren.

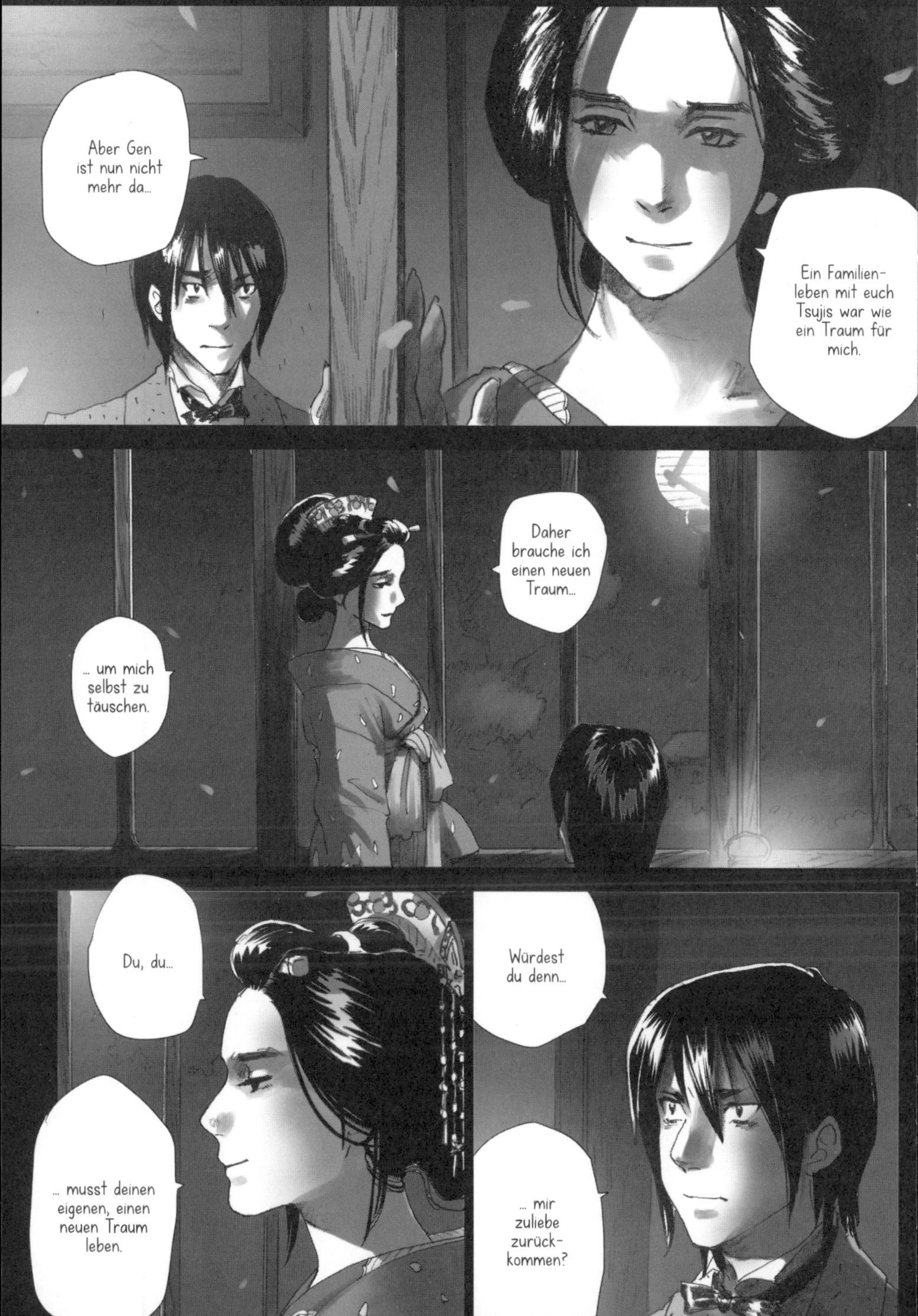
Aber Gen ist nun nicht mehr da…
Ein Familien-leben mit euch Tsujis war wie ein Traum für mich.
Daher brauche ich einen neuen Traum…
… um mich selbst zu täuschen.
Würdest du denn…
… mir zuliebe zurück-kommen?
Du, du…
… musst deinen eigenen, einen neuen Traum leben.

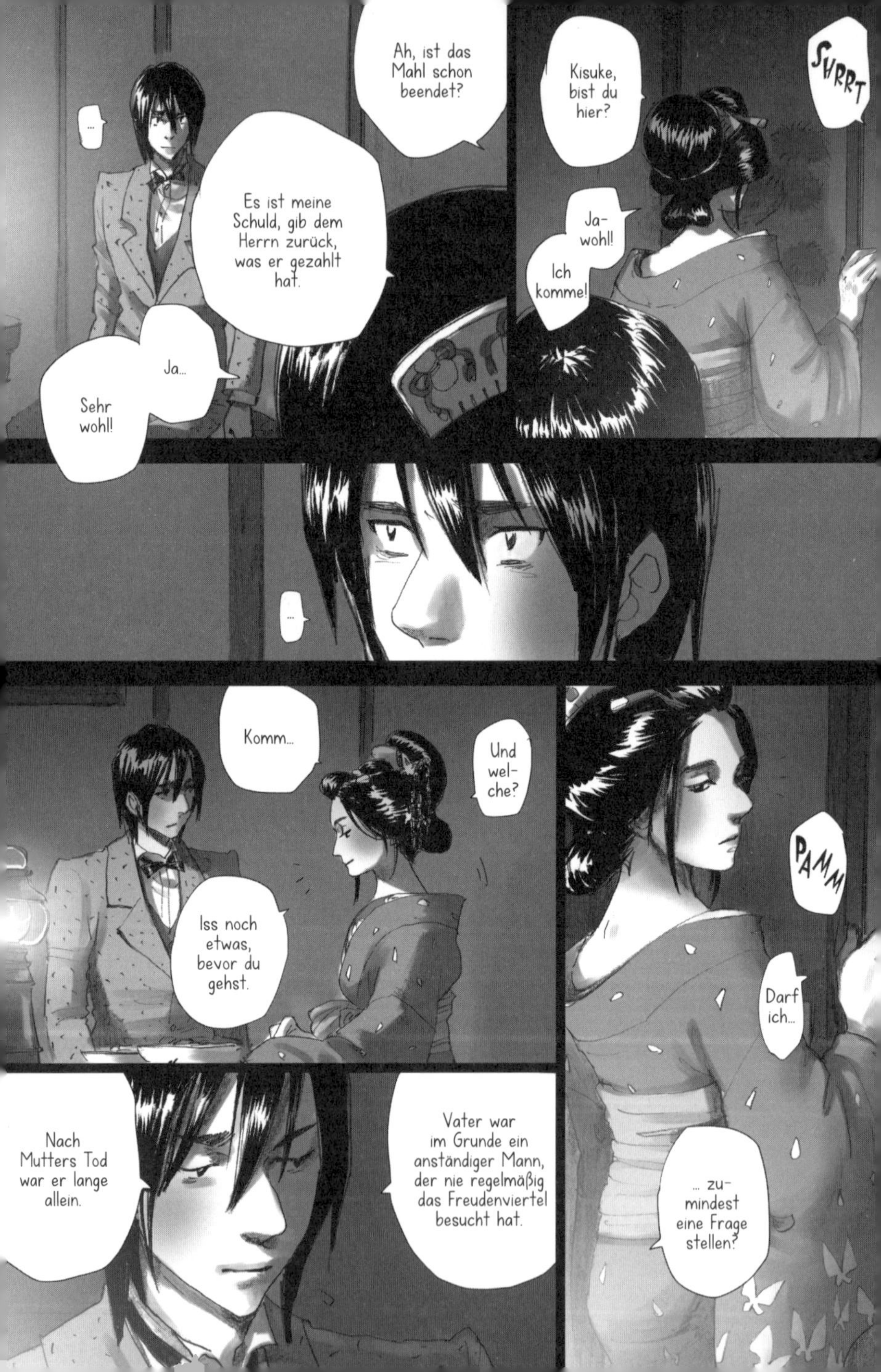
SHRRT
Kisuke, bist du hier?
Ja-wohl!
Ich komme!
Ah, ist das Mahl schon beendet?
...
Es ist meine Schuld, gib dem Herrn zurück, was er gezahlt hat.
Ja...
Sehr wohl!
...
PAMM
Darf ich...
... zu-mindest eine Frage stellen?
Und wel-che?
Komm...
Iss noch etwas, bevor du gehst.
Vater war im Grunde ein anständiger Mann, der nie regelmäßig das Freudenviertel besucht hat.
Nach Mutters Tod war er lange allein.

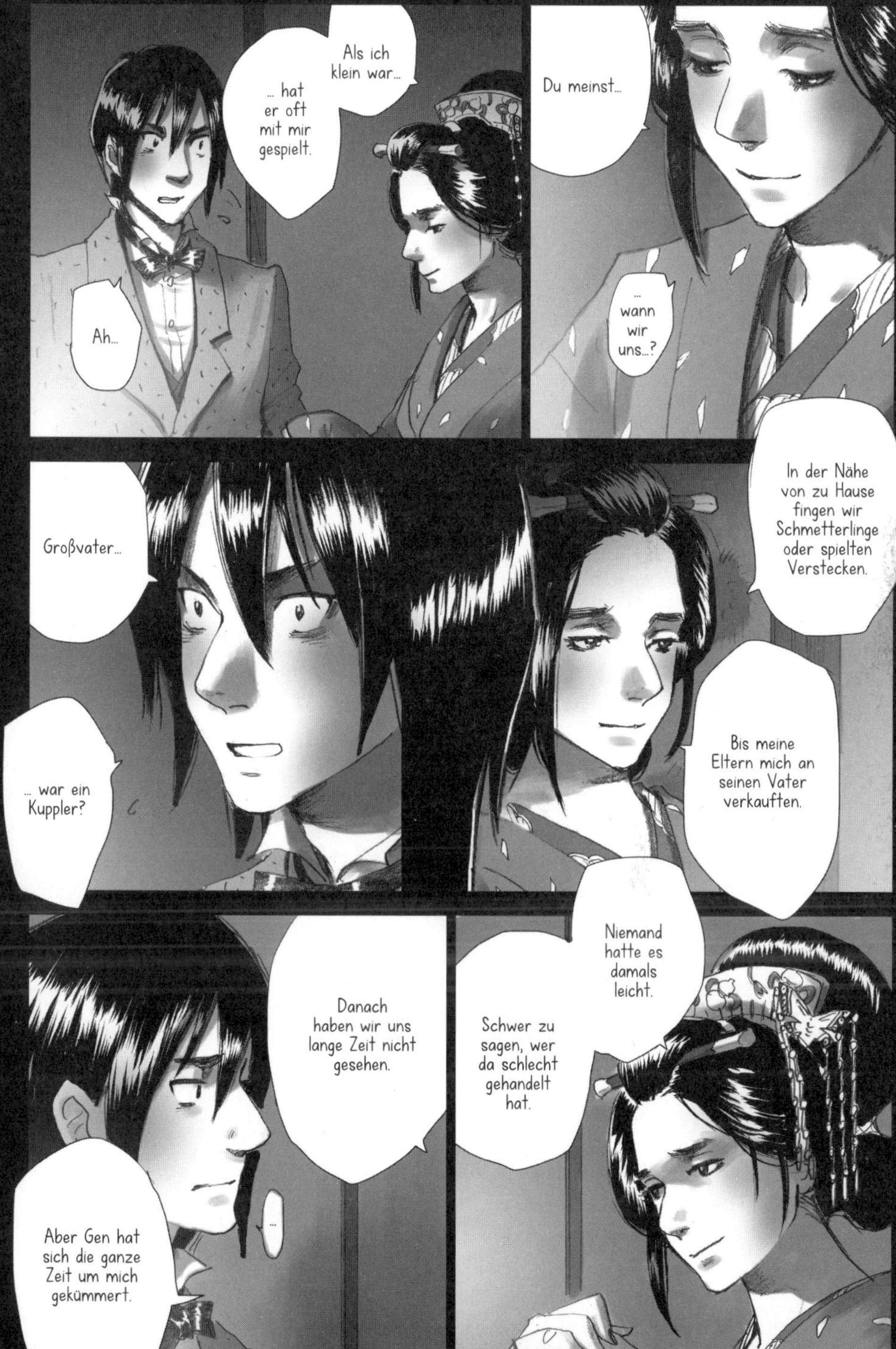
Als ich klein war...
... hat er oft mit mir gespielt.
Ah...
Du meinst...
... wann wir uns...?
Großvater...
In der Nähe von zu Hause fingen wir Schmetterlinge oder spielten Verstecken.
... war ein Kuppler?
Bis meine Eltern mich an seinen Vater verkauften.
Danach haben wir uns lange Zeit nicht gesehen.
...
Aber Gen hat sich die ganze Zeit um mich gekümmert.
Niemand hatte es damals leicht.
Schwer zu sagen, wer da schlecht gehandelt hat.

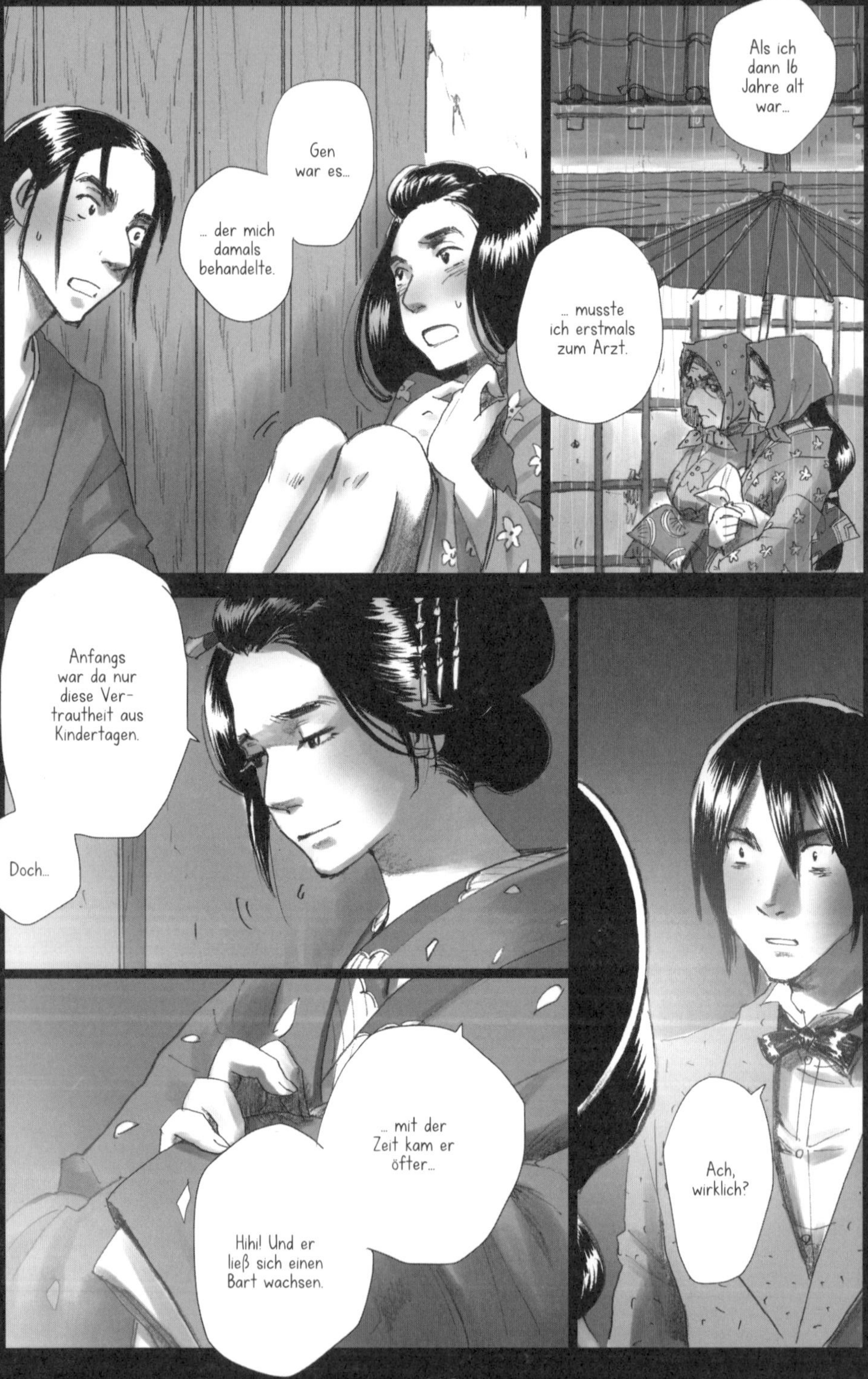
Gen war es…
… der mich damals behandelte.
Als ich dann 16 Jahre alt war…
… musste ich erstmals zum Arzt.
Anfangs war da nur diese Vertrautheit aus Kindertagen.
Doch…
… mit der Zeit kam er öfter…
Hihi! Und er ließ sich einen Bart wachsen.
Ach, wirklich?

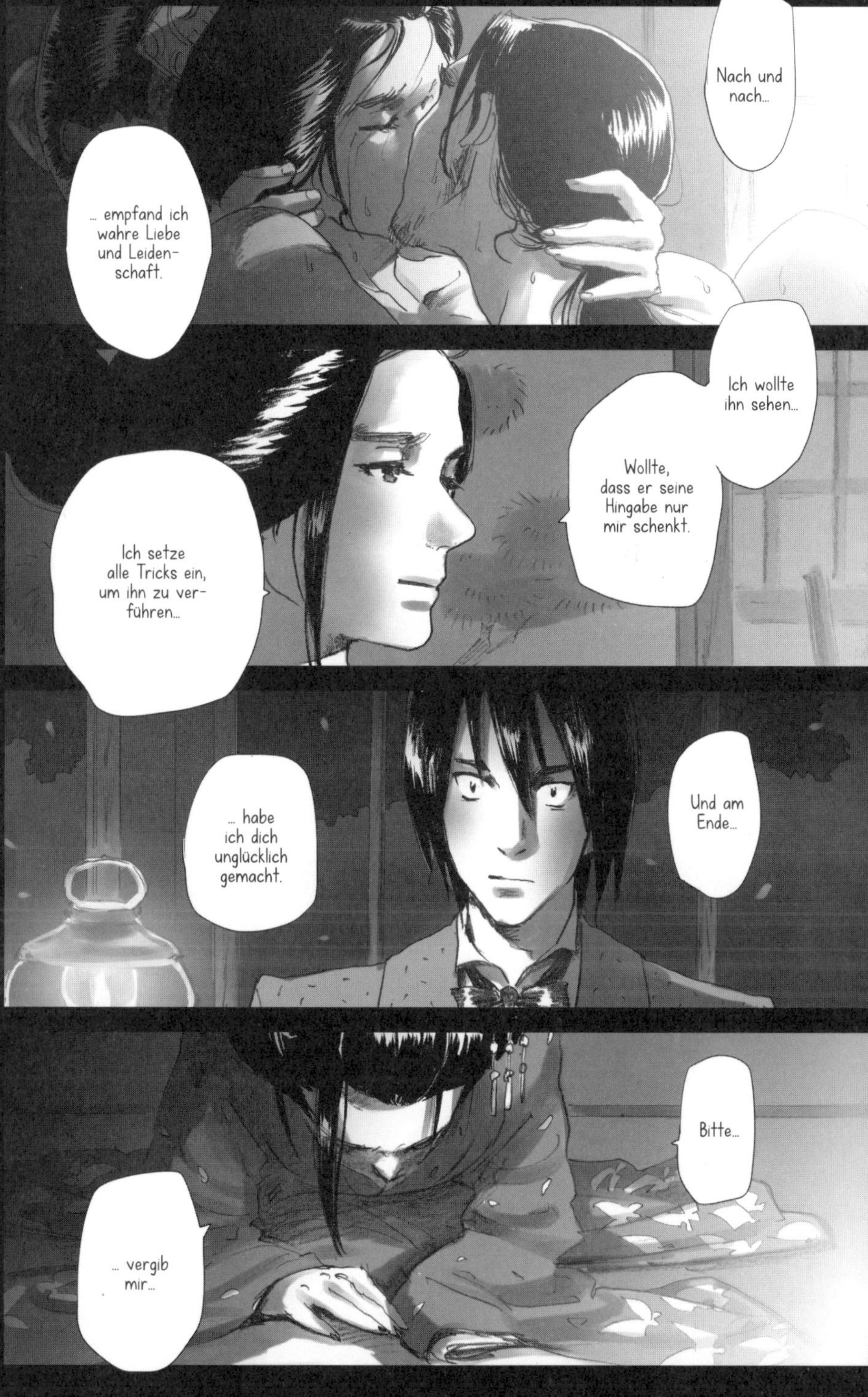
Nach und nach...
... empfand ich wahre Liebe und Leidenschaft.
Ich wollte ihn sehen...
Wollte, dass er seine Hingabe nur mir schenkt.
Ich setze alle Tricks ein, um ihn zu verführen...
Und am Ende...
... habe ich dich unglücklich gemacht.
Bitte...
... vergib mir...

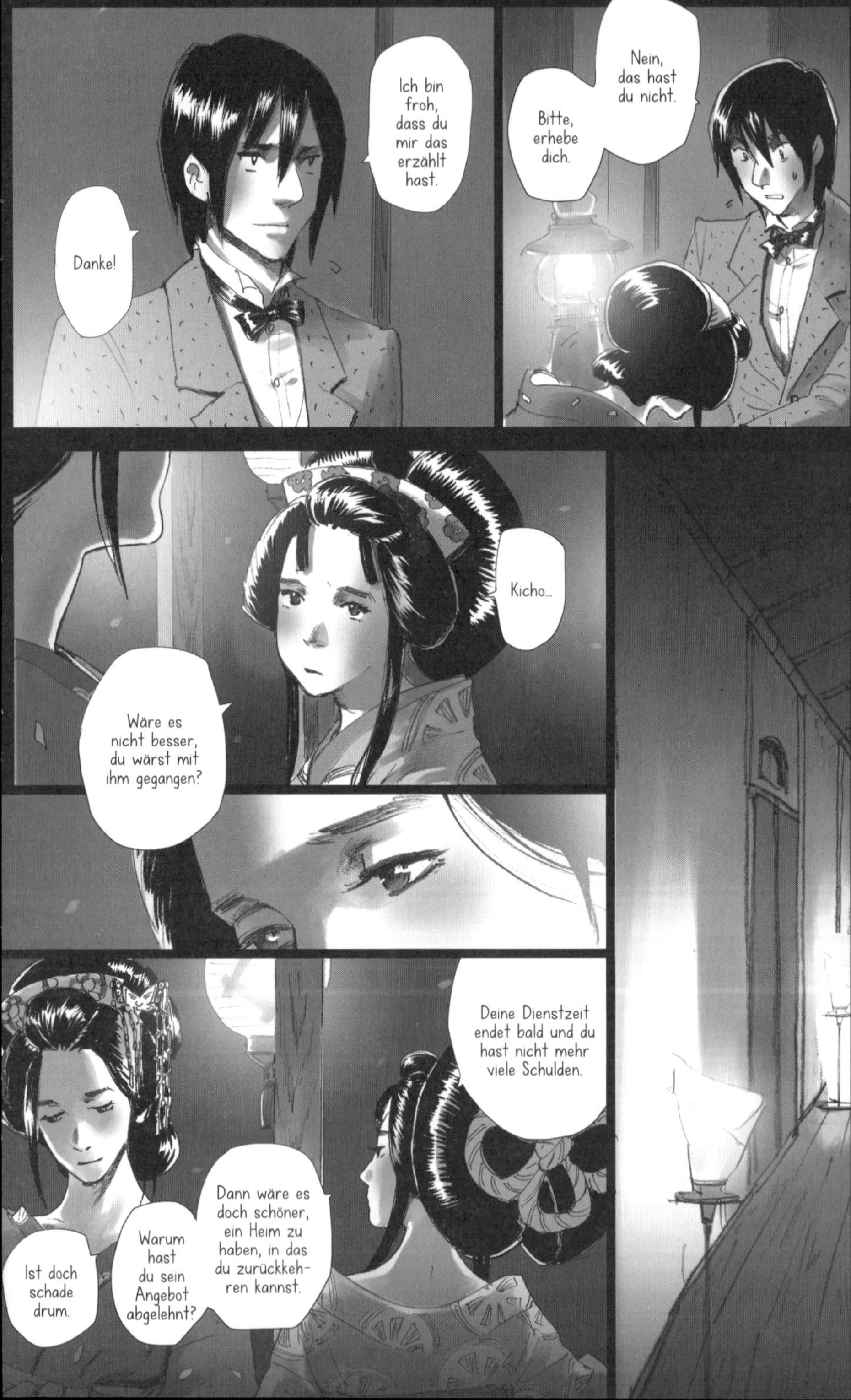
Ich bin froh, dass du mir das erzählt hast.
Danke!
Nein, das hast du nicht.
Bitte, erhebe dich.
Kicho...
Wäre es nicht besser, du wärst mit ihm gegangen?
Deine Dienstzeit endet bald und du hast nicht mehr viele Schulden.
Dann wäre es doch schöner, ein Heim zu haben, in das du zurückkehren kannst.
Warum hast du sein Angebot abgelehnt?
Ist doch schade drum.

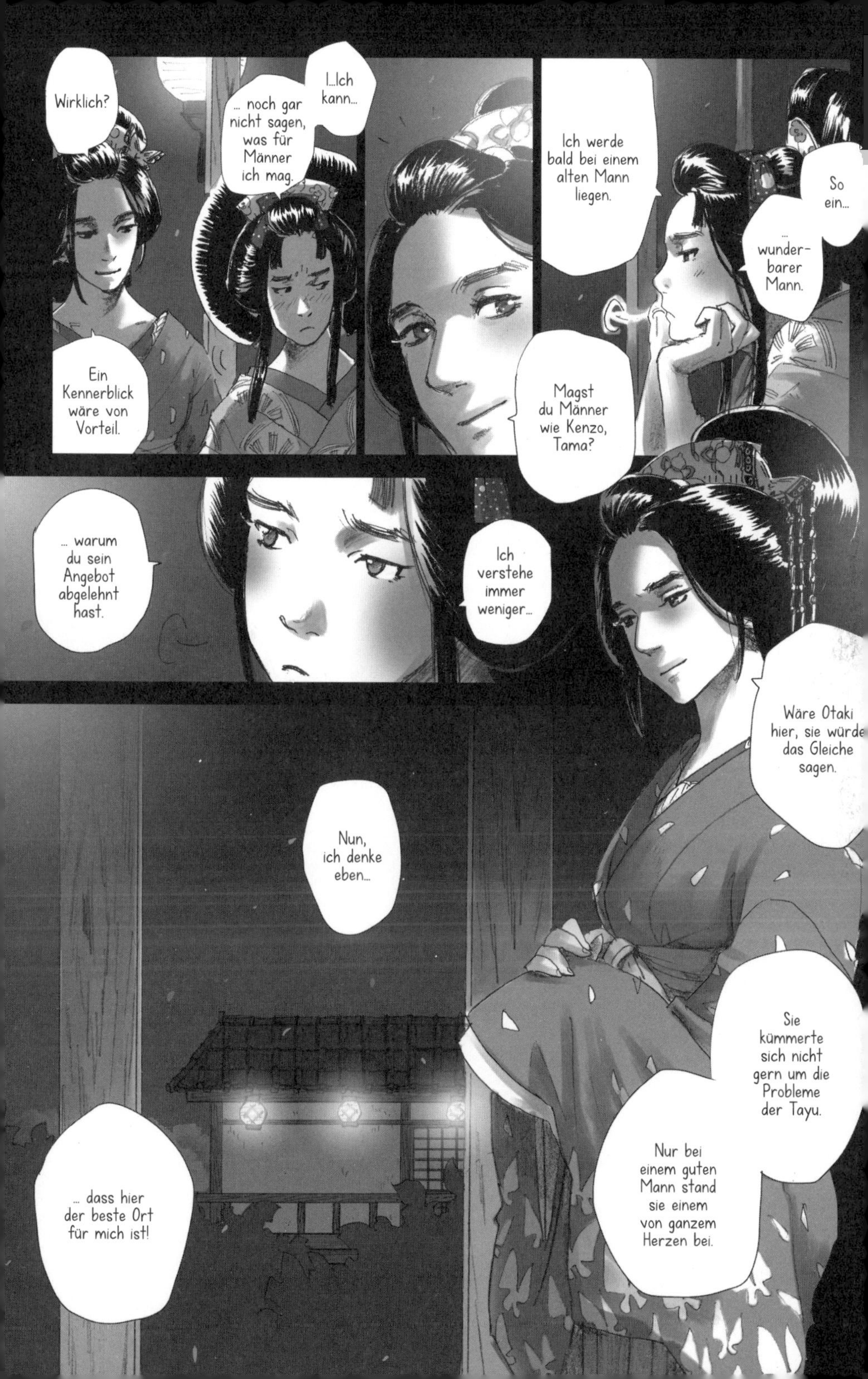

So ein...
... wunderbarer Mann.
Ich werde bald bei einem alten Mann liegen.
Magst du Männer wie Kenzo, Tama?
I...Ich kann...
... noch gar nicht sagen, was für Männer ich mag.
Wirklich?
Ein Kennerblick wäre von Vorteil.
Ich verstehe immer weniger...
... warum du sein Angebot abgelehnt hast.
Wäre Otaki hier, sie würde das Gleiche sagen.
Sie kümmerte sich nicht gern um die Probleme der Tayu.
Nur bei einem guten Mann stand sie einem von ganzem Herzen bei.
Nun, ich denke eben...
... dass hier der beste Ort für mich ist!

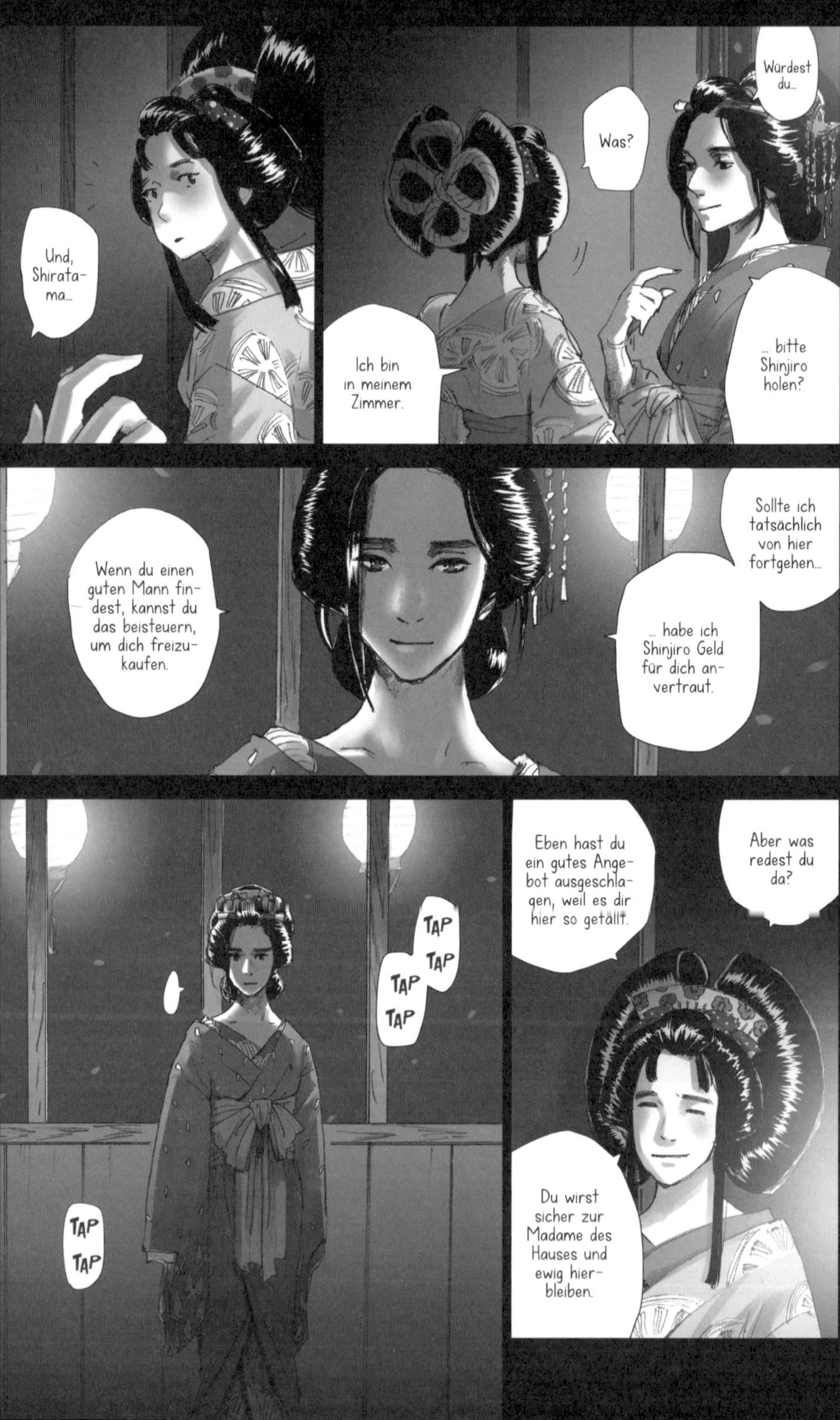
Würdest du…
Was?
… bitte Shinjiro holen?
Ich bin in meinem Zimmer.
Und, Shiratama…
Sollte ich tatsächlich von hier fortgehen…
… habe ich Shinjiro Geld für dich anvertraut.
Wenn du einen guten Mann findest, kannst du das beisteuern, um dich freizukaufen.
Aber was redest du da?
Eben hast du ein gutes Angebot ausgeschlagen, weil es dir hier so gefällt.
Du wirst sicher zur Madame des Hauses und ewig hierbleiben.
TAP TAP
TAP TAP
TAP TAP

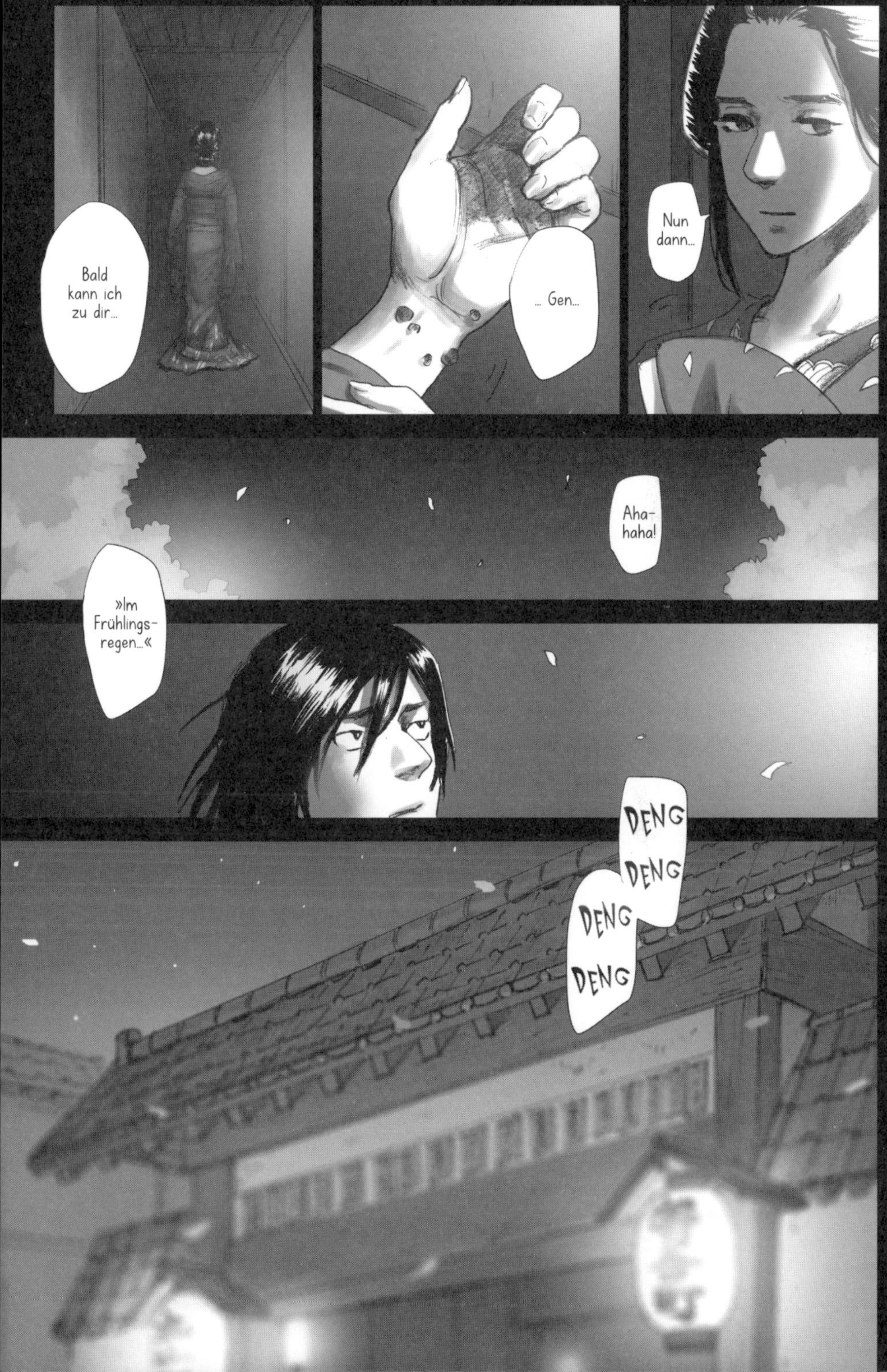
Nun dann…
… Gen…
Bald kann ich zu dir…
Aha-haha!
»Im Frühlings-regen…«
DENG
DENG
DENG
DENG

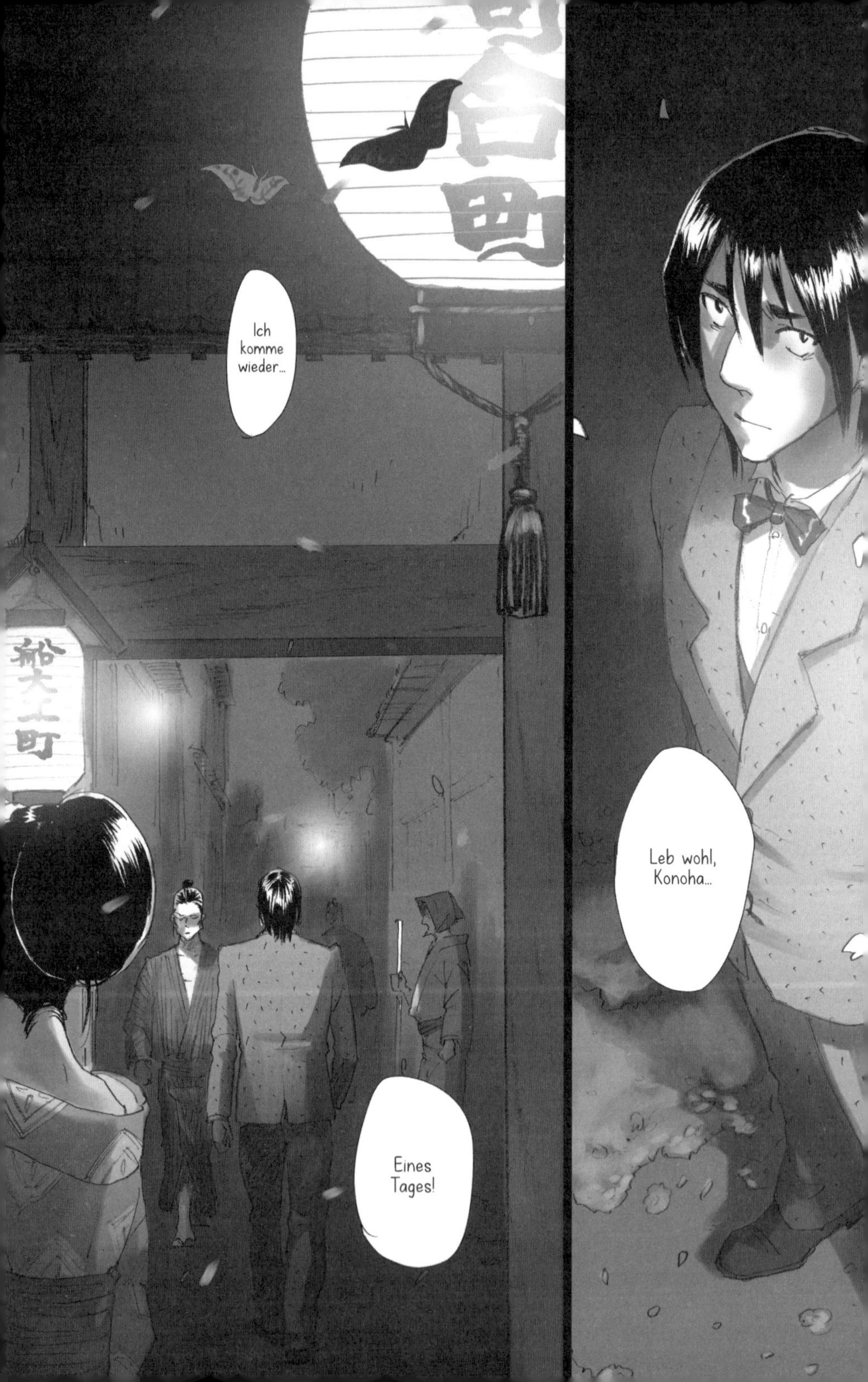
Leb wohl, Konoha...
Ich komme wieder...
Eines Tages!
船大工町

MIX
Papier aus verantwortungsvollen Quellen
FSC® C014496

CARLSEN COMICS NEWS
jeden Monat neu per E-Mail
www.carlsencomics.de
www.carlsen.de

CARLSEN COMICS
Deutsche Ausgabe/German Edition

Aus dem Japanischen von Nadja Stutterheim
CHO-NO-MICHIYUKI

Redaktion: Petra Lohmann
Lettering: Ronny Willisch
Herstellung: Gunta Lauck

ISBN: 978-3-551-74418-0

NACHWORT

Mitte September 2014, als noch zwei Kapitel von »Die letzte Reise der Schmetterlinge« zu zeichnen waren, besuchte ich zum ersten Mal das historische Edelrestaurant »Kagetsu« im Viertel Maruyama in Nagasaki. Das Kagetsu liegt im selben Gebäude, in dem das 1642 gegründete und heute geschlossene Edelbordell »Haus Hiketa« betrieben wurde. Im Volkslied »Burabura shi« (Müßige Weisen) heißt es: »Wer sich amüsieren will, der gehe ins Kagetsu oder ins Haus Naka-no-Chaya« – diese Zeilen vermitteln einen guten Eindruck, wie berühmt das Kagetsu einst war. Das Teehaus »Naka-no-Chaya« wurde ebenfalls von einem Edelbordell, dem »Haus Nakachikugo«, gegründet. Auch das wollte ich mir ansehen. Doch zum einen wurde es gerade komplett modernisiert, zum anderen ist es recht klein, sodass es bei Weitem nicht so beeindruckend wie das Kagetsu ist. Allein der noch bestehende Gebäudeteil des Kagetsu ist stattlich und beeindruckend. Das Restaurant war im echten Maruyama wahrscheinlich die beste Adresse überhaupt!

In heutiger Zeit würde Kicho also unweigerlich dem »Flügel Kagetsu« des Hauses Hiketa angehören. In der Geschichte beschweren sich die Tayu (die Kurtisanen) allerdings über das Teehaus und klagen, es sei eine Hölle, der sie schnellstmöglich entfliehen möchten. Aus einer mir typischen, etwas seltsamen Rücksicht heraus wollte ich keinen real existierenden Ort wählen. Also habe ich nur den Namen des »Hauses Chikugo« verwendet.

Nagasaki liegt in der Nähe von Amakusa, dem Ort, an dem ich aufgewachsen bin. Daher habe ich Nagasaki oft besucht und kenne die Atmosphäre der Stadt recht gut. Die Geschichte habe ich auf der Grundlage von bisher zusammengetragenem Material gezeichnet. Als ich allerdings am Schlusskapitel saß, spazierte ich von Shianbashi bis zum Rotlichtviertel Maruyama, dabei der Stimmung von Kenzo nachspürend. Aber nicht nur Kenzo, auch Gen oder Doktor Thron... Wenn sie tatsächlich regelmäßig nach Maruyama kamen, trug jeder von ihnen eine Vielzahl komplexer Gedanken mit sich. Ich wollte das Finale der Geschichte besonders real gestalten, indem ich den gleichen Weg wie sie lief und im Kagetsu erlesene traditionelle Speisen aß, während ich über die damalige Zeit nachdachte.

Kommt man aus Richtung Shianbashi gelaufen, passiert man hier und da Klubs und ähnliche Lokalitäten. Weiter geradeaus befindet sich an der Ecke das Castella-Geschäft Fukusa, das

es damals schon gab. Vielleicht haben die Gäste des Freudenviertels hier etwas gekauft, um es den Tayu zu schenken. Biegt man links ab, sieht man eine Polizeiwache. Vor dieser stand einst das Nijumonseki, das doppelte Tor, der Eingang ins Freudenviertel von Maruyama. Ein Stück weiter hoch befindet sich das heutige Kagetsu.
Eigentlich nur eine kurze Strecke, doch erschien sie einem sicher endlos lang bei dem Gedanken daran, an einem Abend umgerechnet 200.000 bis 300.000 Yen (etwa 1.600 bis 2.500€, Anm. d. Ü.) loszuwerden, um die Geliebte zu treffen. Überdies war die Stimmung, in der man später den Heimweg antrat, zweifellos nicht ungetrübt. Gab es unbeschwerte Besucher, die sich in billigen Absteigen vergnügten, so gab es sicher auch solche, die sich mit jedem Besuch ernsthafter verliebten und darunter litten.

Als ich das Kagetsu erreichte, wurde ich wärmstens von der Wirtin Kimiko Kato, der Bedienung und dem Sohn der Wirtin, Takayuki Kato, dem Verfasser der »Geschichte des Kagetsu«, empfangen. Nachdem ich in mein Zimmer geführt wurde, bekam ich Gelegenheit, mancherlei Geschichten zu hören. Es tat mir leid, die Gastgeber für meine Recherche für den Manga derart belästigen zu müssen. Mit einer kurzen Führung durchs Haus nach dem Essen wäre ich schon zufrieden gewesen. Doch nachdem sie erst das schönste Zimmer für mich vorbereitet hatten, zeigten sie mir auch noch sämtliche andere Räume. Ich bin ihnen wirklich sehr dankbar. Erst als ich die Orte tatsächlich besucht hatte, gelangen mir detailgetreue Bilder, die kein Vergleich zu denen waren, die ich zuvor aus der reinen Vorstellung heraus angefertigt hatte. Ich hätte nicht so zaghaft sein dürfen, sondern von Anfang an diesen Besuch machen sollen!

Während ich die Speisen, allesamt äußerst delikat und köstlich, genoss, stellte ich mir die Männer aus dem normalen Volk der Bakumatsu-Gesellschaft damals vor. Wie sie das nötige Geld zusammensammelten, um hierherzukommen, wie sie durch den Vorhang in das Lokal schlüpften und genau wie ich jetzt in ihrem Zimmer saßen und darauf warteten, dass die gewünschte Kurtisane kam. Möglicherweise erschien ihnen diese Zeit des Wartens länger als der Weg von Shianbashi bis zum Kagetsu. Auch Kenzo erlebte wohl eine Mischung aus allerlei Gefühlen – die Freude darüber, Kicho endlich nach Hause holen zu können, aber auch die Angst davor, dass sie dies ablehnen würde; dann die abendländische Moral, mit der er früher als andere in Kontakt gekommen war, und eine Unsicherheit darüber, ob es für ihn als Arzt vielleicht verwerflich sei, einen Ort wie diesen aufzusuchen. Sicher ließ ihn das alles kaum still sitzen. Außerdem war er, der nur sich nur dem Studium widmete, kaum an den Umgang mit Frauen gewöhnt. Schon den Weg ins Zimmer wird er nur vollkommen verschüchtert erlebt haben, nicht gerade jemand, der sehr elegant wirkt. Ja, irgendwie kann ich mir das ganz gut vorstellen!

Nachdem ich mir Kenzos Empfindungen vor Augen geführt hatte, dachte ich über Kicho nach, wie sie auf dem Korridor zögerte, die Schiebetür zu öffnen. Was hatte sie gefühlt?

Es gibt vergleichsweise viele schreckliche Geschichten aus Yoshiwara, dem Freudenviertel in Edo, wie Tokyo damals hieß. Maruyama dagegen erscheint schöner, weniger düster. Die zweistöckigen Häuser boten sowohl vom Unter- als auch vom Obergeschoss eine wunderschöne Aussicht, dahinter lagen gut gepflegte und friedlich anmutende Gärten. Zum Innengarten hin führten mehrere Fenster, sodass viel Licht in die Zimmer schien. Das waren sicher nicht die Häuser, in denen die Prostituierten mittleren und niederen Ranges lebten. Doch wenn eine zur berühmten Tayu aufgestiegen war, bekam sie ein eigenes Zimmer im Obergeschoss. Hier lebte sie, kleidete sich in hübsche Kimonos aß köstliche Speisen und kümmerte sich um die Ausbildung eines Mädchens, Kamuro genannt. Hier kam sie in Kontakt mit kostbaren Geschenken und dem Duft von Freiheit, das eine wie das andere Mitbringsel der Ausländer. Und wenn sie beschäftigt genug war, während sie ihre wahren Gefühle mithilfe von Alkohol zu verbergen suchte, war es ganz gleich, wie schrecklich ihre Bettpartner waren; sie kam gar nicht dazu, sich auszumalen, wie schlimm sich das Leben noch zeigen könnte.

Im Grunde ihres Herzens jedoch will Kicho sicher mit Kenzo mitgehen. Ich bin davor zurückgeschreckt, es in die Geschichte einzubringen, aber ihre Eltern waren bitterarm. Eine Familie, die in keiner Weise funktionierte. Die Tsujis waren das erste richtige Zuhause für sie.

Als ich derart in Gedanken versunken kurz hinausblicke, verharrt dort auf dem Trittstein ein Schmetterling. Er sitzt eine Weile reglos, bis ein schwarzer Schwalbenschwanz angeflogen kommt, als würde er ihn abholen. Mir kommen beinah die Tränen. Vergleicht man sie mit dem Kabukistück »Die letzte Reise der Schmetterlinge«, dann wären die beiden Kicho und

Gen. Ein perfekter Moment, gerade als ich den Garten des Kagetsu betrachte. Die Zeit, die ich dort verbrachte, war sonderbar, wie in einem Traum. Mir wurde klar, dass nicht nur die Menschen, die damals lebten, sondern genauso auch ich zu jemandem aus der Vergangenheit werden würde, jemand, der irgendwann nur noch auf Fotografien bleibt. Das Leben ist kurz.

Anlässlich der Veröffentlichung von »Die letzte Reise der Schmetterlinge« möchte ich an dieser Stelle die Gelegenheit nutzen, allen, die mich unterstützt haben, zu danken. Den Damen und Herren vom »Kagetsu«, dem Redakteur Herrn Jun Nakagawa, meinen Liebsten, die mich immer angespornt haben, und allen, die sich mit diesem Buch befasst haben.
Außerdem muss ich mich noch bei den Nachkommen von Antonius Franciscus Bauduin, der einzigen historischen Person in diesem Manga, entschuldigen. Dass Doktor Thorn so hingerissen von einem Maruyama-Freudenmädchen war, entsprang allein meiner Vorstellung. Es gibt eine Fotografie von ihm, die ihn als Samurai verkleidet zeigt; der Humor darin hat mich persönlich für ihn so erwärmt, dass ich aus einer Verspieltheit heraus überlegt hatte, ihm einen Auftritt in meinem Manga zu geben. Es tut mir leid.
Ach ja, und noch ein Wort zur Sprache im Freudenviertel. Da keine Dokumente erhalten sind, weiß ich nicht, ob in Maruyama tatsächlich ein spezieller Freudenvierteljargon gesprochen wurde. Es ist eher unwahrscheinlich. Aber da ich nun einmal dieses wertvolle Material zu diesem Jargon gekauft hatte, wäre es doch ein wunderschönes Beiwerk, wie ich dachte, und so habe ich mich dazu entschieden, ihn einfließen zu lassen.*

Bis bald! Ich hoffe, Sie alle auch bei meinem nächsten Werk wiederzutreffen. Bis dahin passen Sie gut auf sich auf und lassen Sie es sich gut gehen!

Kan Takahama, am 12. Dezember 2014, mit einem Gruß von zu Haus

*In der deutschen Übersetzung wurde dies für einen eindeutigen und glatten Lesefluss nicht berücksichtigt.

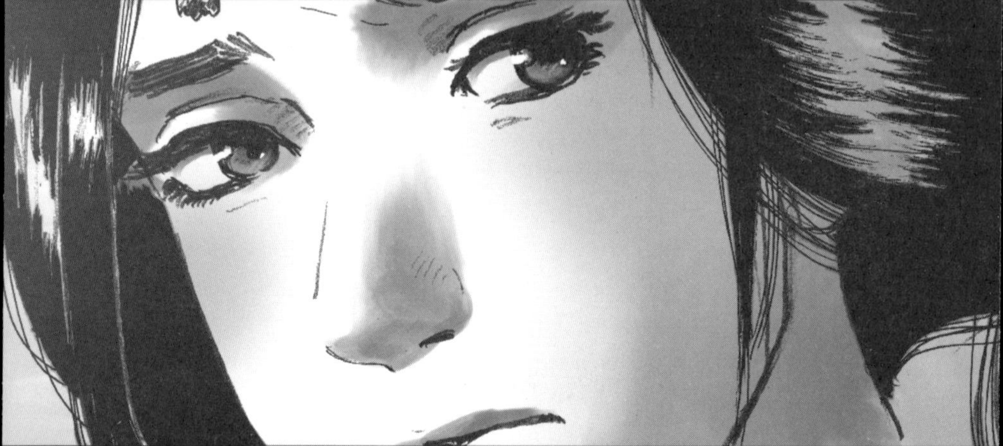

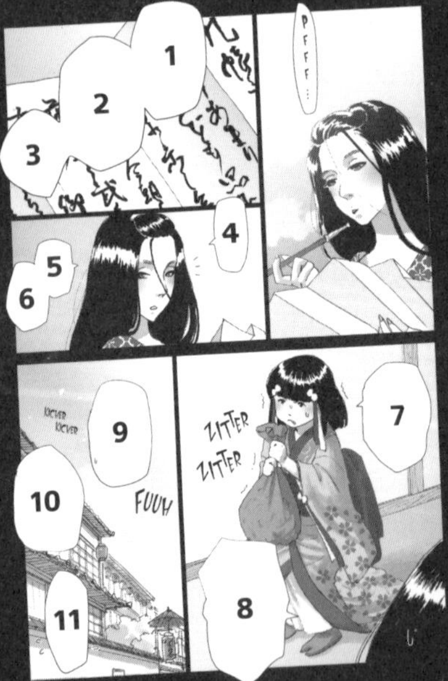

HALT!

Hinweis zur richtigen Lesart:
Dieser Band wurde von Kan Takahama in originaler, das heißt japanischer Leserichtung verfasst und soll auch im deutschsprachigen Raum so erscheinen. Bitte »von hinten« aufschlagen und jede Seite von rechts oben nach links unten lesen. Es kann ein wenig Anlauf brauchen, aber dann gewöhnt man sich schnell daran. Danke sehr & viel Spaß!